**Teri King** is an ex-fashion model who has since become well known as a writer and astrologer. Her numerous books on astrology (which include *Love, Sex and Astrology*; *Business, Success and Astrology*; *The Astrologer's Diet Book*; *Marriage, Divorce and Astrology*; and *More Love, Sex and Astrology*, all published by Allison & Busby) have made her a worldwide publishing success, and she is also the regular astrology columnist for several national publications. A Gemini, she lives with her children and husband in London.

# SUNRISE SUNSET

TERI KING

**An Astrological Guide to Sun Signs, Rising Signs and Your Personality**

**A STAR BOOK**
*published by*
the Paperback Division of
W. H. Allen & Co. Plc

A Star Book
Published in 1989
by the Paperback Division of
W. H. Allen & Co. Plc
Sekforde House, 175/9 St. John Street,
London, EC1V 4LL

First published in Great Britain by Allison & Busby,
a division of W. H. Allen & Co. Plc, 1988



Back cover photograph of
Teri King © *Sunday Mirror*

Printed in Great Britain by
Cox & Wyman Ltd, Reading

ISBN 0 352 32380 9

## CONTENTS

# WHAT IS A RISING SIGN?

Being typically Geminian myself I am forever trying to find short cuts. So it is not surprising that I have written this book in the hope that you can find your way to your rising sign without being bored to death with millions of pages of hieroglyphs and complicated mathematics.

The thousands of astrological books that have been published tend to fall into two main groups: the type that tackle sun signs only, giving over-simplified pictures of "typical personalities"; and the types that are 75% tables, which are hard to use and end up telling you very little when you've finally mastered them. This is an attempt, however foolhardy, to combine the two in an uncomplicated fashion.

But what is a rising sign? Well, your sun sign may be Virgo because you were born at a certain time of the year, and so you are told that you are pernickety, fretful and dispassionate. But if your rising sign was soft, emotional, Pisces you would hardly be able to recognize yourself in a good 75% of all astrological books. On any given day of the year all signs hover over the horizon, and it is only when we stop the clock at the point at which you were born that we can discover which signs are influential over you. Once this has been found we can see how the rising sign emphasizes, deflates, or overshadows your sun sign.

Your own particular ascendant endows you with your outward personality – it dominates your feelings, suggests your attitudes to marriage and money, and is certainly the starting point of any birth chart.

Under each sign you will find 12 combinations of sun sign and rising signs/ascendants. When you know which one belongs to you, you should find a more accurate description of yourself and perhaps your life than is possible through the study of your sun sign alone. You should find the exercise both illuminating and informative.

## HOW TO USE THE BOOK

First refer to the section on summer time and discover whether you need to subtract an hour if you were born during the hotter part of the year. This done, turn to the tables of ascendants, locate your nearest date and check out your birth time. Next to a hieroglyph you will see a number. There are 30 degrees in each sign and if your number should be before five or after 25, it might pay you to check the rising sign before or the one after. This done, turn to your sun-sign chapter and find your particular combination. You should find it relatively easy to recognize yourself, and I trust you find the exercise interesting and worthwhile.

## SUMMERTIME

Before proceeding to examine the following tables it will be necessary for you to subtract an hour from your time of birth if you were born in the summer. Whether summertime is kept or not seems to vary from country to country, state to state, but no doubt you will know whether this applies to you.

Listed below are the dates relevant to the British Isles, where summertime seems to have varied more than in other countries.

**British Summertime**

1910 no summertime, no correction needed

1911 no summertime, no correction needed

1912 no summertime, no correction needed

1913 no summertime, no correction needed

1914 no summertime, no correction needed

1915 no summertime, no correction needed

1916 subtract an hour if born between 21st May and 30th September

1917 subtract an hour if born between 7th April and 16th September

1918 subtract an hour if born between 24th March and 16th September

1919 subtract an hour if born between 29th March and 4th October

1920 subtract an hour if born between 27th March and 30th October

1921 subtract an hour if born between 2nd April and 1st October

1922 subtract an hour if born between 25th March and 7th October

1923 subtract an hour if born between 28th April and 15th September

1924 subtract an hour if born between 12th April and 20th September

1925 subtract an hour if born between 18th April and 3rd October

1926 subtract an hour if born between 17th April and 2nd October

1927 subtract an hour if born between 9th April and 8th October

1928 subtract an hour if born between 28th March and 6th October

1929 subtract an hour if born between 20th April and 5th October

1930 subtract an hour if born between 12th April and 4th October

1931 subtract an hour if born between 21st March and 3rd October

1932 subtract an hour if born between 9th April and 8th October

1933 subtract an hour if born between 9th April and 7th October

1934 subtract an hour if born between 21st April and 6th October

1935 subtract an hour if born between 13th April and 5th October

1936 subtract an hour if born between 18th April and 3rd October

1937 subtract an hour if born between 17th April and 2nd October

1938 subtract an hour if born between 9th April and 1st October

1939 subtract an hour if born between 15th April and 18th November

1940 subtract an hour if born from 24th February for the remainder of the year

1941 subtract an hour if born between 1st January to 2nd May

subtract two hours from 3rd May to 8th August

subtract an hour from 9th August for the remainder of the year

1942 subtract an hour to the 3rd April

subtract two hours from 4th April to 7th August

subtract an hour from 8th August for the remainder of the year

1943 subtract an hour to the 2nd April

subtract two hours from 3rd April to 13th August

subtract an hour from 14th August for the remainder of the year

1944 subtract an hour to the 7th April

subtract two hours from 8th April to 15th September

subtract an hour from 16th September for the remainder of the year

1945 subtract an hour to the 6th April

subtract two hours from 7th April to 13th July

subtract an hour from 14th July for the remainder of the year

1946 subtract an hour if born between 13th April and 4th October

1947 subtract an hour if born between 15th March and 11th April

subtract two hours from 12th April to 8th August

subtract an hour from 9th August to 7th November

no correction for the remainder of the year

1948 subtract an hour if born between 12th March and 29th October

1949 subtract an hour if born between 12th March and 28th October

1950 subtract an hour if born between 16th April and 21st October

1951 subtract an hour if born between 14th April and 20th October

1952 subtract an hour if born between 20th April and 25th October

1953 subtract an hour if born between 19th April and 3rd October

1954 subtract an hour if born between 11th April and 2nd October

1955 subtract an hour if born between 16th April and 1st October

1956 subtract an hour if born between 23rd April and 8th October

1957 subtract an hour if born between 14th April and 6th October

1958 subtract an hour if born between 20th April and 5th October

1959 subtract an hour if born between 19th April and 4th October

1960 subtract an hour if born between 10th April and 2nd October

1961 subtract an hour if born between 26th March and 29th October

1962 subtract an hour if born between 25th March and 28th October

1963 subtract an hour if born between 31st March and 27th October

1964 subtract an hour if born between 22nd March and 25th October

1965 subtract an hour if born between 21st March and 24th October

1966 subtract an hour if born between 20th March and 23rd October

1967 subtract an hour if born between 19th March and 29th October

1968 subtract an hour if born between 18th February and through to 31st October 1971

1972 subtract an hour if born between 19th March and 29th October

1973 subtract an hour if born between 18th March and 28th October

1974 subtract an hour if born between 17th March and 27th October

1975 subtract an hour if born between 16th March and 26th October

1976 subtract an hour if born between 21st March and 24th October

1977 subtract an hour if born between 20th March and 23rd October

1978 subtract an hour if born between 19th March and 29th October

1979 subtract an hour if born between 18th March and 28th October

1980 subtract an hour if born between 16th March and 26th October

1981 subtract an hour if born between 29th March and 25th October

1982 subtract an hour if born between 28th March and 24th October

1983 subtract an hour if born between 27th March and 23rd October

1984 subtract an hour if born between 25th March and 28th October

1985 subtract an hour if born between 31st March and 27th October

1986 subtract an hour if born between 30th March and 26th October

1987 subtract an hour if born between 29th March and 25th October

# TABLES OF ASCENDANTS

*(Rising Signs)*
Showing, approximately,
the Sign and Degree of the Zodiac
rising each hour of every fourth day in any year
These tables are calculated for 41° North Latitude

| | | | |
|---|---|---|---|
| ♈ Aries | ♋ Cancer | ♎ Libra | ♑ Capricorn |
| ♉ Taurus | ♌ Leo | ♏ Scorpio | ♒ Aquarius |
| ♊ Gemini | ♍ Virgo | ♐ Sagittarius | ♓ Pisces |

To ascertain the degree of the sign on any intermediate day or part of an hour, the proper proportion of increase should be taken.

### JANUARY 1

A.M.

| | | | | | | |
|---|---|---|---|---|---|---|
| At | 1 | o'clock, | 20° | of | ♎ | rises |
| " | 2 | " | 1 | " | ♏ | " |
| " | 3 | " | 13 | " | ♏ | " |
| " | 4 | " | 25 | " | ♏ | " |
| " | 5 | " | 7 | " | ♐ | " |
| " | 6 | " | 19 | " | ♐ | " |
| " | 7 | " | 2 | " | ♑ | " |
| " | 8 | " | 18 | " | ♑ | " |
| " | 9 | " | 6 | " | ♒ | " |
| " | 10 | " | 27 | " | ♒ | " |
| " | 11 | " | 22 | " | ♓ | " |
| " | 12, | Noon, | 16 | " | ♈ | " |

P.M.

| | | | | | | |
|---|---|---|---|---|---|---|
| At | 1 | o'clock, | 11° | of | ♉ | rises |
| " | 2 | " | 1 | " | ♊ | " |
| " | 3 | " | 17 | " | ♊ | " |
| " | 4 | " | 2 | " | ♋ | " |
| " | 5 | " | 15 | " | ♋ | " |
| " | 6 | " | 27 | " | ♋ | " |
| " | 7 | " | 9 | " | ♌ | " |
| " | 8 | " | 21 | " | ♌ | " |
| " | 9 | " | 2 | " | ♍ | " |
| " | 10 | " | 14 | " | ♍ | " |
| " | 11 | " | 26 | " | ♍ | " |
| " | 12, | Midn't. | 8 | " | ♎ | " |

### JANUARY 5

A.M.

| | | | | | | |
|---|---|---|---|---|---|---|
| At | 1 | o'clock, | 23° | of | ♎ | rises |
| " | 2 | " | 5 | " | ♏ | " |
| " | 3 | " | 16 | " | ♏ | " |
| " | 4 | " | 28 | " | ♏ | " |
| " | 5 | " | 10 | " | ♐ | " |
| " | 6 | " | 23 | " | ♐ | " |
| " | 7 | " | 7 | " | ♑ | " |
| " | 8 | " | 22 | " | ♑ | " |
| " | 9 | " | 11 | " | ♒ | " |
| " | 10 | " | 4 | " | ♓ | " |
| " | 11 | " | 29 | " | ♓ | " |
| " | 12, | Noon, | 24 | " | ♈ | " |

P.M.

| | | | | | | |
|---|---|---|---|---|---|---|
| At | 1 | o'clock, | 22° | of | ♉ | rises |
| " | 2 | " | 10 | " | ♊ | " |
| " | 3 | " | 25 | " | ♊ | " |
| " | 4 | " | 8 | " | ♋ | " |
| " | 5 | " | 21 | " | ♋ | " |
| " | 6 | " | 3 | " | ♌ | " |
| " | 7 | " | 15 | " | ♌ | " |
| " | 8 | " | 27 | " | ♌ | " |
| " | 9 | " | 8 | " | ♍ | " |
| " | 10 | " | 20 | " | ♍ | " |
| " | 11 | " | 2 | " | ♎ | " |
| " | 12, | Midn't. | 14 | " | ♎ | " |

### JANUARY 9

A.M.

| | | | | | | |
|---|---|---|---|---|---|---|
| At | 1 | o'clock, | 26° | of | ♎ | rises |
| " | 2 | " | 8 | " | ♏ | " |
| " | 3 | " | 19 | " | ♏ | " |
| " | 4 | " | 1 | " | ♐ | " |
| " | 5 | " | 14 | " | ♐ | " |
| " | 6 | " | 26 | " | ♐ | " |
| " | 7 | " | 11 | " | ♑ | " |
| " | 8 | " | 27 | " | ♑ | " |
| " | 9 | " | 17 | " | ♒ | " |
| " | 10 | " | 9 | " | ♓ | " |
| " | 11 | " | 5 | " | ♈ | " |
| " | 12, | Noon, | 1 | " | ♉ | " |

P.M.

| | | | | | | |
|---|---|---|---|---|---|---|
| At | 1 | o'clock, | 16° | of | ♉ | rises |
| " | 2 | " | 6 | " | ♊ | " |
| " | 3 | " | 21 | " | ♊ | " |
| " | 4 | " | 5 | " | ♋ | " |
| " | 5 | " | 18 | " | ♋ | " |
| " | 6 | " | 0 | " | ♌ | " |
| " | 7 | " | 12 | " | ♌ | " |
| " | 8 | " | 24 | " | ♌ | " |
| " | 9 | " | 6 | " | ♍ | " |
| " | 10 | " | 18 | " | ♍ | " |
| " | 11 | " | 29 | " | ♍ | " |
| " | 12, | Midn't. | 11 | " | ♎ | " |

## JANUARY 13

A.M.

At 1 o'clock, 29° of ♎ rises
" 2 " 11 " ♏ "
" 3 " 23 " ♏ "
" 4 " 5 " ♐ "
" 5 " 17 " ♐ "
" 6 " 0 " ♑ "
" 7 " 15 " ♑ "
" 8 " 2 " ♒ "
" 9 " 22 " ♒ "
" 10 " 16 " ♓ "
" 11 " 13 " ♈ "
" 12, Noon, 7 " ♉ "

P.M.

At 1 o'clock, 27° of ♉ rises
" 2 " 14 " ♊ "
" 3 " 29 " ♊ "
" 4 " 12 " ♋ "
" 5 " 24 " ♋ "
" 6 " 7 " ♌ "
" 7 " 18 " ♌ "
" 8 " 0 " ♍ "
" 9 " 12 " ♍ "
" 10 " 24 " ♍ "
" 11 " 6 " ♎ "
" 12, Midn't. 18 " ♎ "

## JANUARY 17

A.M.

At 1 o'clock, 2° of ♏ rises
" 2 " 14 " ♏ "
" 3 " 26 " ♏ "
" 4 " 8 " ♐ "
" 5 " 20 " ♐ "
" 6 " 4 " ♑ "
" 7 " 19 " ♑ "
" 8 " 7 " ♒ "
" 9 " 29 " ♒ "
" 10 " 24 " ♓ "
" 11 " 20 " ♈ "
" 12, Noon, 13 " ♉ "

P.M.

At 1 o'clock, 2° of ♊ rises
" 2 " 18 " ♊ "
" 3 " 3 " ♋ "
" 4 " 15 " ♋ "
" 5 " 28 " ♋ "
" 6 " 10 " ♌ "
" 7 " 21 " ♌ "
" 8 " 3 " ♍ "
" 9 " 15 " ♍ "
" 10 " 27 " ♍ "
" 11 " 9 " ♎ "
" 12, Midn't. 21 " ♎ "

## JANUARY 21

A.M.

At 1 o'clock, 5° of ♏ rises
" 2 " 17 " ♏ "
" 3 " 29 " ♏ "
" 4 " 11 " ♐ "
" 5 " 24 " ♐ "
" 6 " 7 " ♑ "
" 7 " 23 " ♑ "
" 8 " 12 " ♒ "
" 9 " 5 " ♓ "
" 10 " 0 " ♈ "
" 11 " 25 " ♈ "
" 12, Noon, 18 " ♉ "

P.M.

At 1 o'clock, 7° of ♊ rises
" 2 " 22 " ♊ "
" 3 " 6 " ♋ "
" 4 " 19 " ♋ "
" 5 " 1 " ♌ "
" 6 " 12 " ♌ "
" 7 " 24 " ♌ "
" 8 " 6 " ♍ "
" 9 " 18 " ♍ "
" 10 " 0 " ♎ "
" 11 " 12 " ♎ "
" 12, Midn't. 24 " ♎ "

## JANUARY 25

A.M.

At 1 o'clock, 8° of ♏ rises
" 2 " 20 " ♏ "
" 3 " 2 " ♐ "
" 4 " 14 " ♐ "
" 5 " 27 " ♐ "
" 6 " 12 " ♑ "
" 7 " 28 " ♑ "
" 8 " 17 " ♒ "
" 9 " 11 " ♓ "
" 10 " 7 " ♈ "
" 11 " 2 " ♉ "
" 12, Noon, 23 " ♉ "

P.M.

At 1 o'clock, 11° of ♊ rises
" 2 " 26 " ♊ "
" 3 " 9 " ♋ "
" 4 " 22 " ♋ "
" 5 " 4 " ♌ "
" 6 " 16 " ♌ "
" 7 " 27 " ♌ "
" 8 " 9 " ♍ "
" 9 " 21 " ♍ "
" 10 " 3 " ♎ "
" 11 " 15 " ♎ "
" 12, Midn't. 27 " ♎ "

## JANUARY 29

A.M.

At 1 o'clock, 12° of ♏ rises
" 2 " 23 " ♏ "
" 3 " 5 " ♐ "
" 4 " 17 " ♐ "
" 5 " 1 " ♑ "
" 6 " 15 " ♑ "
" 7 " 3 " ♒ "
" 8 " 24 " ♒ "
" 9 " 18 " ♓ "
" 10 " 13 " ♈ "
" 11 " 7 " ♉ "
" 12, Noon, 28 " ♉ "

P.M.

At 1 o'clock, 15° of ♊ rises
" 2 " 0 " ♋ "
" 3 " 13 " ♋ "
" 4 " 25 " ♋ "
" 5 " 7 " ♌ "
" 6 " 19 " ♌ "
" 7 " 0 " ♍ "
" 8 " 12 " ♍ "
" 9 " 24 " ♍ "
" 10 " 6 " ♎ "
" 11 " 18 " ♎ "
" 12, Midn't. 0 " ♏ "

## FEBRUARY 2

A.M.

At 1 o'clock, 15° of ♏ rises
" 2 " 26 " ♏ "
" 3 " 8 " ♐ "
" 4 " 21 " ♐ "
" 5 " 4 " ♑ "
" 6 " 20 " ♑ "
" 7 " 7 " ♒ "
" 8 " 0 " ♓ "
" 9 " 24 " ♓ "
" 10 " 20 " ♈ "
" 11 " 13 " ♉ "
" 12, Noon, 3 " ♊ "

P.M.

At 1 o'clock, 19° of ♊ rises
" 2 " 3 " ♋ "
" 3 " 16 " ♋ "
" 4 " 28 " ♋ "
" 5 " 10 " ♌ "
" 6 " 22 " ♌ "
" 7 " 4 " ♍ "
" 8 " 16 " ♍ "
" 9 " 27 " ♍ "
" 10 " 9 " ♎ "
" 11 " 21 " ♎ "
" 12, Midn't. 3 " ♏ "

### FEBRUARY 6

A.M.

| At | 1 | o'clock, | 18° | of | ♏ | rises |
|---|---|---|---|---|---|---|
| " | 2 | " | 29 | " | ♏ | " |
| " | 3 | " | 12 | " | ♐ | " |
| " | 4 | " | 24 | " | ♐ | " |
| " | 5 | " | 8 | " | ♑ | " |
| " | 6 | " | 24 | " | ♑ | " |
| " | 7 | " | 13 | " | ♒ | " |
| " | 8 | " | 5 | " | ♓ | " |
| " | 9 | " | 1 | " | ♈ | " |
| " | 10 | " | 27 | " | ♈ | " |
| " | 11 | " | 19 | " | ♉ | " |
| " | 12,Noon, | | 8 | " | ♊ | " |

P.M.

| At | 1 | o'clock, | 23° | of | ♊ | rises |
|---|---|---|---|---|---|---|
| " | 2 | " | 7 | " | ♋ | " |
| " | 3 | " | 19 | " | ♋ | " |
| " | 4 | " | 1 | " | ♌ | " |
| " | 5 | " | 13 | " | ♌ | " |
| " | 6 | " | 25 | " | ♌ | " |
| " | 7 | " | 7 | " | ♍ | " |
| " | 8 | " | 18 | " | ♍ | " |
| " | 9 | " | 0 | " | ♎ | " |
| " | 10 | " | 12 | " | ♎ | " |
| " | 11 | " | 24 | " | ♎ | " |
| " | 12,Midn't. | | 6 | " | ♏ | " |

### FEBRUARY 10

A.M.

| At | 1 | o'clock, | 21° | of | ♏ | rises |
|---|---|---|---|---|---|---|
| " | 2 | " | 2 | " | ♐ | " |
| " | 3 | " | 15 | " | ♐ | " |
| " | 4 | " | 28 | " | ♐ | " |
| " | 5 | " | 12 | " | ♑ | " |
| " | 6 | " | 29 | " | ♑ | " |
| " | 7 | " | 19 | " | ♒ | " |
| " | 8 | " | 13 | " | ♓ | " |
| " | 9 | " | 9 | " | ♈ | " |
| " | 10 | " | 4 | " | ♉ | " |
| " | 11 | " | 24 | " | ♉ | " |
| " | 12,Noon, | | 12 | " | ♊ | " |

P.M.

| At | 1 | o'clock, | 27° | of | ♊ | rises |
|---|---|---|---|---|---|---|
| " | 2 | " | 10 | " | ♋ | " |
| " | 3 | " | 22 | " | ♋ | " |
| " | 4 | " | 5 | " | ♌ | " |
| " | 5 | " | 16 | " | ♌ | " |
| " | 6 | " | 28 | " | ♌ | " |
| " | 7 | " | 10 | " | ♍ | " |
| " | 8 | " | 22 | " | ♍ | " |
| " | 9 | " | 4 | " | ♎ | " |
| " | 10 | " | 15 | " | ♎ | " |
| " | 11 | " | 27 | " | ♎ | " |
| " | 12,Midn't. | | 9 | " | ♏ | " |

### FEBRUARY 14

A.M.

| At | 1 | o'clock, | 24° | of | ♏ | rises |
|---|---|---|---|---|---|---|
| " | 2 | " | 5 | " | ♐ | " |
| " | 3 | " | 18 | " | ♐ | " |
| " | 4 | " | 2 | " | ♑ | " |
| " | 5 | " | 16 | " | ♑ | " |
| " | 6 | " | 3 | " | ♒ | " |
| " | 7 | " | 24 | " | ♒ | " |
| " | 8 | " | 18 | " | ♓ | " |
| " | 9 | " | 15 | " | ♈ | " |
| " | 10 | " | 9 | " | ♉ | " |
| " | 11 | " | 29 | " | ♉ | " |
| " | 12,Noon, | | 16 | " | ♊ | " |

P.M.

| At | 1 | o'clock, | 0° | of | ♋ | rises |
|---|---|---|---|---|---|---|
| " | 2 | " | 13 | " | ♋ | " |
| " | 3 | " | 26 | " | ♋ | " |
| " | 4 | " | 8 | " | ♌ | " |
| " | 5 | " | 19 | " | ♌ | " |
| " | 6 | " | 1 | " | ♍ | " |
| " | 7 | " | 13 | " | ♍ | " |
| " | 8 | " | 25 | " | ♍ | " |
| " | 9 | " | 7 | " | ♎ | " |
| " | 10 | " | 18 | " | ♎ | " |
| " | 11 | " | 1 | " | ♏ | " |
| " | 12,Midn't. | | 12 | " | ♏ | " |

### FEBRUARY 18

A.M.

| At | 1 | o'clock, | 27° | of | ♏ | rises |
|---|---|---|---|---|---|---|
| " | 2 | " | 9 | " | ♐ | " |
| " | 3 | " | 21 | " | ♐ | " |
| " | 4 | " | 5 | " | ♑ | " |
| " | 5 | " | 20 | " | ♑ | " |
| " | 6 | " | 9 | " | ♒ | " |
| " | 7 | " | 0 | " | ♓ | " |
| " | 8 | " | 26 | " | ♓ | " |
| " | 9 | " | 21 | " | ♈ | " |
| " | 10 | " | 15 | " | ♉ | " |
| " | 11 | " | 3 | " | ♊ | " |
| " | 12,Noon, | | 20 | " | ♊ | " |

P.M.

| At | 1 | o'clock, | 4° | of | ♋ | rises |
|---|---|---|---|---|---|---|
| " | 2 | " | 16 | " | ♋ | " |
| " | 3 | " | 29 | " | ♋ | " |
| " | 4 | " | 11 | " | ♌ | " |
| " | 5 | " | 22 | " | ♌ | " |
| " | 6 | " | 4 | " | ♍ | " |
| " | 7 | " | 16 | " | ♍ | " |
| " | 8 | " | 28 | " | ♍ | " |
| " | 9 | " | 10 | " | ♎ | " |
| " | 10 | " | 22 | " | ♎ | " |
| " | 11 | " | 3 | " | ♏ | " |
| " | 12,Midn't. | | 15 | " | ♏ | " |

### FEBRUARY 22

A.M.

| At | 1 | o'clock, | 0° | of | ♐ | rises |
|---|---|---|---|---|---|---|
| " | 2 | " | 12 | " | ♐ | " |
| " | 3 | " | 25 | " | ♐ | " |
| " | 4 | " | 9 | " | ♑ | " |
| " | 5 | " | 25 | " | ♑ | " |
| " | 6 | " | 14 | " | ♒ | " |
| " | 7 | " | 7 | " | ♓ | " |
| " | 8 | " | 3 | " | ♈ | " |
| " | 9 | " | 28 | " | ♈ | " |
| " | 10 | " | 20 | " | ♉ | " |
| " | 11 | " | 8 | " | ♊ | " |
| " | 12,Noon, | | 24 | " | ♊ | " |

P.M.

| At | 1 | o'clock, | 8° | of | ♋ | rises |
|---|---|---|---|---|---|---|
| " | 2 | " | 20 | " | ♋ | " |
| " | 3 | " | 2 | " | ♌ | " |
| " | 4 | " | 14 | " | ♌ | " |
| " | 5 | " | 25 | " | ♌ | " |
| " | 6 | " | 7 | " | ♍ | " |
| " | 7 | " | 19 | " | ♍ | " |
| " | 8 | " | 1 | " | ♎ | " |
| " | 9 | " | 13 | " | ♎ | " |
| " | 10 | " | 25 | " | ♎ | " |
| " | 11 | " | 6 | " | ♏ | " |
| " | 12,Midn't. | | 18 | " | ♏ | " |

### FEBRUARY 26

A.M.

| At | 1 | o'clock, | 3° | of | ♐ | rises |
|---|---|---|---|---|---|---|
| " | 2 | " | 15 | " | ♐ | " |
| " | 3 | " | 29 | " | ♐ | " |
| " | 4 | " | 13 | " | ♑ | " |
| " | 5 | " | 0 | " | ♒ | " |
| " | 6 | " | 20 | " | ♒ | " |
| " | 7 | " | 14 | " | ♓ | " |
| " | 8 | " | 10 | " | ♈ | " |
| " | 9 | " | 4 | " | ♉ | " |
| " | 10 | " | 25 | " | ♉ | " |
| " | 11 | " | 13 | " | ♊ | " |
| " | 12,Noon, | | 28 | " | ♊ | " |

P.M.

| At | 1 | o'clock, | 11° | of | ♋ | rises |
|---|---|---|---|---|---|---|
| " | 2 | " | 23 | " | ♋ | " |
| " | 3 | " | 5 | " | ♌ | " |
| " | 4 | " | 17 | " | ♌ | " |
| " | 5 | " | 28 | " | ♌ | " |
| " | 6 | " | 11 | " | ♍ | " |
| " | 7 | " | 22 | " | ♍ | " |
| " | 8 | " | 4 | " | ♎ | " |
| " | 9 | " | 16 | " | ♎ | " |
| " | 10 | " | 28 | " | ♎ | " |
| " | 11 | " | 10 | " | ♏ | " |
| " | 12,Midn't. | | 21 | " | ♏ | " |

## MARCH 2

A.M.

| | | | |
|---|---|---|---|
| At 1 o'clock, | 7° | of ♐ | rises |
| " 2 " | 20 | " ♐ | " |
| " 3 " | 3 | " ♑ | " |
| " 4 " | 18 | " ♑ | " |
| " 5 " | 6 | " ♒ | " |
| " 6 " | 28 | " ♒ | " |
| " 7 " | 22 | " ♓ | " |
| " 8 " | 18 | " ♈ | " |
| " 9 " | 12 | " ♉ | " |
| " 10 " | 1 | " ♊ | " |
| " 11 " | 18 | " ♊ | " |
| " 12, Noon, | 2 | " ♋ | " |

P.M.

| | | | |
|---|---|---|---|
| At 1 o'clock, | 15° | of ♋ | rises |
| " 2 " | 27 | " ♋ | " |
| " 3 " | 9 | " ♌ | " |
| " 4 " | 21 | " ♌ | " |
| " 5 " | 2 | " ♍ | " |
| " 6 " | 14 | " ♍ | " |
| " 7 " | 26 | " ♍ | " |
| " 8 " | 8 | " ♎ | " |
| " 9 " | 20 | " ♎ | " |
| " 10 " | 1 | " ♏ | " |
| " 11 " | 13 | " ♏ | " |
| " 12, Midn't. | 25 | " ♏ | " |

## MARCH 6

A.M.

| | | | |
|---|---|---|---|
| At 1 o'clock, | 11° | of ♐ | rises |
| " 2 " | 23 | " ♐ | " |
| " 3 " | 7 | " ♑ | " |
| " 4 " | 22 | " ♑ | " |
| " 5 " | 11 | " ♒ | " |
| " 6 " | 4 | " ♓ | " |
| " 7 " | 29 | " ♓ | " |
| " 8 " | 25 | " ♈ | " |
| " 9 " | 17 | " ♉ | " |
| " 10 " | 6 | " ♊ | " |
| " 11 " | 21 | " ♊ | " |
| " 12, Noon, | 5 | " ♋ | " |

P.M.

| | | | |
|---|---|---|---|
| At 1 o'clock, | 18° | of ♋ | rises |
| " 2 " | 0 | " ♌ | " |
| " 3 " | 12 | " ♌ | " |
| " 4 " | 24 | " ♌ | " |
| " 5 " | 6 | " ♍ | " |
| " 6 " | 17 | " ♍ | " |
| " 7 " | 29 | " ♍ | " |
| " 8 " | 11 | " ♎ | " |
| " 9 " | 23 | " ♎ | " |
| " 10 " | 5 | " ♏ | " |
| " 11 " | 17 | " ♏ | " |
| " 12, Midn't. | 28 | " ♏ | " |

## MARCH 10

A.M.

| | | | |
|---|---|---|---|
| At 1 o'clock, | 14° | of ♐ | rises |
| " 2 " | 26 | " ♐ | " |
| " 3 " | 11 | " ♑ | " |
| " 4 " | 27 | " ♑ | " |
| " 5 " | 16 | " ♒ | " |
| " 6 " | 10 | " ♓ | " |
| " 7 " | 6 | " ♈ | " |
| " 8 " | 1 | " ♉ | " |
| " 9 " | 23 | " ♉ | " |
| " 10 " | 10 | " ♊ | " |
| " 11 " | 26 | " ♊ | " |
| " 12, Noon, | 9 | " ♋ | " |

P.M.

| | | | |
|---|---|---|---|
| At 1 o'clock, | 21° | of ♋ | rises |
| " 2 " | 3 | " ♌ | " |
| " 3 " | 15 | " ♌ | " |
| " 4 " | 27 | " ♌ | " |
| " 5 " | 9 | " ♍ | " |
| " 6 " | 21 | " ♍ | " |
| " 7 " | 2 | " ♎ | " |
| " 8 " | 15 | " ♎ | " |
| " 9 " | 27 | " ♎ | " |
| " 10 " | 8 | " ♏ | " |
| " 11 " | 20 | " ♏ | " |
| " 12, Midn't. | 2 | " ♐ | " |

## MARCH 14

A.M.

| | | | |
|---|---|---|---|
| At 1 o'clock, | 17° | of ♐ | rises |
| " 2 " | 1 | " ♑ | " |
| " 3 " | 15 | " ♑ | " |
| " 4 " | 2 | " ♒ | " |
| " 5 " | 22 | " ♒ | " |
| " 6 " | 16 | " ♓ | " |
| " 7 " | 13 | " ♈ | " |
| " 8 " | 7 | " ♉ | " |
| " 9 " | 27 | " ♉ | " |
| " 10 " | 14 | " ♊ | " |
| " 11 " | 29 | " ♊ | " |
| " 12, Noon, | 12 | " ♋ | " |

P.M.

| | | | |
|---|---|---|---|
| At 1 o'clock, | 25° | of ♋ | rises |
| " 2 " | 7 | " ♌ | " |
| " 3 " | 18 | " ♌ | " |
| " 4 " | 0 | " ♍ | " |
| " 5 " | 12 | " ♍ | " |
| " 6 " | 23 | " ♍ | " |
| " 7 " | 6 | " ♎ | " |
| " 8 " | 18 | " ♎ | " |
| " 9 " | 29 | " ♎ | " |
| " 10 " | 11 | " ♏ | " |
| " 11 " | 23 | " ♏ | " |
| " 12, Midn't. | 5 | " ♐ | " |

## MARCH 18

A.M.

| | | | |
|---|---|---|---|
| At 1 o'clock, | 20° | of ♐ | rises |
| " 2 " | 4 | " ♑ | " |
| " 3 " | 19 | " ♑ | " |
| " 4 " | 7 | " ♒ | " |
| " 5 " | 29 | " ♒ | " |
| " 6 " | 24 | " ♓ | " |
| " 7 " | 19 | " ♈ | " |
| " 8 " | 13 | " ♉ | " |
| " 9 " | 2 | " ♊ | " |
| " 10 " | 18 | " ♊ | " |
| " 11 " | 3 | " ♋ | " |
| " 12, Noon, | 15 | " ♋ | " |

P.M.

| | | | |
|---|---|---|---|
| At 1 o'clock, | 27° | of ♋ | rises |
| " 2 " | 9 | " ♌ | " |
| " 3 " | 21 | " ♌ | " |
| " 4 " | 3 | " ♍ | " |
| " 5 " | 15 | " ♍ | " |
| " 6 " | 27 | " ♍ | " |
| " 7 " | 9 | " ♎ | " |
| " 8 " | 21 | " ♎ | " |
| " 9 " | 2 | " ♏ | " |
| " 10 " | 14 | " ♏ | " |
| " 11 " | 26 | " ♏ | " |
| " 12, Midn't. | 8 | " ♐ | " |

## MARCH 22

A.M.

| | | | |
|---|---|---|---|
| At 1 o'clock, | 24° | of ♐ | rises |
| " 2 " | 8 | " ♑ | " |
| " 3 " | 23 | " ♑ | " |
| " 4 " | 12 | " ♒ | " |
| " 5 " | 5 | " ♓ | " |
| " 6 " | 0 | " ♈ | " |
| " 7 " | 26 | " ♈ | " |
| " 8 " | 18 | " ♉ | " |
| " 9 " | 7 | " ♊ | " |
| " 10 " | 22 | " ♊ | " |
| " 11 " | 6 | " ♋ | " |
| " 12, Noon, | 19 | " ♋ | " |

P.M.

| | | | |
|---|---|---|---|
| At 1 o'clock, | 1° | of ♌ | rises |
| " 2 " | 13 | " ♌ | " |
| " 3 " | 24 | " ♌ | " |
| " 4 " | 6 | " ♍ | " |
| " 5 " | 18 | " ♍ | " |
| " 6 " | 0 | " ♎ | " |
| " 7 " | 12 | " ♎ | " |
| " 8 " | 23 | " ♎ | " |
| " 9 " | 5 | " ♏ | " |
| " 10 " | 17 | " ♏ | " |
| " 11 " | 29 | " ♏ | " |
| " 12, Midn't. | 11 | " ♐ | " |

## MARCH 26

A.M.

| | | | | | | |
|---|---|---|---|---|---|---|
| At | 1 | o'clock, | 27° | of | ♐ | rises |
| " | 2 | " | 12 | " | ♑ | " |
| " | 3 | " | 28 | " | ♑ | " |
| " | 4 | " | 17 | " | ♒ | " |
| " | 5 | " | 11 | " | ♓ | " |
| " | 6 | " | 7 | " | ♈ | " |
| " | 7 | " | 2 | " | ♉ | " |
| " | 8 | " | 23 | " | ♉ | " |
| " | 9 | " | 11 | " | ♊ | " |
| " | 10 | " | 26 | " | ♊ | " |
| " | 11 | " | 10 | " | ♋ | " |
| " | 12, | Noon, | 22 | " | ♋ | " |

P.M.

| | | | | | | |
|---|---|---|---|---|---|---|
| At | 1 | o'clock, | 4° | of | ♌ | rises |
| " | 2 | " | 16 | " | ♌ | " |
| " | 3 | " | 28 | " | ♌ | " |
| " | 4 | " | 9 | " | ♍ | " |
| " | 5 | " | 21 | " | ♍ | " |
| " | 6 | " | 3 | " | ♎ | " |
| " | 7 | " | 15 | " | ♎ | " |
| " | 8 | " | 27 | " | ♎ | " |
| " | 9 | " | 9 | " | ♏ | " |
| " | 10 | " | 20 | " | ♏ | " |
| " | 11 | " | 2 | " | ♐ | " |
| " | 12, | Midn't. | 14 | " | ♐ | " |

## APRIL 3

A.M.

| | | | | | | |
|---|---|---|---|---|---|---|
| At | 1 | o'clock, | 5° | of | ♑ | rises |
| " | 2 | " | 20 | " | ♑ | " |
| " | 3 | " | 8 | " | ♒ | " |
| " | 4 | " | 0 | " | ♓ | " |
| " | 5 | " | 26 | " | ♓ | " |
| " | 6 | " | 20 | " | ♈ | " |
| " | 7 | " | 13 | " | ♉ | " |
| " | 8 | " | 3 | " | ♊ | " |
| " | 9 | " | 19 | " | ♊ | " |
| " | 10 | " | 3 | " | ♋ | " |
| " | 11 | " | 16 | " | ♋ | " |
| " | 12, | Noon, | 29 | " | ♋ | " |

P.M.

| | | | | | | |
|---|---|---|---|---|---|---|
| At | 1 | o'clock, | 11° | of | ♌ | rises |
| " | 2 | " | 22 | " | ♌ | " |
| " | 3 | " | 4 | " | ♍ | " |
| " | 4 | " | 16 | " | ♍ | " |
| " | 5 | " | 28 | " | ♍ | " |
| " | 6 | " | 10 | " | ♎ | " |
| " | 7 | " | 21 | " | ♎ | " |
| " | 8 | " | 3 | " | ♏ | " |
| " | 9 | " | 15 | " | ♏ | " |
| " | 10 | " | 27 | " | ♏ | " |
| " | 11 | " | 8 | " | ♐ | " |
| " | 12, | Midn't. | 21 | " | ♐ | " |

## APRIL 10

A.M.

| | | | | | | |
|---|---|---|---|---|---|---|
| At | 1 | o'clock, | 11° | of | ♑ | rises |
| " | 2 | " | 28 | " | ♑ | " |
| " | 3 | " | 17 | " | ♒ | " |
| " | 4 | " | 11 | " | ♓ | " |
| " | 5 | " | 7 | " | ♈ | " |
| " | 6 | " | 2 | " | ♉ | " |
| " | 7 | " | 23 | " | ♉ | " |
| " | 8 | " | 11 | " | ♊ | " |
| " | 9 | " | 26 | " | ♊ | " |
| " | 10 | " | 9 | " | ♋ | " |
| " | 11 | " | 22 | " | ♋ | " |
| " | 12, | Noon, | 4 | " | ♌ | " |

P.M.

| | | | | | | |
|---|---|---|---|---|---|---|
| At | 1 | o'clock, | 16° | of | ♌ | rises |
| " | 2 | " | 28 | " | ♌ | " |
| " | 3 | " | 9 | " | ♍ | " |
| " | 4 | " | 21 | " | ♍ | " |
| " | 5 | " | 3 | " | ♎ | " |
| " | 6 | " | 15 | " | ♎ | " |
| " | 7 | " | 27 | " | ♎ | " |
| " | 8 | " | 9 | " | ♏ | " |
| " | 9 | " | 20 | " | ♏ | " |
| " | 10 | " | 2 | " | ♐ | " |
| " | 11 | " | 14 | " | ♐ | " |
| " | 12, | Midn't. | 27 | " | ♐ | " |

## MARCH 30

A.M.

| | | | | | | |
|---|---|---|---|---|---|---|
| At | 1 | o'clock, | 1° | of | ♑ | rises |
| " | 2 | " | 16 | " | ♑ | " |
| " | 3 | " | 3 | " | ♒ | " |
| " | 4 | " | 24 | " | ♒ | " |
| " | 5 | " | 18 | " | ♓ | " |
| " | 6 | " | 15 | " | ♈ | " |
| " | 7 | " | 9 | " | ♉ | " |
| " | 8 | " | 28 | " | ♉ | " |
| " | 9 | " | 15 | " | ♊ | " |
| " | 10 | " | 0 | " | ♋ | " |
| " | 11 | " | 13 | " | ♋ | " |
| " | 12, | Noon, | 25 | " | ♋ | " |

P.M.

| | | | | | | |
|---|---|---|---|---|---|---|
| At | 1 | o'clock, | 7° | of | ♌ | rises |
| " | 2 | " | 19 | " | ♌ | " |
| " | 3 | " | 1 | " | ♍ | " |
| " | 4 | " | 12 | " | ♍ | " |
| " | 5 | " | 24 | " | ♍ | " |
| " | 6 | " | 6 | " | ♎ | " |
| " | 7 | " | 18 | " | ♎ | " |
| " | 8 | " | 0 | " | ♏ | " |
| " | 9 | " | 12 | " | ♏ | " |
| " | 10 | " | 24 | " | ♏ | " |
| " | 11 | " | 5 | " | ♐ | " |
| " | 12, | Midn't. | 17 | " | ♐ | " |

## APRIL 7

A.M.

| | | | | | | |
|---|---|---|---|---|---|---|
| At | 1 | o'clock, | 8° | of | ♑ | rises |
| " | 2 | " | 24 | " | ♑ | " |
| " | 3 | " | 13 | " | ♒ | " |
| " | 4 | " | 5 | " | ♓ | " |
| " | 5 | " | 1 | " | ♈ | " |
| " | 6 | " | 27 | " | ♈ | " |
| " | 7 | " | 19 | " | ♉ | " |
| " | 8 | " | 8 | " | ♊ | " |
| " | 9 | " | 23 | " | ♊ | " |
| " | 10 | " | 7 | " | ♋ | " |
| " | 11 | " | 19 | " | ♋ | " |
| " | 12, | Noon, | 2 | " | ♌ | " |

P.M.

| | | | | | | |
|---|---|---|---|---|---|---|
| At | 1 | o'clock, | 13° | of | ♌ | rises |
| " | 2 | " | 25 | " | ♌ | " |
| " | 3 | " | 7 | " | ♍ | " |
| " | 4 | " | 18 | " | ♍ | " |
| " | 5 | " | 0 | " | ♎ | " |
| " | 6 | " | 12 | " | ♎ | " |
| " | 7 | " | 24 | " | ♎ | " |
| " | 8 | " | 6 | " | ♏ | " |
| " | 9 | " | 18 | " | ♏ | " |
| " | 10 | " | 29 | " | ♏ | " |
| " | 11 | " | 12 | " | ♐ | " |
| " | 12, | Midn't. | 25 | " | ♐ | " |

## APRIL 14

A.M.

| | | | | | | |
|---|---|---|---|---|---|---|
| At | 1 | o'clock, | 15° | of | ♑ | rises |
| " | 2 | " | 3 | " | ♒ | " |
| " | 3 | " | 24 | " | ♒ | " |
| " | 4 | " | 18 | " | ♓ | " |
| " | 5 | " | 14 | " | ♈ | " |
| " | 6 | " | 8 | " | ♉ | " |
| " | 7 | " | 28 | " | ♉ | " |
| " | 8 | " | 15 | " | ♊ | " |
| " | 9 | " | 29 | " | ♊ | " |
| " | 10 | " | 13 | " | ♋ | " |
| " | 11 | " | 25 | " | ♋ | " |
| " | 12, | Noon, | 7 | " | ♌ | " |

P.M.

| | | | | | | |
|---|---|---|---|---|---|---|
| At | 1 | o'clock, | 19° | of | ♌ | rises |
| " | 2 | " | 1 | " | ♍ | " |
| " | 3 | " | 12 | " | ♍ | " |
| " | 4 | " | 24 | " | ♍ | " |
| " | 5 | " | 6 | " | ♎ | " |
| " | 6 | " | 18 | " | ♎ | " |
| " | 7 | " | 0 | " | ♏ | " |
| " | 8 | " | 12 | " | ♏ | " |
| " | 9 | " | 24 | " | ♏ | " |
| " | 10 | " | 5 | " | ♐ | " |
| " | 11 | " | 17 | " | ♐ | " |
| " | 12, | Midn't. | 1 | " | ♑ | " |

### APRIL 18

A.M.

At 1 o'clock, 20° of ♑ rises
" 2 " 7 " ♒ "
" 3 " 0 " ♓ "
" 4 " 26 " ♓ "
" 5 " 20 " ♈ "
" 6 " 13 " ♉ "
" 7 " 3 " ♊ "
" 8 " 19 " ♊ "
" 9 " 3 " ♋ "
" 10 " 16 " ♋ "
" 11 " 28 " ♋ "
" 12, Noon, 10 " ♌ "

P.M.

At 1 o'clock, 22° of ♌ rises
" 2 " 4 " ♍ "
" 3 " 16 " ♍ "
" 4 " 28 " ♍ "
" 5 " 9 " ♎ "
" 6 " 22 " ♎ "
" 7 " 3 " ♏ "
" 8 " 15 " ♏ "
" 9 " 27 " ♏ "
" 10 " 8 " ♐ "
" 11 " 21 " ♐ "
" 12, Midn't. 5 " ♑ "

### APRIL 22

A.M.

At 1 o'clock, 23° of ♑ rises
" 2 " 13 " ♒ "
" 3 " 5 " ♓ "
" 4 " 1 " ♈ "
" 5 " 27 " ♈ "
" 6 " 19 " ♉ "
" 7 " 7 " ♊ "
" 8 " 23 " ♊ "
" 9 " 7 " ♋ "
" 10 " 19 " ♋ "
" 11 " 1 " ♌ "
" 12, Noon, 13 " ♌ "

P.M.

At 1 o'clock, 25° of ♌ rises
" 2 " 7 " ♍ "
" 3 " 18 " ♍ "
" 4 " 0 " ♎ "
" 5 " 12 " ♎ "
" 6 " 24 " ♎ "
" 7 " 5 " ♏ "
" 8 " 18 " ♏ "
" 9 " 29 " ♏ "
" 10 " 11 " ♐ "
" 11 " 24 " ♐ "
" 12, Midn't. 8 " ♑ "

### APRIL 26

A.M.

At 1 o'clock, 28° of ♑ rises
" 2 " 19 " ♒ "
" 3 " 13 " ♓ "
" 4 " 9 " ♈ "
" 5 " 3 " ♉ "
" 6 " 24 " ♉ "
" 7 " 12 " ♊ "
" 8 " 27 " ♊ "
" 9 " 10 " ♋ "
" 10 " 23 " ♋ "
" 11 " 5 " ♌ "
" 12, Noon, 16 " ♌ "

P.M.

At 1 o'clock, 28° of ♌ rises
" 2 " 10 " ♍ "
" 3 " 22 " ♍ "
" 4 " 4 " ♎ "
" 5 " 16 " ♎ "
" 6 " 27 " ♎ "
" 7 " 9 " ♏ "
" 8 " 21 " ♏ "
" 9 " 2 " ♐ "
" 10 " 14 " ♐ "
" 11 " 28 " ♐ "
" 12, Midn't. 12 " ♑ "

### APRIL 30

A.M.

At 1 o'clock, 3° of ♒ rises
" 2 " 25 " ♒ "
" 3 " 18 " ♓ "
" 4 " 15 " ♈ "
" 5 " 9 " ♉ "
" 6 " 29 " ♉ "
" 7 " 16 " ♊ "
" 8 " 0 " ♋ "
" 9 " 14 " ♋ "
" 10 " 26 " ♋ "
" 11 " 8 " ♌ "
" 12, Noon, 19 " ♌ "

P.M.

At 1 o'clock, 1° of ♍ rises
" 2 " 13 " ♍ "
" 3 " 24 " ♍ "
" 4 " 7 " ♎ "
" 5 " 19 " ♎ "
" 6 " 1 " ♏ "
" 7 " 12 " ♏ "
" 8 " 24 " ♏ "
" 9 " 6 " ♐ "
" 10 " 18 " ♐ "
" 11 " 2 " ♑ "
" 12, Midn't. 16 " ♑ "

### MAY 4

A.M.

At 1 o'clock, 9° of ♒ rises
" 2 " 0 " ♓ "
" 3 " 26 " ♓ "
" 4 " 22 " ♈ "
" 5 " 15 " ♉ "
" 6 " 4 " ♊ "
" 7 " 20 " ♊ "
" 8 " 4 " ♋ "
" 9 " 17 " ♋ "
" 10 " 29 " ♋ "
" 11 " 11 " ♌ "
" 12, Noon, 22 " ♌ "

P.M.

At 1 o'clock, 4° of ♍ rises
" 2 " 16 " ♍ "
" 3 " 28 " ♍ "
" 4 " 10 " ♎ "
" 5 " 22 " ♎ "
" 6 " 4 " ♏ "
" 7 " 15 " ♏ "
" 8 " 27 " ♏ "
" 9 " 9 " ♐ "
" 10 " 21 " ♐ "
" 11 " 5 " ♑ "
" 12, Midn't. 20 " ♑ "

### MAY 8

A.M.

At 1 o'clock, 14° of ♒ rises
" 2 " 7 " ♓ "
" 3 " 3 " ♈ "
" 4 " 29 " ♈ "
" 5 " 20 " ♉ "
" 6 " 8 " ♊ "
" 7 " 24 " ♊ "
" 8 " 8 " ♋ "
" 9 " 20 " ♋ "
" 10 " 2 " ♌ "
" 11 " 14 " ♌ "
" 12, Noon, 25 " ♌ "

P.M.

At 1 o'clock, 7° of ♍ rises
" 2 " 19 " ♍ "
" 3 " 1 " ♎ "
" 4 " 13 " ♎ "
" 5 " 25 " ♎ "
" 6 " 7 " ♏ "
" 7 " 18 " ♏ "
" 8 " 0 " ♐ "
" 9 " 12 " ♐ "
" 10 " 25 " ♐ "
" 11 " 9 " ♑ "
" 12, Midn't. 25 " ♑ "

## MAY 12

A.M.

| At | 1 | o'clock, | 19° | of | ♒ | rises |
|---|---|---|---|---|---|---|
| " | 2 | " | 13 | " | ♓ | " |
| " | 3 | " | 9 | " | ♈ | " |
| " | 4 | " | 4 | " | ♉ | " |
| " | 5 | " | 25 | " | ♉ | " |
| " | 6 | " | 12 | " | ♊ | " |
| " | 7 | " | 28 | " | ♊ | " |
| " | 8 | " | 11 | " | ♋ | " |
| " | 9 | " | 23 | " | ♋ | " |
| " | 10 | " | 5 | " | ♌ | " |
| " | 11 | " | 17 | " | ♌ | " |
| " | 12, | Noon, | 28 | " | ♌ | " |

P.M.

| At | 1 | o'clock, | 11° | of | ♍ | rises |
|---|---|---|---|---|---|---|
| " | 2 | " | 23 | " | ♍ | " |
| " | 3 | " | 4 | " | ♎ | " |
| " | 4 | " | 16 | " | ♎ | " |
| " | 5 | " | 28 | " | ♎ | " |
| " | 6 | " | 10 | " | ♏ | " |
| " | 7 | " | 21 | " | ♏ | " |
| " | 8 | " | 3 | " | ♐ | " |
| " | 9 | " | 16 | " | ♐ | " |
| " | 10 | " | 29 | " | ♐ | " |
| " | 11 | " | 13 | " | ♑ | " |
| " | 12, | Midn't. | 0 | " | ♒ | " |

## MAY 20

A.M.

| At | 1 | o'clock, | 2° | of | ♓ | rises |
|---|---|---|---|---|---|---|
| " | 2 | " | 28 | " | ♓ | " |
| " | 3 | " | 23 | " | ♈ | " |
| " | 4 | " | 16 | " | ♉ | " |
| " | 5 | " | 6 | " | ♊ | " |
| " | 6 | " | 21 | " | ♊ | " |
| " | 7 | " | 5 | " | ♋ | " |
| " | 8 | " | 18 | " | ♋ | " |
| " | 9 | " | 0 | " | ♌ | " |
| " | 10 | " | 11 | " | ♌ | " |
| " | 11 | " | 23 | " | ♌ | " |
| " | 12, | Noon, | 5 | " | ♍ | " |

P.M.

| At | 1 | o'clock, | 17° | of | ♍ | rises |
|---|---|---|---|---|---|---|
| " | 2 | " | 29 | " | ♍ | " |
| " | 3 | " | 11 | " | ♎ | " |
| " | 4 | " | 23 | " | ♎ | " |
| " | 5 | " | 4 | " | ♏ | " |
| " | 6 | " | 16 | " | ♏ | " |
| " | 7 | " | 27 | " | ♏ | " |
| " | 8 | " | 10 | " | ♐ | " |
| " | 9 | " | 22 | " | ♐ | " |
| " | 10 | " | 6 | " | ♑ | " |
| " | 11 | " | 21 | " | ♑ | " |
| " | 12, | Midn't. | 10 | " | ♒ | " |

## MAY 28

A.M.

| At | 1 | o'clock, | 14° | of | ♓ | rises |
|---|---|---|---|---|---|---|
| " | 2 | " | 11 | " | ♈ | " |
| " | 3 | " | 5 | " | ♉ | " |
| " | 4 | " | 26 | " | ♉ | " |
| " | 5 | " | 13 | " | ♊ | " |
| " | 6 | " | 28 | " | ♊ | " |
| " | 7 | " | 12 | " | ♋ | " |
| " | 8 | " | 24 | " | ♋ | " |
| " | 9 | " | 5 | " | ♌ | " |
| " | 10 | " | 17 | " | ♌ | " |
| " | 11 | " | 29 | " | ♌ | " |
| " | 12, | Noon, | 11 | " | ♍ | " |

P.M.

| At | 1 | o'clock, | 23° | of | ♍ | rises |
|---|---|---|---|---|---|---|
| " | 2 | " | 5 | " | ♎ | " |
| " | 3 | " | 17 | " | ♎ | " |
| " | 4 | " | 28 | " | ♎ | " |
| " | 5 | " | 10 | " | ♏ | " |
| " | 6 | " | 22 | " | ♏ | " |
| " | 7 | " | 3 | " | ♐ | " |
| " | 8 | " | 16 | " | ♐ | " |
| " | 9 | " | 29 | " | ♐ | " |
| " | 10 | " | 14 | " | ♑ | " |
| " | 11 | " | 1 | " | ♒ | " |
| " | 12, | Midn't. | 20 | " | ♒ | " |

## MAY 16

A.M.

| At | 1 | o'clock, | 25° | of | ♒ | rises |
|---|---|---|---|---|---|---|
| " | 2 | " | 20 | " | ♓ | " |
| " | 3 | " | 16 | " | ♈ | " |
| " | 4 | " | 10 | " | ♉ | " |
| " | 5 | " | 1 | " | ♊ | " |
| " | 6 | " | 16 | " | ♊ | " |
| " | 7 | " | 1 | " | ♋ | " |
| " | 8 | " | 14 | " | ♋ | " |
| " | 9 | " | 26 | " | ♋ | " |
| " | 10 | " | 8 | " | ♌ | " |
| " | 11 | " | 20 | " | ♌ | " |
| " | 12, | Noon, | 2 | " | ♍ | " |

P.M.

| At | 1 | o'clock, | 14° | of | ♍ | rises |
|---|---|---|---|---|---|---|
| " | 2 | " | 25 | " | ♍ | " |
| " | 3 | " | 7 | " | ♎ | " |
| " | 4 | " | 19 | " | ♎ | " |
| " | 5 | " | 1 | " | ♏ | " |
| " | 6 | " | 13 | " | ♏ | " |
| " | 7 | " | 24 | " | ♏ | " |
| " | 8 | " | 7 | " | ♐ | " |
| " | 9 | " | 19 | " | ♐ | " |
| " | 10 | " | 2 | " | ♑ | " |
| " | 11 | " | 17 | " | ♑ | " |
| " | 12, | Midn't. | 5 | " | ♒ | " |

## MAY 24

A.M.

| At | 1 | o'clock, | 9° | of | ♓ | rises |
|---|---|---|---|---|---|---|
| " | 2 | " | 4 | " | ♈ | " |
| " | 3 | " | 29 | " | ♈ | " |
| " | 4 | " | 22 | " | ♉ | " |
| " | 5 | " | 9 | " | ♊ | " |
| " | 6 | " | 25 | " | ♊ | " |
| " | 7 | " | 8 | " | ♋ | " |
| " | 8 | " | 21 | " | ♋ | " |
| " | 9 | " | 2 | " | ♌ | " |
| " | 10 | " | 14 | " | ♌ | " |
| " | 11 | " | 26 | " | ♌ | " |
| " | 12, | Noon, | 8 | " | ♍ | " |

P.M.

| At | 1 | o'clock, | 20° | of | ♍ | rises |
|---|---|---|---|---|---|---|
| " | 2 | " | 2 | " | ♎ | " |
| " | 3 | " | 14 | " | ♎ | " |
| " | 4 | " | 26 | " | ♎ | " |
| " | 5 | " | 7 | " | ♏ | " |
| " | 6 | " | 19 | " | ♏ | " |
| " | 7 | " | 0 | " | ♐ | " |
| " | 8 | " | 13 | " | ♐ | " |
| " | 9 | " | 26 | " | ♐ | " |
| " | 10 | " | 10 | " | ♑ | " |
| " | 11 | " | 26 | " | ♑ | " |
| " | 12, | Midn't. | 16 | " | ♒ | " |

## JUNE 1

A.M.

| At | 1 | o'clock, | 22° | of | ♓ | rises |
|---|---|---|---|---|---|---|
| " | 2 | " | 18 | " | ♈ | " |
| " | 3 | " | 12 | " | ♉ | " |
| " | 4 | " | 1 | " | ♊ | " |
| " | 5 | " | 17 | " | ♊ | " |
| " | 6 | " | 2 | " | ♋ | " |
| " | 7 | " | 15 | " | ♋ | " |
| " | 8 | " | 27 | " | ♋ | " |
| " | 9 | " | 9 | " | ♌ | " |
| " | 10 | " | 21 | " | ♌ | " |
| " | 11 | " | 2 | " | ♍ | " |
| " | 12, | Noon, | 14 | " | ♍ | " |

P.M.

| At | 1 | o'clock, | 26° | of | ♍ | rises |
|---|---|---|---|---|---|---|
| " | 2 | " | 8 | " | ♎ | " |
| " | 3 | " | 20 | " | ♎ | " |
| " | 4 | " | 1 | " | ♏ | " |
| " | 5 | " | 13 | " | ♏ | " |
| " | 6 | " | 25 | " | ♏ | " |
| " | 7 | " | 7 | " | ♐ | " |
| " | 8 | " | 19 | " | ♐ | " |
| " | 9 | " | 2 | " | ♑ | " |
| " | 10 | " | 18 | " | ♑ | " |
| " | 11 | " | 6 | " | ♒ | " |
| " | 12, | Midn't. | 27 | " | ♒ | " |

## JUNE 5

A.M.

At 1 o'clock, 27° of ♓ rises
" 2 " 22 " ♈ "
" 3 " 15 " ♉ "
" 4 " 4 " ♊ "
" 5 " 20 " ♊ "
" 6 " 4 " ♋ "
" 7 " 17 " ♋ "
" 8 " 0 " ♌ "
" 9 " 11 " ♌ "
" 10 " 23 " ♌ "
" 11 " 5 " ♍ "
" 12,Noon, 17 " ♍ "

P.M.

At 1 o'clock, 29° of ♍ rises
" 2 " 10 " ♎ "
" 3 " 22 " ♎ "
" 4 " 4 " ♏ "
" 5 " 15 " ♏ "
" 6 " 27 " ♏ "
" 7 " 9 " ♐ "
" 8 " 22 " ♐ "
" 9 " 6 " ♑ "
" 10 " 21 " ♑ "
" 11 " 10 " ♒ "
" 12,Midn't. 2 " ♓ "

## JUNE 9

A.M.

At 1 o'clock, 3° of ♈ rises
" 2 " 29 " ♈ "
" 3 " 20 " ♉ "
" 4 " 9 " ♊ "
" 5 " 24 " ♊ "
" 6 " 8 " ♋ "
" 7 " 20 " ♋ "
" 8 " 2 " ♌ "
" 9 " 14 " ♌ "
" 10 " 26 " ♌ "
" 11 " 8 " ♍ "
" 12,Noon, 20 " ♍ "

P.M.

At 1 o'clock, 2° of ♎ rises
" 2 " 14 " ♎ "
" 3 " 25 " ♎ "
" 4 " 7 " ♏ "
" 5 " 19 " ♏ "
" 6 " 1 " ♐ "
" 7 " 13 " ♐ "
" 8 " 26 " ♐ "
" 9 " 10 " ♑ "
" 10 " 26 " ♑ "
" 11 " 16 " ♒ "
" 12,Midn't. 9 " ♓ "

## JUNE 13

A.M.

At 1 o'clock, 11° of ♈ rises
" 2 " 4 " ♉ "
" 3 " 26 " ♉ "
" 4 " 13 " ♊ "
" 5 " 28 " ♊ "
" 6 " 12 " ♋ "
" 7 " 24 " ♋ "
" 8 " 5 " ♌ "
" 9 " 23 " ♌ "
" 10 " 29 " ♌ "
" 11 " 11 " ♍ "
" 12,Noon, 23 " ♍ "

P.M.

At 1 o'clock, 5° of ♎ rises
" 2 " 17 " ♎ "
" 3 " 28 " ♎ "
" 4 " 10 " ♏ "
" 5 " 21 " ♏ "
" 6 " 3 " ♐ "
" 7 " 16 " ♐ "
" 8 " 29 " ♐ "
" 9 " 14 " ♑ "
" 10 " 1 " ♒ "
" 11 " 20 " ♒ "
" 12,Midn't. 14 " ♓ "

## JUNE 17

A.M.

At 1 o'clock, 16° of ♈ rises
" 2 " 11 " ♉ "
" 3 " 1 " ♊ "
" 4 " 17 " ♊ "
" 5 " 2 " ♋ "
" 6 " 15 " ♋ "
" 7 " 27 " ♋ "
" 8 " 8 " ♌ "
" 9 " 21 " ♌ "
" 10 " 2 " ♍ "
" 11 " 14 " ♍ "
" 12,Noon, 26 " ♍ "

P.M.

At 1 o'clock, 7° of ♎ rises
" 2 " 20 " ♎ "
" 3 " 1 " ♏ "
" 4 " 13 " ♏ "
" 5 " 25 " ♏ "
" 6 " 7 " ♐ "
" 7 " 19 " ♐ "
" 8 " 3 " ♑ "
" 9 " 18 " ♑ "
" 10 " 6 " ♒ "
" 11 " 27 " ♒ "
" 12,Midn't. 22 " ♓ "

## JUNE 21

A.M.

At 1 o'clock, 24° of ♈ rises
" 2 " 16 " ♉ "
" 3 " 6 " ♊ "
" 4 " 21 " ♊ "
" 5 " 5 " ♋ "
" 6 " 18 " ♋ "
" 7 " 0 " ♌ "
" 8 " 11 " ♌ "
" 9 " 23 " ♌ "
" 10 " 5 " ♍ "
" 11 " 17 " ♍ "
" 12,Noon, 29 " ♍ "

P.M.

At 1 o'clock, 11° of ♎ rises
" 2 " 23 " ♎ "
" 3 " 5 " ♏ "
" 4 " 16 " ♏ "
" 5 " 28 " ♏ "
" 6 " 10 " ♐ "
" 7 " 23 " ♐ "
" 8 " 6 " ♑ "
" 9 " 22 " ♑ "
" 10 " 11 " ♒ "
" 11 " 4 " ♓ "
" 12,Midn't. 28 " ♓ "

## JUNE 25

A.M.

At 1 o'clock, 0° of ♉ rises
" 2 " 22 " ♉ "
" 3 " 10 " ♊ "
" 4 " 25 " ♊ "
" 5 " 8 " ♋ "
" 6 " 21 " ♋ "
" 7 " 3 " ♌ "
" 8 " 15 " ♌ "
" 9 " 26 " ♌ "
" 10 " 8 " ♍ "
" 11 " 20 " ♍ "
" 12,Noon, 2 " ♎ "

P.M.

At 1 o'clock, 14° of ♎ rises
" 2 " 26 " ♎ "
" 3 " 8 " ♏ "
" 4 " 19 " ♏ "
" 5 " 1 " ♐ "
" 6 " 14 " ♐ "
" 7 " 26 " ♐ "
" 8 " 11 " ♑ "
" 9 " 27 " ♑ "
" 10 " 16 " ♒ "
" 11 " 9 " ♓ "
" 12,Midn't. 5 " ♈ "

## JUNE 29

A.M.

At 1 o'clock, 6° of ♉ rises
" 2 " 27 " ♉ "
" 3 " 14 " ♊ "
" 4 " 28 " ♊ "
" 5 " 12 " ♋ "
" 6 " 24 " ♋ "
" 7 " 6 " ♌ "
" 8 " 18 " ♌ "
" 9 " 0 " ♍ "
" 10 " 12 " ♍ "
" 11 " 23 " ♍ "
" 12,Noon, 5 " ♎ "

P.M.

At 1 o'clock, 17° of ♎ rises
" 2 " 29 " ♎ "
" 3 " 11 " ♏ "
" 4 " 23 " ♏ "
" 5 " 5 " ♐ "
" 6 " 17 " ♐ "
" 7 " 0 " ♑ "
" 8 " 15 " ♑ "
" 9 " 2 " ♒ "
" 10 " 22 " ♒ "
" 11 " 16 " ♓ "
" 12,Midn't. 13 " ♈ "

## JULY 7

A.M.

At 1 o'clock, 18° of ♉ rises
" 2 " 6 " ♊ "
" 3 " 22 " ♊ "
" 4 " 6 " ♋ "
" 5 " 18 " ♋ "
" 6 " 0 " ♌ "
" 7 " 12 " ♌ "
" 8 " 24 " ♌ "
" 9 " 6 " ♍ "
" 10 " 17 " ♍ "
" 11 " 29 " ♍ "
" 12,Noon, 12 " ♎ "

P.M.

At 1 o'clock, 23° of ♎ rises
" 2 " 5 " ♏ "
" 3 " 17 " ♏ "
" 4 " 29 " ♏ "
" 5 " 11 " ♐ "
" 6 " 23 " ♐ "
" 7 " 7 " ♑ "
" 8 " 23 " ♑ "
" 9 " 11 " ♒ "
" 10 " 4 " ♓ "
" 11 " 0 " ♈ "
" 12,Midn't. 25 " ♈ "

## JULY 14

A.M.

At 1 o'clock, 26° of ♉ rises
" 2 " 14 " ♊ "
" 3 " 28 " ♊ "
" 4 " 12 " ♋ "
" 5 " 24 " ♋ "
" 6 " 6 " ♌ "
" 7 " 17 " ♌ "
" 8 " 29 " ♌ "
" 9 " 12 " ♍ "
" 10 " 23 " ♍ "
" 11 " 5 " ♎ "
" 12,Noon, 17 " ♎ "

P.M.

At 1 o'clock, 29° of ♎ rises
" 2 " 11 " ♏ "
" 3 " 22 " ♏ "
" 4 " 5 " ♐ "
" 5 " 17 " ♐ "
" 6 " 0 " ♑ "
" 7 " 15 " ♑ "
" 8 " 2 " ♒ "
" 9 " 22 " ♒ "
" 10 " 16 " ♓ "
" 11 " 13 " ♈ "
" 12,Midn't. 6 " ♉ "

## JULY 3

A.M.

At 1 o'clock, 12° of ♉ rises
" 2 " 2 " ♊ "
" 3 " 17 " ♊ "
" 4 " 2 " ♋ "
" 5 " 15 " ♋ "
" 6 " 27 " ♋ "
" 7 " 9 " ♌ "
" 8 " 21 " ♌ "
" 9 " 2 " ♍ "
" 10 " 14 " ♍ "
" 11 " 26 " ♍ "
" 12,Noon, 8 " ♎ "

P.M.

At 1 o'clock, 20° of ♎ rises
" 2 " 2 " ♏ "
" 3 " 14 " ♏ "
" 4 " 25 " ♏ "
" 5 " 7 " ♐ "
" 6 " 20 " ♐ "
" 7 " 3 " ♑ "
" 8 " 18 " ♑ "
" 9 " 6 " ♒ "
" 10 " 27 " ♒ "
" 11 " 22 " ♓ "
" 12,Midn't. 19 " ♈ "

## JULY 11

A.M.

At 1 o'clock, 22° of ♉ rises
" 2 " 10 " ♊ "
" 3 " 26 " ♊ "
" 4 " 9 " ♋ "
" 5 " 21 " ♋ "
" 6 " 3 " ♌ "
" 7 " 15 " ♌ "
" 8 " 27 " ♌ "
" 9 " 9 " ♍ "
" 10 " 21 " ♍ "
" 11 " 2 " ♎ "
" 12,Noon, 14 " ♎ "

P.M.

At 1 o'clock, 26° of ♎ rises
" 2 " 8 " ♏ "
" 3 " 20 " ♏ "
" 4 " 2 " ♐ "
" 5 " 14 " ♐ "
" 6 " 27 " ♐ "
" 7 " 11 " ♑ "
" 8 " 28 " ♑ "
" 9 " 17 " ♒ "
" 10 " 11 " ♓ "
" 11 " 7 " ♈ "
" 12,Midn't. 2 " ♉ "

## JULY 18

A.M.

At 1 o'clock, 1° of ♊ rises
" 2 " 17 " ♊ "
" 3 " 2 " ♋ "
" 4 " 15 " ♋ "
" 5 " 27 " ♋ "
" 6 " 9 " ♌ "
" 7 " 21 " ♌ "
" 8 " 2 " ♍ "
" 9 " 14 " ♍ "
" 10 " 26 " ♍ "
" 11 " 8 " ♎ "
" 12,Noon, 20 " ♎ "

P.M.

At 1 o'clock, 1° of ♏ rises
" 2 " 13 " ♏ "
" 3 " 25 " ♏ "
" 4 " 7 " ♐ "
" 5 " 20 " ♐ "
" 6 " 3 " ♑ "
" 7 " 19 " ♑ "
" 8 " 6 " ♒ "
" 9 " 28 " ♒ "
" 10 " 22 " ♓ "
" 11 " 18 " ♈ "
" 12,Midn't. 12 " ♉ "

JULY 22

A.M.

At 1 o'clock, 6° of ♊ rises
" 2 " 22 " ♊ "
" 3 " 5 " ♋ "
" 4 " 18 " ♋ "
" 5 " 0 " ♌ "
" 6 " 12 " ♌ "
" 7 " 24 " ♌ "
" 8 " 6 " ♍ "
" 9 " 17 " ♍ "
" 10 " 29 " ♍ "
" 11 " 12 " ♎ "
" 12,Noon, 23 " ♎ "

P.M.

At 1 o'clock, 5° of ♏ rises
" 2 " 16 " ♏ "
" 3 " 28 " ♏ "
" 4 " 11 " ♐ "
" 5 " 23 " ♐ "
" 6 " 7 " ♑ "
" 7 " 22 " ♑ "
" 8 " 11 " ♒ "
" 9 " 4 " ♓ "
" 10 " 29 " ♓ "
" 11 " 24 " ♈ "
" 12,Midn't. 17 " ♉ "

JULY 30

A.M.

At 1 o'clock, 14° of ♊ rises
" 2 " 29 " ♊ "
" 3 " 12 " ♋ "
" 4 " 24 " ♋ "
" 5 " 7 " ♌ "
" 6 " 18 " ♌ "
" 7 " 0 " ♍ "
" 8 " 12 " ♍ "
" 9 " 23 " ♍ "
" 10 " 6 " ♎ "
" 11 " 18 " ♎ "
" 12,Noon, 29 " ♎ "

P.M.

At 1 o'clock, 11° of ♏ rises
" 2 " 23 " ♏ "
" 3 " 5 " ♐ "
" 4 " 17 " ♐ "
" 5 " 0 " ♑ "
" 6 " 15 " ♑ "
" 7 " 2 " ♒ "
" 8 " 22 " ♒ "
" 9 " 16 " ♓ "
" 10 " 13 " ♈ "
" 11 " 7 " ♉ "
" 12,Midn't. 27 " ♉ "

AUGUST 7

A.M.

At 1 o'clock, 22° of ♊ rises
" 2 " 6 " ♋ "
" 3 " 19 " ♋ "
" 4 " 1 " ♌ "
" 5 " 13 " ♌ "
" 6 " 24 " ♌ "
" 7 " 7 " ♍ "
" 8 " 18 " ♍ "
" 9 " 0 " ♎ "
" 10 " 12 " ♎ "
" 11 " 24 " ♎ "
" 12,Noon, 6 " ♏ "

P.M.

At 1 o'clock, 18° of ♏ rises
" 2 " 29 " ♏ "
" 3 " 11 " ♐ "
" 4 " 25 " ♐ "
" 5 " 8 " ♑ "
" 6 " 24 " ♑ "
" 7 " 13 " ♒ "
" 8 " 5 " ♓ "
" 9 " 1 " ♈ "
" 10 " 27 " ♈ "
" 11 " 19 " ♉ "
" 12,Midn't. 8 " ♊ "

JULY 26

A.M.

At 1 o'clock, 10° of ♊ rises
" 2 " 25 " ♊ "
" 3 " 9 " ♋ "
" 4 " 21 " ♋ "
" 5 " 3 " ♌ "
" 6 " 15 " ♌ "
" 7 " 27 " ♌ "
" 8 " 9 " ♍ "
" 9 " 20 " ♍ "
" 10 " 2 " ♎ "
" 11 " 14 " ♎ "
" 12,Noon, 26 " ♎ "

P.M.

At 1 o'clock, 8° of ♏ rises
" 2 " 20 " ♏ "
" 3 " 2 " ♐ "
" 4 " 14 " ♐ "
" 5 " 26 " ♐ "
" 6 " 11 " ♑ "
" 7 " 27 " ♑ "
" 8 " 16 " ♒ "
" 9 " 10 " ♓ "
" 10 " 5 " ♈ "
" 11 " 0 " ♉ "
" 12,Midn't. 23 " ♉ "

AUGUST 3

A.M.

At 1 o'clock, 18° of ♊ rises
" 2 " 3 " ♋ "
" 3 " 15 " ♋ "
" 4 " 28 " ♋ "
" 5 " 10 " ♌ "
" 6 " 21 " ♌ "
" 7 " 3 " ♍ "
" 8 " 15 " ♍ "
" 9 " 27 " ♍ "
" 10 " 9 " ♎ "
" 11 " 21 " ♎ "
" 12,Noon, 2 " ♏ "

P.M.

At 1 o'clock, 14° of ♏ rises
" 2 " 26 " ♏ "
" 3 " 8 " ♐ "
" 4 " 21 " ♐ "
" 5 " 4 " ♑ "
" 6 " 20 " ♑ "
" 7 " 7 " ♒ "
" 8 " 29 " ♒ "
" 9 " 24 " ♓ "
" 10 " 20 " ♈ "
" 11 " 13 " ♉ "
" 12,Midn't. 3 " ♊ "

AUGUST 11

A.M.

At 1 o'clock, 26° of ♊ rises
" 2 " 9 " ♋ "
" 3 " 22 " ♋ "
" 4 " 4 " ♌ "
" 5 " 16 " ♌ "
" 6 " 28 " ♌ "
" 7 " 10 " ♍ "
" 8 " 21 " ♍ "
" 9 " 3 " ♎ "
" 10 " 15 " ♎ "
" 11 " 27 " ♎ "
" 12,Noon, 9 " ♏ "

P.M.

At 1 o'clock, 21° of ♏ rises
" 2 " 2 " ♐ "
" 3 " 14 " ♐ "
" 4 " 28 " ♐ "
" 5 " 12 " ♑ "
" 6 " 28 " ♑ "
" 7 " 19 " ♒ "
" 8 " 13 " ♓ "
" 9 " 7 " ♈ "
" 10 " 2 " ♉ "
" 11 " 24 " ♉ "
" 12,Midn't. 12 " ♊ "

### AUGUST 15

**A.M.**

| | | | | | | |
|---|---|---|---|---|---|---|
| At | 1 | o'clock, | 0° | of | ♋ | rises |
| " | 2 | " | 13 | " | ♋ | " |
| " | 3 | " | 25 | " | ♋ | " |
| " | 4 | " | 7 | " | ♌ | " |
| " | 5 | " | 19 | " | ♌ | " |
| " | 6 | " | 1 | " | ♍ | " |
| " | 7 | " | 12 | " | ♍ | " |
| " | 8 | " | 24 | " | ♍ | " |
| " | 9 | " | 6 | " | ♎ | " |
| " | 10 | " | 18 | " | ♎ | " |
| " | 11 | " | 0 | " | ♏ | " |
| " | 12,Noon, | | 12 | " | ♏ | " |

**P.M.**

| | | | | | | |
|---|---|---|---|---|---|---|
| At | 1 | o'clock, | 24° | of | ♏ | rises |
| " | 2 | " | 5 | " | ♐ | " |
| " | 3 | " | 18 | " | ♐ | " |
| " | 4 | " | 2 | " | ♑ | " |
| " | 5 | " | 16 | " | ♑ | " |
| " | 6 | " | 3 | " | ♒ | " |
| " | 7 | " | 24 | " | ♒ | " |
| " | 8 | " | 18 | " | ♓ | " |
| " | 9 | " | 15 | " | ♈ | " |
| " | 10 | " | 9 | " | ♉ | " |
| " | 11 | " | 29 | " | ♉ | " |
| " | 12,Midn't. | | 16 | " | ♊ | " |

### AUGUST 19

**A.M.**

| | | | | | | |
|---|---|---|---|---|---|---|
| At | 1 | o'clock, | 3° | of | ♋ | rises |
| " | 2 | " | 16 | " | ♋ | " |
| " | 3 | " | 28 | " | ♋ | " |
| " | 4 | " | 10 | " | ♌ | " |
| " | 5 | " | 22 | " | ♌ | " |
| " | 6 | " | 4 | " | ♍ | " |
| " | 7 | " | 16 | " | ♍ | " |
| " | 8 | " | 28 | " | ♍ | " |
| " | 9 | " | 9 | " | ♎ | " |
| " | 10 | " | 22 | " | ♎ | " |
| " | 11 | " | 3 | " | ♏ | " |
| " | 12,Noon, | | 15 | " | ♏ | " |

**P.M.**

| | | | | | | |
|---|---|---|---|---|---|---|
| At | 1 | o'clock, | 27° | of | ♏ | rises |
| " | 2 | " | 9 | " | ♐ | " |
| " | 3 | " | 21 | " | ♐ | " |
| " | 4 | " | 5 | " | ♑ | " |
| " | 5 | " | 20 | " | ♑ | " |
| " | 6 | " | 9 | " | ♒ | " |
| " | 7 | " | 0 | " | ♓ | " |
| " | 8 | " | 26 | " | ♓ | " |
| " | 9 | " | 22 | " | ♈ | " |
| " | 10 | " | 15 | " | ♉ | " |
| " | 11 | " | 4 | " | ♊ | " |
| " | 12,Midn't. | | 20 | " | ♊ | " |

### AUGUST 23

**A.M.**

| | | | | | | |
|---|---|---|---|---|---|---|
| At | 1 | o'clock, | 7° | of | ♋ | rises |
| " | 2 | " | 19 | " | ♋ | " |
| " | 3 | " | 1 | " | ♌ | " |
| " | 4 | " | 13 | " | ♌ | " |
| " | 5 | " | 24 | " | ♌ | " |
| " | 6 | " | 7 | " | ♍ | " |
| " | 7 | " | 18 | " | ♍ | " |
| " | 8 | " | 0 | " | ♎ | " |
| " | 9 | " | 12 | " | ♎ | " |
| " | 10 | " | 24 | " | ♎ | " |
| " | 11 | " | 6 | " | ♏ | " |
| " | 12,Noon, | | 18 | " | ♏ | " |

**P.M.**

| | | | | | | |
|---|---|---|---|---|---|---|
| At | 1 | o'clock, | 0° | of | ♐ | rises |
| " | 2 | " | 12 | " | ♐ | " |
| " | 3 | " | 25 | " | ♐ | " |
| " | 4 | " | 9 | " | ♑ | " |
| " | 5 | " | 25 | " | ♑ | " |
| " | 6 | " | 14 | " | ♒ | " |
| " | 7 | " | 7 | " | ♓ | " |
| " | 8 | " | 3 | " | ♈ | " |
| " | 9 | " | 27 | " | ♈ | " |
| " | 10 | " | 20 | " | ♉ | " |
| " | 11 | " | 8 | " | ♊ | " |
| " | 12,Midn't. | | 24 | " | ♊ | " |

### AUGUST 27

**A.M.**

| | | | | | | |
|---|---|---|---|---|---|---|
| At | 1 | o'clock, | 10° | of | ♋ | rises |
| " | 2 | " | 22 | " | ♋ | " |
| " | 3 | " | 5 | " | ♌ | " |
| " | 4 | " | 16 | " | ♌ | " |
| " | 5 | " | 28 | " | ♌ | " |
| " | 6 | " | 10 | " | ♍ | " |
| " | 7 | " | 22 | " | ♍ | " |
| " | 8 | " | 4 | " | ♎ | " |
| " | 9 | " | 16 | " | ♎ | " |
| " | 10 | " | 27 | " | ♎ | " |
| " | 11 | " | 9 | " | ♏ | " |
| " | 12,Noon, | | 21 | " | ♏ | " |

**P.M.**

| | | | | | | |
|---|---|---|---|---|---|---|
| At | 1 | o'clock, | 2° | of | ♐ | rises |
| " | 2 | " | 15 | " | ♐ | " |
| " | 3 | " | 28 | " | ♐ | " |
| " | 4 | " | 13 | " | ♑ | " |
| " | 5 | " | 29 | " | ♑ | " |
| " | 6 | " | 20 | " | ♒ | " |
| " | 7 | " | 13 | " | ♓ | " |
| " | 8 | " | 9 | " | ♈ | " |
| " | 9 | " | 4 | " | ♉ | " |
| " | 10 | " | 24 | " | ♉ | " |
| " | 11 | " | 12 | " | ♊ | " |
| " | 12,Midn't. | | 28 | " | ♊ | " |

### AUGUST 31

**A.M.**

| | | | | | | |
|---|---|---|---|---|---|---|
| At | 1 | o'clock, | 14° | of | ♋ | rises |
| " | 2 | " | 26 | " | ♋ | " |
| " | 3 | " | 8 | " | ♌ | " |
| " | 4 | " | 19 | " | ♌ | " |
| " | 5 | " | 1 | " | ♍ | " |
| " | 6 | " | 13 | " | ♍ | " |
| " | 7 | " | 25 | " | ♍ | " |
| " | 8 | " | 7 | " | ♎ | " |
| " | 9 | " | 19 | " | ♎ | " |
| " | 10 | " | 1 | " | ♏ | " |
| " | 11 | " | 12 | " | ♏ | " |
| " | 12,Noon, | | 24 | " | ♏ | " |

**P.M.**

| | | | | | | |
|---|---|---|---|---|---|---|
| At | 1 | o'clock, | 6° | of | ♐ | rises |
| " | 2 | " | 19 | " | ♐ | " |
| " | 3 | " | 2 | " | ♑ | " |
| " | 4 | " | 17 | " | ♑ | " |
| " | 5 | " | 5 | " | ♒ | " |
| " | 6 | " | 25 | " | ♒ | " |
| " | 7 | " | 20 | " | ♓ | " |
| " | 8 | " | 16 | " | ♈ | " |
| " | 9 | " | 10 | " | ♉ | " |
| " | 10 | " | 0 | " | ♊ | " |
| " | 11 | " | 17 | " | ♊ | " |
| " | 12,Midn't. | | 1 | " | ♋ | " |

### SEPTEMBER 4

**A.M.**

| | | | | | | |
|---|---|---|---|---|---|---|
| At | 1 | o'clock, | 17° | of | ♋ | rises |
| " | 2 | " | 29 | " | ♋ | " |
| " | 3 | " | 11 | " | ♌ | " |
| " | 4 | " | 23 | " | ♌ | " |
| " | 5 | " | 4 | " | ♍ | " |
| " | 6 | " | 17 | " | ♍ | " |
| " | 7 | " | 28 | " | ♍ | " |
| " | 8 | " | 10 | " | ♎ | " |
| " | 9 | " | 22 | " | ♎ | " |
| " | 10 | " | 4 | " | ♏ | " |
| " | 11 | " | 15 | " | ♏ | " |
| " | 12,Noon, | | 27 | " | ♏ | " |

**P.M.**

| | | | | | | |
|---|---|---|---|---|---|---|
| At | 1 | o'clock, | 9° | of | ♐ | rises |
| " | 2 | " | 22 | " | ♐ | " |
| " | 3 | " | 6 | " | ♑ | " |
| " | 4 | " | 21 | " | ♑ | " |
| " | 5 | " | 10 | " | ♒ | " |
| " | 6 | " | 2 | " | ♓ | " |
| " | 7 | " | 28 | " | ♓ | " |
| " | 8 | " | 24 | " | ♈ | " |
| " | 9 | " | 16 | " | ♉ | " |
| " | 10 | " | 4 | " | ♊ | " |
| " | 11 | " | 20 | " | ♊ | " |
| " | 12,Midn't. | | 5 | " | ♋ | " |

## SEPTEMBER 8

A.M.

| |  | |  | |  | |
|---|---|---|---|---|---|---|
| At | 1 | o'clock, | 20° | of | ♋ | rises |
| " | 2 | " | 2 | " | ♌ | " |
| " | 3 | " | 14 | " | ♌ | " |
| " | 4 | " | 25 | " | ♌ | " |
| " | 5 | " | 7 | " | ♍ | " |
| " | 6 | " | 19 | " | ♍ | " |
| " | 7 | " | 1 | " | ♎ | " |
| " | 8 | " | 13 | " | ♎ | " |
| " | 9 | " | 25 | " | ♎ | " |
| " | 10 | " | 7 | " | ♏ | " |
| " | 11 | " | 18 | " | ♏ | " |
| " | 12, | Noon, | 0 | " | ♐ | " |

P.M.

| |  | |  | |  | |
|---|---|---|---|---|---|---|
| At | 1 | o'clock, | 12° | of | ♐ | rises |
| " | 2 | " | 25 | " | ♐ | " |
| " | 3 | " | 9 | " | ♑ | " |
| " | 4 | " | 25 | " | ♑ | " |
| " | 5 | " | 15 | " | ♒ | " |
| " | 6 | " | 7 | " | ♓ | " |
| " | 7 | " | 3 | " | ♈ | " |
| " | 8 | " | 29 | " | ♈ | " |
| " | 9 | " | 21 | " | ♉ | " |
| " | 10 | " | 9 | " | ♊ | " |
| " | 11 | " | 24 | " | ♊ | " |
| " | 12, | Midn't. | 8 | " | ♋ | " |

## SEPTEMBER 12

A.M.

| |  | |  | |  | |
|---|---|---|---|---|---|---|
| At | 1 | o'clock, | 23° | of | ♋ | rises |
| " | 2 | " | 5 | " | ♌ | " |
| " | 3 | " | 17 | " | ♌ | " |
| " | 4 | " | 28 | " | ♌ | " |
| " | 5 | " | 11 | " | ♍ | " |
| " | 6 | " | 22 | " | ♍ | " |
| " | 7 | " | 4 | " | ♎ | " |
| " | 8 | " | 16 | " | ♎ | " |
| " | 9 | " | 27 | " | ♎ | " |
| " | 10 | " | 10 | " | ♏ | " |
| " | 11 | " | 21 | " | ♏ | " |
| " | 12, | Noon, | 3 | " | ♐ | " |

P.M.

| |  | |  | |  | |
|---|---|---|---|---|---|---|
| At | 1 | o'clock, | 15° | of | ♐ | rises |
| " | 2 | " | 29 | " | ♐ | " |
| " | 3 | " | 14 | " | ♑ | " |
| " | 4 | " | 1 | " | ♒ | " |
| " | 5 | " | 20 | " | ♒ | " |
| " | 6 | " | 15 | " | ♓ | " |
| " | 7 | " | 11 | " | ♈ | " |
| " | 8 | " | 5 | " | ♉ | " |
| " | 9 | " | 26 | " | ♉ | " |
| " | 10 | " | 13 | " | ♊ | " |
| " | 11 | " | 28 | " | ♊ | " |
| " | 12, | Midn't. | 12 | " | ♋ | " |

## SEPTEMBER 16

A.M.

| |  | |  | |  | |
|---|---|---|---|---|---|---|
| At | 1 | o'clock, | 27° | of | ♋ | rises |
| " | 2 | " | 8 | " | ♌ | " |
| " | 3 | " | 20 | " | ♌ | " |
| " | 4 | " | 2 | " | ♍ | " |
| " | 5 | " | 13 | " | ♍ | " |
| " | 6 | " | 25 | " | ♍ | " |
| " | 7 | " | 7 | " | ♎ | " |
| " | 8 | " | 19 | " | ♎ | " |
| " | 9 | " | 1 | " | ♏ | " |
| " | 10 | " | 13 | " | ♏ | " |
| " | 11 | " | 24 | " | ♏ | " |
| " | 12, | Noon, | 7 | " | ♐ | " |

P.M.

| |  | |  | |  | |
|---|---|---|---|---|---|---|
| At | 1 | o'clock, | 19° | of | ♐ | rises |
| " | 2 | " | 2 | " | ♑ | " |
| " | 3 | " | 18 | " | ♑ | " |
| " | 4 | " | 6 | " | ♒ | " |
| " | 5 | " | 27 | " | ♒ | " |
| " | 6 | " | 22 | " | ♓ | " |
| " | 7 | " | 17 | " | ♈ | " |
| " | 8 | " | 12 | " | ♉ | " |
| " | 9 | " | 1 | " | ♊ | " |
| " | 10 | " | 17 | " | ♊ | " |
| " | 11 | " | 2 | " | ♋ | " |
| " | 12, | Midn't. | 15 | " | ♋ | " |

## SEPTEMBER 20

A.M.

| |  | |  | |  | |
|---|---|---|---|---|---|---|
| At | 1 | o'clock, | 0° | of | ♌ | rises |
| " | 2 | " | 11 | " | ♌ | " |
| " | 3 | " | 23 | " | ♌ | " |
| " | 4 | " | 5 | " | ♍ | " |
| " | 5 | " | 17 | " | ♍ | " |
| " | 6 | " | 29 | " | ♍ | " |
| " | 7 | " | 11 | " | ♎ | " |
| " | 8 | " | 23 | " | ♎ | " |
| " | 9 | " | 4 | " | ♏ | " |
| " | 10 | " | 16 | " | ♏ | " |
| " | 11 | " | 28 | " | ♏ | " |
| " | 12, | Noon, | 10 | " | ♐ | " |

P.M.

| |  | |  | |  | |
|---|---|---|---|---|---|---|
| At | 1 | o'clock, | 22° | of | ♐ | rises |
| " | 2 | " | 6 | " | ♑ | " |
| " | 3 | " | 22 | " | ♑ | " |
| " | 4 | " | 11 | " | ♒ | " |
| " | 5 | " | 4 | " | ♓ | " |
| " | 6 | " | 29 | " | ♓ | " |
| " | 7 | " | 24 | " | ♈ | " |
| " | 8 | " | 16 | " | ♉ | " |
| " | 9 | " | 6 | " | ♊ | " |
| " | 10 | " | 21 | " | ♊ | " |
| " | 11 | " | 5 | " | ♋ | " |
| " | 12, | Midn't. | 18 | " | ♋ | " |

## SEPTEMBER 24

A.M.

| |  | |  | |  | |
|---|---|---|---|---|---|---|
| At | 1 | o'clock, | 2° | of | ♌ | rises |
| " | 2 | " | 14 | " | ♌ | " |
| " | 3 | " | 26 | " | ♌ | " |
| " | 4 | " | 8 | " | ♍ | " |
| " | 5 | " | 20 | " | ♍ | " |
| " | 6 | " | 2 | " | ♎ | " |
| " | 7 | " | 14 | " | ♎ | " |
| " | 8 | " | 26 | " | ♎ | " |
| " | 9 | " | 8 | " | ♏ | " |
| " | 10 | " | 19 | " | ♏ | " |
| " | 11 | " | 1 | " | ♐ | " |
| " | 12, | Noon, | 13 | " | ♐ | " |

P.M.

| |  | |  | |  | |
|---|---|---|---|---|---|---|
| At | 1 | o'clock, | 26° | of | ♑ | rises |
| " | 2 | " | 11 | " | ♑ | " |
| " | 3 | " | 27 | " | ♑ | " |
| " | 4 | " | 16 | " | ♒ | " |
| " | 5 | " | 9 | " | ♓ | " |
| " | 6 | " | 5 | " | ♈ | " |
| " | 7 | " | 0 | " | ♉ | " |
| " | 8 | " | 22 | " | ♉ | " |
| " | 9 | " | 10 | " | ♊ | " |
| " | 10 | " | 25 | " | ♊ | " |
| " | 11 | " | 9 | " | ♋ | " |
| " | 12, | Midn't. | 21 | " | ♋ | " |

## SEPTEMBER 28

A.M.

| |  | |  | |  | |
|---|---|---|---|---|---|---|
| At | 1 | o'clock, | 6° | of | ♌ | rises |
| " | 2 | " | 17 | " | ♌ | " |
| " | 3 | " | 29 | " | ♌ | " |
| " | 4 | " | 11 | " | ♍ | " |
| " | 5 | " | 23 | " | ♍ | " |
| " | 6 | " | 5 | " | ♎ | " |
| " | 7 | " | 17 | " | ♎ | " |
| " | 8 | " | 29 | " | ♎ | " |
| " | 9 | " | 11 | " | ♏ | " |
| " | 10 | " | 22 | " | ♏ | " |
| " | 11 | " | 4 | " | ♐ | " |
| " | 12, | Noon, | 16 | " | ♐ | " |

P.M.

| |  | |  | |  | |
|---|---|---|---|---|---|---|
| At | 1 | o'clock, | 0° | of | ♑ | rises |
| " | 2 | " | 14 | " | ♑ | " |
| " | 3 | " | 2 | " | ♒ | " |
| " | 4 | " | 22 | " | ♒ | " |
| " | 5 | " | 16 | " | ♓ | " |
| " | 6 | " | 12 | " | ♈ | " |
| " | 7 | " | 7 | " | ♉ | " |
| " | 8 | " | 27 | " | ♉ | " |
| " | 9 | " | 14 | " | ♊ | " |
| " | 10 | " | 29 | " | ♊ | " |
| " | 11 | " | 12 | " | ♋ | " |
| " | 12, | Midn't. | 24 | " | ♋ | " |

## OCTOBER 2

A.M.

At 1 o'clock, 9° of ♌ rises
" 2 " 21 " ♌ "
" 3 " 2 " ♍ "
" 4 " 14 " ♍ "
" 5 " 26 " ♍ "
" 6 " 8 " ♎ "
" 7 " 20 " ♎ "
" 8 " 2 " ♏ "
" 9 " 13 " ♏ "
" 10 " 25 " ♏ "
" 11 " 7 " ♐ "
" 12,Noon, 19 " ♐ "

P.M.

At 1 o'clock, 3° of ♑ rises
" 2 " 18 " ♑ "
" 3 " 6 " ♒ "
" 4 " 27 " ♒ "
" 5 " 22 " ♓ "
" 6 " 18 " ♈ "
" 7 " 12 " ♉ "
" 8 " 2 " ♊ "
" 9 " 18 " ♊ "
" 10 " 2 " ♋ "
" 11 " 15 " ♋ "
" 12,Midn't. 27 " ♋ "

## OCTOBER 10

A.M.

At 1 o'clock, 15° of ♌ rises
" 2 " 27 " ♌ "
" 3 " 8 " ♍ "
" 4 " 20 " ♍ "
" 5 " 2 " ♎ "
" 6 " 14 " ♎ "
" 7 " 27 " ♎ "
" 8 " 9 " ♏ "
" 9 " 19 " ♏ "
" 10 " 2 " ♐ "
" 11 " 14 " ♐ "
" 12,Noon, 26 " ♐ "

P.M.

At 1 o'clock, 11° of ♑ rises
" 2 " 27 " ♑ "
" 3 " 17 " ♒ "
" 4 " 11 " ♓ "
" 5 " 7 " ♈ "
" 6 " 2 " ♉ "
" 7 " 23 " ♉ "
" 8 " 11 " ♊ "
" 9 " 26 " ♊ "
" 10 " 9 " ♋ "
" 11 " 22 " ♋ "
" 12,Midn't. 4 " ♌ "

## OCTOBER 18

A.M.

At 1 o'clock, 21° of ♌ rises
" 2 " 3 " ♍ "
" 3 " 15 " ♍ "
" 4 " 27 " ♍ "
" 5 " 9 " ♎ "
" 6 " 20 " ♎ "
" 7 " 2 " ♏ "
" 8 " 14 " ♏ "
" 9 " 26 " ♏ "
" 10 " 8 " ♐ "
" 11 " 21 " ♐ "
" 12,Noon, 4 " ♑ "

P.M.

At 1 o'clock, 19° of ♑ rises
" 2 " 7 " ♒ "
" 3 " 29 " ♒ "
" 4 " 24 " ♓ "
" 5 " 20 " ♈ "
" 6 " 13 " ♉ "
" 7 " 3 " ♊ "
" 8 " 19 " ♊ "
" 9 " 3 " ♋ "
" 10 " 16 " ♋ "
" 11 " 28 " ♋ "
" 12,Midn't. 10 " ♌ "

## OCTOBER 6

A.M.

At 1 o'clock, 12° of ♌ rises
" 2 " 24 " ♌ "
" 3 " 6 " ♍ "
" 4 " 17 " ♍ "
" 5 " 29 " ♍ "
" 6 " 11 " ♎ "
" 7 " 23 " ♎ "
" 8 " 5 " ♏ "
" 9 " 16 " ♏ "
" 10 " 28 " ♏ "
" 11 " 11 " ♐ "
" 12,Noon, 23 " ♐ "

P.M.

At 1 o'clock, 7° of ♑ rises
" 2 " 23 " ♑ "
" 3 " 13 " ♒ "
" 4 " 5 " ♓ "
" 5 " 0 " ♈ "
" 6 " 25 " ♈ "
" 7 " 18 " ♉ "
" 8 " 6 " ♊ "
" 9 " 22 " ♊ "
" 10 " 6 " ♋ "
" 11 " 18 " ♋ "
" 12,Midn't. 1 " ♌ "

## OCTOBER 14

A.M.

At 1 o'clock, 18° of ♌ rises
" 2 " 0 " ♍ "
" 3 " 12 " ♍ "
" 4 " 23 " ♍ "
" 5 " 6 " ♎ "
" 6 " 18 " ♎ "
" 7 " 29 " ♎ "
" 8 " 11 " ♏ "
" 9 " 22 " ♏ "
" 10 " 5 " ♐ "
" 11 " 17 " ♐ "
" 12,Noon, 0 " ♑ "

P.M.

At 1 o'clock, 15° of ♑ rises
" 2 " 2 " ♒ "
" 3 " 22 " ♒ "
" 4 " 16 " ♓ "
" 5 " 13 " ♈ "
" 6 " 7 " ♉ "
" 7 " 27 " ♉ "
" 8 " 15 " ♊ "
" 9 " 29 " ♊ "
" 10 " 12 " ♋ "
" 11 " 25 " ♋ "
" 12,Midn't. 7 " ♌ "

## OCTOBER 22

A.M.

At 1 o'clock, 24° of ♌ rises
" 2 " 6 " ♍ "
" 3 " 18 " ♍ "
" 4 " 0 " ♎ "
" 5 " 12 " ♎ "
" 6 " 24 " ♎ "
" 7 " 5 " ♏ "
" 8 " 17 " ♏ "
" 9 " 29 " ♏ "
" 10 " 11 " ♐ "
" 11 " 24 " ♐ "
" 12,Noon, 7 " ♑ "

P.M.

At 1 o'clock, 24° of ♑ rises
" 2 " 13 " ♒ "
" 3 " 5 " ♓ "
" 4 " 1 " ♈ "
" 5 " 27 " ♈ "
" 6 " 19 " ♉ "
" 7 " 7 " ♊ "
" 8 " 23 " ♊ "
" 9 " 7 " ♋ "
" 10 " 19 " ♋ "
" 11 " 1 " ♌ "
" 12,Midn't. 13 " ♌ "

## OCTOBER 26

A.M.

| At 1 o'clock, | 28° | of ♌ | rises |
|---|---|---|---|
| " 2 " | 9 | " ♍ | " |
| " 3 " | 21 | " ♍ | " |
| " 4 " | 3 | " ♎ | " |
| " 5 " | 15 | " ♎ | " |
| " 6 " | 27 | " ♎ | " |
| " 7 " | 9 | " ♏ | " |
| " 8 " | 20 | " ♏ | " |
| " 9 " | 2 | " ♐ | " |
| " 10 " | 14 | " ♐ | " |
| " 11 " | 27 | " ♐ | " |
| " 12,Noon, | 12 | " ♑ | " |

P.M.

| At 1 o'clock, | 28° | of ♑ | rises |
|---|---|---|---|
| " 2 " | 19 | " ♒ | " |
| " 3 " | 13 | " ♓ | " |
| " 4 " | 8 | " ♈ | " |
| " 5 " | 2 | " ♉ | " |
| " 6 " | 24 | " ♉ | " |
| " 7 " | 11 | " ♊ | " |
| " 8 " | 27 | " ♊ | " |
| " 9 " | 10 | " ♋ | " |
| " 10 " | 22 | " ♋ | " |
| " 11 " | 5 | " ♌ | " |
| " 12,Midn't. | 16 | " ♌ | " |

## OCTOBER 30

A.M.

| At 1 o'clock, | 1° | of ♍ | rises |
|---|---|---|---|
| " 2 " | 12 | " ♍ | " |
| " 3 " | 24 | " ♍ | " |
| " 4 " | 6 | " ♎ | " |
| " 5 " | 18 | " ♎ | " |
| " 6 " | 0 | " ♏ | " |
| " 7 " | 12 | " ♏ | " |
| " 8 " | 23 | " ♏ | " |
| " 9 " | 5 | " ♐ | " |
| " 10 " | 17 | " ♐ | " |
| " 11 " | 1 | " ♑ | " |
| " 12,Noon, | 16 | " ♑ | " |

P.M.

| At 1 o'clock, | 3° | of ♒ | rises |
|---|---|---|---|
| " 2 " | 24 | " ♒ | " |
| " 3 " | 19 | " ♓ | " |
| " 4 " | 15 | " ♈ | " |
| " 5 " | 9 | " ♉ | " |
| " 6 " | 29 | " ♉ | " |
| " 7 " | 16 | " ♊ | " |
| " 8 " | 0 | " ♋ | " |
| " 9 " | 13 | " ♋ | " |
| " 10 " | 26 | " ♋ | " |
| " 11 " | 8 | " ♌ | " |
| " 12,Midn't. | 19 | " ♌ | " |

## NOVEMBER 3

A.M.

| At 1 o'clock, | 3° | of ♍ | rises |
|---|---|---|---|
| " 2 " | 15 | " ♍ | " |
| " 3 " | 27 | " ♍ | " |
| " 4 " | 9 | " ♎ | " |
| " 5 " | 21 | " ♎ | " |
| " 6 " | 3 | " ♏ | " |
| " 7 " | 15 | " ♏ | " |
| " 8 " | 27 | " ♏ | " |
| " 9 " | 8 | " ♐ | " |
| " 10 " | 21 | " ♐ | " |
| " 11 " | 4 | " ♑ | " |
| " 12,Noon, | 20 | " ♑ | " |

P.M.

| At 1 o'clock, | 9° | of ♒ | rises |
|---|---|---|---|
| " 2 " | 0 | " ♓ | " |
| " 3 " | 26 | " ♓ | " |
| " 4 " | 22 | " ♈ | " |
| " 5 " | 14 | " ♉ | " |
| " 6 " | 3 | " ♊ | " |
| " 7 " | 19 | " ♊ | " |
| " 8 " | 3 | " ♋ | " |
| " 9 " | 16 | " ♋ | " |
| " 10 " | 29 | " ♋ | " |
| " 11 " | 11 | " ♌ | " |
| " 12,Midn't. | 22 | " ♌ | " |

## NOVEMBER 7

A.M.

| At 1 o'clock, | 7° | of ♍ | rises |
|---|---|---|---|
| " 2 " | 18 | " ♍ | " |
| " 3 " | 0 | " ♎ | " |
| " 4 " | 12 | " ♎ | " |
| " 5 " | 24 | " ♎ | " |
| " 6 " | 6 | " ♏ | " |
| " 7 " | 18 | " ♏ | " |
| " 8 " | 29 | " ♏ | " |
| " 9 " | 12 | " ♐ | " |
| " 10 " | 25 | " ♐ | " |
| " 11 " | 8 | " ♑ | " |
| " 12,Noon, | 25 | " ♑ | " |

P.M.

| At 1 o'clock, | 13° | of ♒ | rises |
|---|---|---|---|
| " 2 " | 7 | " ♓ | " |
| " 3 " | 2 | " ♈ | " |
| " 4 " | 27 | " ♈ | " |
| " 5 " | 20 | " ♉ | " |
| " 6 " | 8 | " ♊ | " |
| " 7 " | 23 | " ♊ | " |
| " 8 " | 7 | " ♋ | " |
| " 9 " | 20 | " ♋ | " |
| " 10 " | 2 | " ♌ | " |
| " 11 " | 14 | " ♌ | " |
| " 12,Midn't. | 25 | " ♌ | " |

## NOVEMBER 11

A.M.

| At 1 o'clock, | 10° | of ♍ | rises |
|---|---|---|---|
| " 2 " | 22 | " ♍ | " |
| " 3 " | 4 | " ♎ | " |
| " 4 " | 16 | " ♎ | " |
| " 5 " | 27 | " ♎ | " |
| " 6 " | 9 | " ♏ | " |
| " 7 " | 21 | " ♏ | " |
| " 8 " | 2 | " ♐ | " |
| " 9 " | 15 | " ♐ | " |
| " 10 " | 28 | " ♐ | " |
| " 11 " | 12 | " ♑ | " |
| " 12,Noon, | 29 | " ♑ | " |

P.M.

| At 1 o'clock, | 20° | of ♒ | rises |
|---|---|---|---|
| " 2 " | 13 | " ♓ | " |
| " 3 " | 9 | " ♈ | " |
| " 4 " | 4 | " ♉ | " |
| " 5 " | 25 | " ♉ | " |
| " 6 " | 12 | " ♊ | " |
| " 7 " | 28 | " ♊ | " |
| " 8 " | 11 | " ♋ | " |
| " 9 " | 23 | " ♋ | " |
| " 10 " | 5 | " ♌ | " |
| " 11 " | 17 | " ♌ | " |
| " 12,Midn't. | 28 | " ♌ | " |

## NOVEMBER 15

A.M.

| At 1 o'clock, | 13° | of ♍ | rises |
|---|---|---|---|
| " 2 " | 25 | " ♍ | " |
| " 3 " | 6 | " ♎ | " |
| " 4 " | 19 | " ♎ | " |
| " 5 " | 1 | " ♏ | " |
| " 6 " | 12 | " ♏ | " |
| " 7 " | 24 | " ♏ | " |
| " 8 " | 6 | " ♐ | " |
| " 9 " | 18 | " ♐ | " |
| " 10 " | 2 | " ♑ | " |
| " 11 " | 17 | " ♑ | " |
| " 12,Noon, | 5 | " ♒ | " |

P.M.

| At 1 o'clock, | 25° | of ♒ | rises |
|---|---|---|---|
| " 2 " | 20 | " ♓ | " |
| " 3 " | 16 | " ♈ | " |
| " 4 " | 10 | " ♉ | " |
| " 5 " | 0 | " ♊ | " |
| " 6 " | 16 | " ♊ | " |
| " 7 " | 1 | " ♋ | " |
| " 8 " | 14 | " ♋ | " |
| " 9 " | 26 | " ♋ | " |
| " 10 " | 8 | " ♌ | " |
| " 11 " | 20 | " ♌ | " |
| " 12,Midn't. | 2 | " ♍ | " |

## NOVEMBER 19

A.M.

At 1 o'clock, 16° of ♍ rises
" 2 " 28 " ♍ "
" 3 " 10 " ♎ "
" 4 " 22 " ♎ "
" 5 " 4 " ♏ "
" 6 " 15 " ♏ "
" 7 " 27 " ♏ "
" 8 " 9 " ♐ "
" 9 " 21 " ♐ "
" 10 " 5 " ♑ "
" 11 " 20 " ♑ "
" 12, Noon, 9 " ♒ "

P.M.

At 1 o'clock, 2° of ♓ rises
" 2 " 27 " ♓ "
" 3 " 23 " ♈ "
" 4 " 15 " ♉ "
" 5 " 4 " ♊ "
" 6 " 20 " ♊ "
" 7 " 4 " ♋ "
" 8 " 17 " ♋ "
" 9 " 29 " ♋ "
" 10 " 11 " ♌ "
" 11 " 23 " ♌ "
" 12, Midn't. 5 " ♍ "

## NOVEMBER 27

A.M.

At 1 o'clock, 22° of ♍ rises
" 2 " 4 " ♎ "
" 3 " 16 " ♎ "
" 4 " 28 " ♎ "
" 5 " 10 " ♏ "
" 6 " 21 " ♏ "
" 7 " 3 " ♐ "
" 8 " 15 " ♐ "
" 9 " 29 " ♐ "
" 10 " 14 " ♑ "
" 11 " 0 " ♒ "
" 12, Noon, 20 " ♒ "

P.M.

At 1 o'clock, 14° of ♓ rises
" 2 " 11 " ♈ "
" 3 " 8 " ♉ "
" 4 " 26 " ♉ "
" 5 " 13 " ♊ "
" 6 " 28 " ♊ "
" 7 " 13 " ♋ "
" 8 " 24 " ♋ "
" 9 " 5 " ♌ "
" 10 " 17 " ♌ "
" 11 " 29 " ♌ "
" 12, Midn't. 11 " ♍ "

## DECEMBER 5

A.M.

At 1 o'clock, 28° of ♍ rises
" 2 " 10 " ♎ "
" 3 " 21 " ♎ "
" 4 " 3 " ♏ "
" 5 " 15 " ♏ "
" 6 " 27 " ♏ "
" 7 " 9 " ♐ "
" 8 " 21 " ♐ "
" 9 " 5 " ♑ "
" 10 " 20 " ♑ "
" 11 " 9 " ♒ "
" 12, Noon, 0 " ♓ "

P.M.

At 1 o'clock, 26° of ♓ rises
" 2 " 22 " ♈ "
" 3 " 15 " ♉ "
" 4 " 4 " ♊ "
" 5 " 20 " ♊ "
" 6 " 4 " ♋ "
" 7 " 17 " ♋ "
" 8 " 29 " ♋ "
" 9 " 11 " ♌ "
" 10 " 22 " ♌ "
" 11 " 4 " ♍ "
" 12, Midn't. 16 " ♍ "

## NOVEMBER 23

A.M.

At 1 o'clock, 19° of ♍ rises
" 2 " 1 " ♎ "
" 3 " 13 " ♎ "
" 4 " 25 " ♎ "
" 5 " 7 " ♏ "
" 6 " 18 " ♏ "
" 7 " 0 " ♐ "
" 8 " 12 " ♐ "
" 9 " 25 " ♐ "
" 10 " 9 " ♑ "
" 11 " 25 " ♑ "
" 12, Noon, 14 " ♒ "

P.M.

At 1 o'clock, 8° of ♓ rises
" 2 " 3 " ♈ "
" 3 " 29 " ♈ "
" 4 " 20 " ♉ "
" 5 " 9 " ♊ "
" 6 " 24 " ♊ "
" 7 " 8 " ♋ "
" 8 " 20 " ♋ "
" 9 " 2 " ♌ "
" 10 " 14 " ♌ "
" 11 " 26 " ♌ "
" 12, Midn't. 7 " ♍ "

## DECEMBER 1

A.M.

At 1 o'clock, 25° of ♍ rises
" 2 " 7 " ♎ "
" 3 " 19 " ♎ "
" 4 " 1 " ♏ "
" 5 " 13 " ♏ "
" 6 " 25 " ♏ "
" 7 " 7 " ♐ "
" 8 " 19 " ♐ "
" 9 " 2 " ♑ "
" 10 " 17 " ♑ "
" 11 " 5 " ♒ "
" 12, Noon, 27 " ♒ "

P.M.

At 1 o'clock, 21° of ♓ rises
" 2 " 16 " ♈ "
" 3 " 10 " ♉ "
" 4 " 1 " ♊ "
" 5 " 17 " ♊ "
" 6 " 2 " ♋ "
" 7 " 15 " ♋ "
" 8 " 27 " ♋ "
" 9 " 9 " ♌ "
" 10 " 21 " ♌ "
" 11 " 2 " ♍ "
" 12, Midn't. 14 " ♍ "

## DECEMBER 9

A.M.

At 1 o'clock, 2° of ♎ rises
" 2 " 14 " ♎ "
" 3 " 25 " ♎ "
" 4 " 8 " ♏ "
" 5 " 19 " ♏ "
" 6 " 1 " ♐ "
" 7 " 13 " ♐ "
" 8 " 26 " ♐ "
" 9 " 10 " ♑ "
" 10 " 26 " ♑ "
" 11 " 16 " ♒ "
" 12, Noon, 9 " ♓ "

P.M.

At 1 o'clock, 5° of ♈ rises
" 2 " 0 " ♉ "
" 3 " 22 " ♉ "
" 4 " 10 " ♊ "
" 5 " 25 " ♊ "
" 6 " 9 " ♋ "
" 7 " 21 " ♋ "
" 8 " 3 " ♌ "
" 9 " 15 " ♌ "
" 10 " 27 " ♌ "
" 11 " 8 " ♍ "
" 12, Midn't. 20 " ♍ "

## DECEMBER 13

A.M.

At 1 o'clock, 5° of ♎ rises
" 2 " 17 " ♎ "
" 3 " 28 " ♎ "
" 4 " 10 " ♏ "
" 5 " 22 " ♏ "
" 6 " 4 " ♐ "
" 7 " 16 " ♐ "
" 8 " 29 " ♐ "
" 9 " 14 " ♑ "
" 10 " 1 " ♒ "
" 11 " 21 " ♒ "
" 12, Noon, 15 " ♓ "

P.M.

At 1 o'clock, 12° of ♈ rises
" 2 " 6 " ♉ "
" 3 " 27 " ♉ "
" 4 " 14 " ♊ "
" 5 " 29 " ♊ "
" 6 " 12 " ♋ "
" 7 " 24 " ♋ "
" 8 " 6 " ♌ "
" 9 " 18 " ♌ "
" 10 " 0 " ♍ "
" 11 " 12 " ♍ "
" 12, Midn't. 23 " ♍ "

## DECEMBER 18

A.M.

At 1 o'clock, 9° of ♎ rises
" 2 " 21 " ♎ "
" 3 " 2 " ♏ "
" 4 " 14 " ♏ "
" 5 " 26 " ♏ "
" 6 " 8 " ♐ "
" 7 " 21 " ♐ "
" 8 " 4 " ♑ "
" 9 " 19 " ♑ "
" 10 " 7 " ♒ "
" 11 " 29 " ♒ "
" 12, Noon, 24 " ♓ "

P.M.

At 1 o'clock, 20° of ♈ rises
" 2 " 13 " ♉ "
" 3 " 3 " ♊ "
" 4 " 19 " ♊ "
" 5 " 3 " ♋ "
" 6 " 16 " ♋ "
" 7 " 28 " ♋ "
" 8 " 10 " ♌ "
" 9 " 22 " ♌ "
" 10 " 4 " ♍ "
" 11 " 16 " ♍ "
" 12, Midn't. 27 " ♍ "

## DECEMBER 23

A.M.

At 1 o'clock, 12° of ♎ rises
" 2 " 24 " ♎ "
" 3 " 6 " ♏ "
" 4 " 18 " ♏ "
" 5 " 0 " ♐ "
" 6 " 12 " ♐ "
" 7 " 25 " ♐ "
" 8 " 9 " ♑ "
" 9 " 25 " ♑ "
" 10 " 14 " ♒ "
" 11 " 7 " ♓ "
" 12, Noon, 2 " ♈ "

P.M.

At 1 o'clock, 28° of ♈ rises
" 2 " 20 " ♉ "
" 3 " 9 " ♊ "
" 4 " 24 " ♊ "
" 5 " 8 " ♋ "
" 6 " 20 " ♋ "
" 7 " 2 " ♌ "
" 8 " 14 " ♌ "
" 9 " 26 " ♌ "
" 10 " 7 " ♍ "
" 11 " 19 " ♍ "
" 12, Midn't. 1 " ♎ "

## DECEMBER 28

A.M.

At 1 o'clock, 16° of ♎ rises
" 2 " 28 " ♎ "
" 3 " 10 " ♏ "
" 4 " 22 " ♏ "
" 5 " 4 " ♐ "
" 6 " 16 " ♐ "
" 7 " 29 " ♐ "
" 8 " 14 " ♑ "
" 9 " 1 " ♒ "
" 10 " 21 " ♒ "
" 11 " 14 " ♓ "
" 12, Noon, 11 " ♈ "

P.M.

At 1 o'clock, 5° of ♉ rises
" 2 " 26 " ♉ "
" 3 " 13 " ♊ "
" 4 " 28 " ♊ "
" 5 " 12 " ♋ "
" 6 " 24 " ♋ "
" 7 " 6 " ♌ "
" 8 " 17 " ♌ "
" 9 " 0 " ♍ "
" 10 " 12 " ♍ "
" 11 " 23 " ♍ "
" 12, Midn't. 6 " ♎ "

# Aries
*(21 March – 20 April)*

## *Aries Sun with Aries Rising*

If anyone is a typical member of this sign then it is you. You have tremendous energy resources and others tend to drop like flies around you as you forge your way towards any given goal. You will do well in life provided you use your boundless enthusiasm constructively. A pioneer and an innovator, you are anxious to get your share of the action and your share of success. You are frank and outspoken but could be easily fooled—although you are well-informed and ingenious, you know little of human nature.

You have definite opinions, although they are likely to change often. One of the problems of being a double Aries is that you are unlikely to have a tremendous amount of patience or staying power. You may be full of ideas but when the going gets tough you are likely to change course mid-stream. This could be disastrous unless you fight it. Furthermore, you easily forget past mistakes, and will tend to make the same ones again and again.

Others find you quite irresistible—your warmth, charm and sense of adventure are not easily ignored. On the other hand, fiery temper leads to spectacular explosions. These quickly fizzle out, often making you regret having lost control in the first place.

Few are as self-confident as you, though you need to be on your guard about being too self-seeking. Few of us can survive or achieve without consideration for other people. You are the type who likes to travel and may move many times. It is likely that the earlier part of your life was very troubled; perhaps a misfortune in connection with a parent. But you are a fighter, and it takes a lot to get you down.

## HORRORSCOPE

You are the type who must be first to get on or off a bus or train, and first away at the traffic lights. You will push old ladies out of the way and growl at children making you stop at a zebra crossing. In love, you are only interested in your own needs; you believe that giving is for idiots. Financially, you will run up an overdraft without a thought and if your dear sweet mother offers you her rent money you will take it without a qualm and buy yourself a special treat—because you imagine that you deserve it. Workwise, you feel you deserve special treatment and will cover up your ignorance with arrogant behaviour. Apparently, it never occurs to you that you are a pain in the neck.

### Love

Aries falls in love dramatically, completely, disregarding common sense. You may marry early, quickly and more than once. But like everything else, when trouble starts you are quite likely to be the first one out of the door. You must try to look deeper than physical attraction and sexual desire.

Sharing does not come easily; you need to be the big boss. Fortunately for you, your faults and failings are often forgiven, for a time. Your loved one can be overwhelmed by your warm, passionate and generous nature. Problems begin when that special someone realizes that while you thrive on drama and crisis, when it comes to practical considerations, you do not want to know.

### Career

You can achieve an honourable and successful position in life, but should success come too early, it is unlikely to last. So remember to put something aside for that proverbial rainy day. You could excel in the academic, civic or military world or may find success in law, mining or exploration. You may prefer to work freelance, without the constraints of a boss. Remember that you are an ideas person, but the value of ideas comes in using them and following them through. Persistence and patience, then, are characteristics you need to develop in order to reach your full potential.

**Health**

Stress and tension can lead to headaches. Furthermore, many born under this combination are accident prone—generally due to physical or mental haste. Accidents, when they do occur, are likely to affect the face, head, hands and feet. You are the type who is either disgustingly healthy or always unwell. Lastly, a certain danger exists from fire and hot objects, so take care.

# *Aries Sun with Taurus Rising*

You are attemptiong to reconcile two very different personalities and it cannot be done without a struggle. You no doubt possess all of the sparkle of a true Aries and can be enterprising, energetic and enthusiastic; but Taurus tends to inhibit this side of your character often making you downright obstinate and impatient with anyone offering advice or contradiction. Hence, you are pretty difficult to get to know.

At least you have better self-control than would normally be expected with an Ariecian. It takes an awful lot to rouse your anger, but once stirred, you can instil fear with your wrath. One area of conflict is that one side of you desires recognition and attention whilst the other prefers to quietly beaver away in the background, hoping that your efforts will be recognized.

You have a secretive side which others find difficult to fathom. Because you are something of an enigma you attract other people and have many friends, some of whom are in positions to help you from time to time. But people become frustrated because one moment you are outgoing and confident, and the next reticent, plodding and full of doubts. One thing the bull encourages in the ram is determination, and because of this you have the ideas and enterprise coupled with the determination to see anything through. At times, though, this determination gets completely out of control, for you are fond of your own opinions and can be inflexible. You like method and organization and are careful with your possessions. Largely, you seem to be happy, with a peaceful life but bear in mind that your misguided resistance and stubborn opinions can lead to disappointment.

A typical Ariecian is usually fairly moderate where appetites are concerned but, in your case, Taurus gives a love of food and drink which sometimes is taken to excess, especially when unhappy or upset.

## HORRORSCOPE

You are a bull and impose your beliefs on others, even though they couldn't be narrower. Conversation is a one-way street, as you are so blinkered and opinionated. All you care about is getting your point across. You can also be something of a lazy slob—once settled in front of the television, you won't even budge in order to fetch an ashtray. Most of your opinions and ideas will be formed by the time you are eighteen and you refuse to develop and grow, and then wonder why promotion or success passes you by. But there again you wouldn't recognise such opportunities. You will never starve but you are too small-minded to make money work for you. You don't trust highfalutin ideas such as deposit accounts, never mind anything else. You have little time for either sex or romance and your partners soon learn that you are only concerned with your own needs.

### Love

In love you are usually jealous, possessive but inconstant. You fall in love easily refusing to admit it if you have made a mistake. Therefore marriage with you is likely to be either heaven or hell. Ideally, you need to find someone who can encourage your sparkling side, marriage to a fellow introvert may be fairly peaceful but it could also be incredibly boring. At least you are the faithful type and once in love you stick through thick and thin. You have usually had good parents, especially your father, and it is likely that you have learnt your attitude to love and marriage through him. You will also be glad to hear that your children will be a source of gain and satisfaction to you, and are likely to make good progress with artistic studies.

### Career

You work well behind the scenes and would make an excellent researcher. You can be a patient and precise worker and are fond of natural history and horticulture. Anything which allows you scope for these talents can bring you success. Interest in food may lead you into catering. The flamboyant side to your character may lead you into show business, though probably as a manager or agent rather than as a performer. Once you have found your niche in life, your career is sure to be a long and useful one.

### Health

You are prone to illnesses connected with the liver, kidneys and ovaries; also to diabetes, sore throats and tonsillitis. Beware of letting yourself get run down or overstressed. For the most part, you have an excellent constitution but remember that a little care goes a long way.

## *Aries Sun with Gemini Rising*

Gemini rising produces a calm, kind, willing and flexible nature. You are humane and talkative, easily worried and irritated, but quickly calmed. Your anger may well be excessive at times but you are quick to apologise. You are full of original ideas and skilled at negotiation—well-informed, subtle and businesslike. You are communicative, especially when discussing a favourite topic, but can be self-contained and nervous if suddenly called upon to occupy centre stage.

Your life may be full of changes, both good and bad, usually the result of some romantic attachment. You are sure to experience both extremes of good and bad in life, especially where finance is concerned. A real live wire, bursting with ideas, you know something about everything. Because of the liveliness of your personality you attract many friends, from different walks of life. You like novelty and change.

Lack of patience could create many problems. You need to cultivate concentration and persistence, and control the urge to make changes simply for change's sake. Others may think you are shallow, which isn't strictly true. Because you tend to settle for the superficial knowledge of many subjects, people may not believe that you can stick to any given course. However, you are a survivor. When life deals you a deadly blow you are philosophical and immediately pick yourself up, dust yourself off and start all over again.

You are playful and childlike. Those close to you constantly feel that they should make you grow up. They simply don't recognise the fact that your youthful spirits are there for life. You possess a wonderful ability to make friends and are never happier than when socializing. People like to have bright sparks such as yourself around. Other people may decide that you are superficial.

## HORRORSCOPE

You are the type of individual who bores easily, especially when not the centre of attention. People are boring, especially when they expect you to give any sort of help or assistance. Emotionally, you are extremely immature. Everything you want, you must have, and that includes other people. Needless to say your love life is disastrous, but the more complicated it is the better—you are only interested in the challenge presented by members of the opposite sex who aren't interested in you or who are committed elsewhere.

You feel naturally superior and totally confident of your charms. You are an unscrupulous conman but frequently get caught because you think you are infallible. You deceive yourself even when confronted with the truth and while you think you are cleverer than most, your devious ways are quite obvious to others. You will use anything to ward off old age while never admitting to a facelift, toupée or hair dye. The funniest thing about you is that although your biggest dread is boredom you are the biggest bore of all.

## Love

Life will be complicated, with plenty of secrets and intrigues, probably two marriages, maybe one to a foreigner. When it comes to being in love you are more intellectual than emotional, often preferring the chase to the conquest. Married or not, you are an uncontrollable flirt. At a party, you won't be happy until you have chatted up every single member of the opposite sex. Your partner in life needs to be extremely long suffering, and will eventually learn that your flirting doesn't necessarily lead anywhere. You just love to test your attractiveness and play these games. Faithfulness isn't your strong point, so if you are wise you will avoid the involvement with anyone terribly sensitive or vulnerable.

## Career

You are clever at law, negotiations and trade. Whatever you do, though, you are sure to hold a good position and simultaneously juggle two careers at some point. Business travel is also likely. Beware of an inability to choose or make decisions in your professional life. Success can also be found within a small group of people working towards a common goal. You have a silver tongue so may be good at sales.

Your need to be free may attract you to freelance work but you must be careful to finish off one assignment before starting another. You are talented and likeable, so it is not surprising that you have it within you to be extremely successful.

## Health

You are susceptible to colds and related infections and need to take care, especially when travelling. Bladder infections, fevers, poisoning of the system, and problems with the lungs and nerves, are also a threat. You need adequate rest, a sensible diet and exercise, all of which you can ignore, being overly confident in your health.

# *Aries Sun with Cancer Rising*

You are quiet and reserved by nature, but have a quick temper, and an impatient streak, and are sometimes very autocratic and severe. You are gifted with an active imagination, one which is excited by new experiences. You fit in easily, and frequently absorb other people's ideas and opinions. You are independent and capable but suffer from a high degree of nervous irritability which is the result of extreme sensitivity. According to the situation you can be either courageous or timid, generally timid when in physical danger but brave in your attitudes. Friends, women especially, will help and support you, even offering financial aid.

One of your biggest problems is your total concentration on your career, which leaves little time for loved ones, who will repeatedly complain of neglect. You must strive to achieve a happy medium as success and wealth are not easily enjoyed alone. Because the moon rules Cancer, you can expect many ups and downs in luck and position but a lot of people with this rising sign retain a certain amount of notoriety and power. Cancer is a water sign and Aries is a fire sign, which combine to create a lot of steam—those close to you may describe it as hot air.

You need to develop common sense when it comes to important decisions; making your mind up too quickly may often lead to problems. The warm and passionate Aries within you attracts others and you will never be short of friends but you tend to set high standards for other people and then feel ill-used and rejected when they are unable to live up to your expectations. It is quite clear that moderation is your key word to success in life.

## HORRORSCOPE

As a child you cling to your mother or father or both, and as a parent you cling to your children. Not surprisingly, your offspring want to escape as soon as they are old enough. A great emotional blackmailer, you are always ready to remind people of what you have done for them. What others regard as duty, you make out to be martyrdom. You love to tell everyone how sensitive you are, and certainly you can cry if someone upsets you, but you can also be unbelievably tactless and cruel.

You have a sweet tooth which you never own up to, and swear you eat like a bird although your silhouette belies this. Financially, you are quite good at spending money on yourself, but if you spend it on someone else, they must be grateful. You will never admit to not understanding anything and make yourself look stupid by this pretence.

### Love

You demand love as a right. If only your Aries side would allow you the time, you could be a great romantic for your imagination loves to idealize relationships. Your temper is changeable and disillusion follows many meetings but the need for friendship and attachment will continually lead to new relationships.

Your combination means that you pull out all the stops until you have landed your quarry but then rapidly shift your attention back on to your career. Consideration clearly then needs to be developed.

Cancer rising is opposed to marriage, meaning it may be hard to have a happy one. Although children will cause trouble in your life, your eldest should succeed in the medical, chemical or military professions. Indeed, in advanced years, your children are likely to be a source of protection.

### Career

You have many talents, including drama, but often forego originality, producing clever imitations of other people's material and ideas. Your position in life will be acquired by endless effort, enterprise and daring, and will be much debated. It will not be until the age of 35 that your position will become more assured. You could do very well in commerce, catering, shopkeeping, the hotel business, market gardening, and occupations connected with the sea, liquids, and with catering for public tastes or domestic needs.

**Health**

Watch out for infections of the chest and stomach, and also rheumatism. There is a certain danger of harm through a fall, as you can be rather clumsy. Headaches are sure to be experienced when under stress, but this is generally a rather healthy combination.

## *Aries Sun with Leo Rising*

Success is important and you like to associate with people in good positions. You have an open nature, strong will and are frank and noble. You are also ambitious, persevering, firm and confident. You are likely to be generous and probably highly gifted. There are occasions when you can be proud and presumptuous but you are generally self-possessed and masterful. You have no time for petty actions, and love all that is big and noble in life. You do possess a quick-temper, but anger does not last long.

Whatever you do, you try to do well and are very thorough in your intentions, so good fortune comes to you easily. However, you can be rather dogmatic and enterprises are often carried through to the bitter end, frequently at great personal risk. There is likely to have been some problem in your background, possibly connected with your father, which may have produced a change in fortune. There could be some legal dispute in connection with an inheritance or matters abroad. You are sure to spend part of your life in a foreign country.

You will have many artistic friends who are attracted to your warmth and generosity. You love to play host and others are equally happy to come and play guest. Arrogance and pride are perhaps your worst faults but in retrospect you can usually see how ridiculous and pompous you must have seemed. Freedom of expression and room to develop are essential to you. You love the limelight and grab it at all opportunities and people are usually quite happy to submit to your courtesy and charm and allow you to take over.

# HORRORSCOPE

You are something of a megalomaniac. Getting to the top is unlikely and you will settle for at best being a big fish in a little pool and if not, for being a martinet within the home. You choose friends and lovers by their ability to flatter you. You waste money on tacky status symbols which you cannot afford, simply to make a good impression. You are excessively proud, and expect applause for every little thing you do. No doubt this also applies in the bedroom, regardless of your performance. If you are unsuccessful, you will gratify your power complex by choosing an inferior mate, if you can find one. You are probably the laughing stock of your circle, other people finding your behaviour quite unbelievable and therefore highly entertaining.

**Love**

Your passions are strong but generally controlled. You are constant and love truly. It is likely that there will be two marriages and children by both spouses. Should you marry an Aquarian, twins are a possibility. Other people may try to cause trouble in your relationships, so it may be wise to ignore any criticism. You are not the type who loves half-heartedly, but will give total commitment, unfortunately often to the wrong person. You are too frequently attracted to those who look good in the eyes of other people. Follow your heart at all times and you won't go far wrong.

**Career**

You may well achieve status and honour through your own merit. You are patient in your work and you achieve your ends by solid endurance. Your capabilities are diverse, tending towards the arts, public office and a love of drama and display. Your poetical instinct is strong. Career success will be due to hard work but also good connections. There will be times when you will be lucky enough to find a rich patron, which is helpful if you are the artistic type. You may well have to face a good deal of hardship, but with persistence you will triumph in the end. You will be particularly successful in anything connected with foreign affairs, higher education and the law.

### Health

The chief ailments you are prone to are connected with the heart, blood and back; also rheumatism. Most people born of this combination boast of never having a day's illness in their life, and they are probably telling the truth. The problem with Leo rising is that once you become ill, everything seems to go wrong so never take your good health for granted.

## *Aries Sun with Virgo Rising*

Virgo has an inhibiting and cooling effect on the Aries personality. You have a clear intellect and a great sense of justice but can be coldly impassive and harsh in your treatment of others. There will be times when you lose all sense of proportion and give undue importance to petty things. However, you are kind, honest, fair and careful in most aspects of life. You are shy and yet often blossom in company. This combination is frequently difficult to get to know: you warm to affection and trust but other people have to work hard to reach this side of your personality.

For the most part you are good tempered, slow to blow your top but also very slow to forgive. Though strong-willed, you are open to persuasion and sudden changes of mind. You are intelligent, ingenious and stubbornly opinionated; and despite your quiet manner and tone you are a great talker. You enjoy living in organized and pleasant surroundings; one aspect of your concern with precision and order. Particular to a fault, you have great difficulty in accepting untidiness in others.

You show great appreciation for art and are very often creative. You have excellent taste and recognize fine quality—you may collect delicate objects or precise instruments. You take care of things and can always be trusted to return borrowed items.

Many changes in life will cause frequent breaks in your circle of friends, and relationships are frequently formed. You may well enjoy some inheritance and gain property through a female relative, a wife or partner. You could be particularly successful abroad.

You are sure to always appear impeccable, as Aries and Virgo both like to be turned out well. If you were born in the 1940s, you must be careful with both drugs and alcohol, for escapist tendencies will be strong. If born in the 1960s, you may be disruptive, possessing a strong urge to repeatedly end a way of life and begin again, causing great confusion among those around you. If you are born in the 1970s, you can expect complicated financial affairs with many new beginnings and endings. If 1980s combination, you baffle people with dramatic changes of mind or opinion. Furthermore there could be an obsessive attachment to a brother or sister. No matter when you were born, you must try hard to give a freer rein to your Aries side—the sun shines within, so let it be revealed.

## HORRORSCOPE

You can waste your life on trivia and suffer from being smallminded—unhappy about spending the smallest sum, the angle of a picture or the mess the budgie is making in his cage. You make life miserable for yourself, constantly striving for perfection but only to satisfy yourself. They don't come any more selfish than you, consideration and fairness being alien to your nature. If you get what you want, no one else is allowed to have it too. You can be a terrible snob, suffering moods when you will believe that you are somehow better than the rest of us. You like to have "important" friends and will shun those less fortunate than yourself. It is because you are so orderly that anyone slightly less exacting seems beneath you. You are a bit on the stiff side and could stand to have the occasional custard pie thrown in your face—do try and lighten up.

### Love

Though cold-hearted and indifferent for the most part, you are loving and even possessive at times. You can be both sensual and gentle, and have the unusual ability of remaining clearsighted in an emotionally laden situation. You rarely lose control, which could lead to problems.

You are sure to experience disappointment in love and are likely to marry twice or have a second attachment during the life of your spouse. Take care when entering into marriage as trouble is present in this aspect. When a relationship ends, so do the hostilities as you much prefer to remain close buddies with old flames. You hate to be manipulated and look for respect and intellectual appreciation, which could be more important to you than sex.

Having found the right person, the Virgo love burns bright and fearless. But therein lies a problem: you may expect perfection but unless you can honestly say that you are perfect yourself, you have no right to demand that loved ones live up to your impossible ideals.

## Career

Virgo rising frequently means a love of the land but your talents may also lie in the sciences. Indeed, many famous scientists have been born under this combination. A degree of wealth is shown, usually the result of hard work. Even then, there is a danger of loss, especially during the early part of life. You could excel in big business, banking, finance, the stock exchange and so on. You are likely to undertake many projects simultaneously but must be sure to do everything properly, or you risk failure. Anywhere where meticulous attention to detail is required, you can succeed. But as a boss you have difficulty in communicating your displeasure without being overly critical. Security is essential for you, making freelance work highly unsuitable. Everything you do, you try to do well and that in itself is quite a talent.

## Health

This is a hypersensitive sign, meaning you can suffer allergies, and skin complaints, especially eczema. Other problems are likely to be colic, flatulance, bowel problems, blood impurity and indigestion. Your skin is likely to be the first sign that you are highly nervous or under stress. Fortunately you enjoy a sensible diet and exercise, so you should be able to avoid most of these pitfalls. It is likely that as a youngster you will have been plagued by frequent illness or accidents—this is a sign that becomes stronger with age. Take care where animals are concerned for they could lead to misfortune.

## *Aries Sun with Libra Rising*

This is a good combination of opposites which can temper each other's faults. For instance you are courageous in the face of conflict and, unlike the typical Ariecian who rushes to attack, you will attempt negotiation and like to settle things in a friendly fashion. This sweet and gentle side to your character is very flexible and sensitive, and easily influenced by prevailing conditions.

You are polite, honest, candid and upright, always allowing your sense of justice to dictate your thoughts and actions. Your changeable moods mean that you can be optimistic or quite the reverse, given to extremes of temper and though easily irritated just as easily pacified. When it comes to making important decisions, you prefer to wait and see what will happen before leaping into action. You are very strong-willed but can always see someone else's point of view, and understand their opposition to your desires.

You are not as independent as the true Ariecian and need a partner both in business and in life. It is important that you have a sounding board. Your appetites are keen and your love of luxury and pleasure absorbing. At times, you will obsessively pursue a "craze", but you may easily change your mind and take up something new. It is likely that you had problems with a parent and that a restraining influence was present in your background. It is important that you bear in mind that instability dogs your success. Friends are likely to be persons of high birth, artists and professionals. Your children may well be your best supporters in old age, unless you have really got your act together.

## HORRORSCOPE

One of your many problems is indecisiveness. It is a wonder you ever manage to get up in the morning; perhaps you don't, for laziness is yet another pitfall. You will sit and daydream about being offered this great job while others are beavering away in the background. Financially, you are pretty hopeless and will ignore the electricity bill and spend the money on a night out. You believe it right to indulge your every whim, including those for food and drink. You also imagine that you are God's gift to the opposite sex. Furthermore, you are something of a coward—a whiff of trouble and you are off. The only person who really takes you seriously is yourself. You may well look for little in life beyond comfort and indulging in some artistic hobby.

### Love

It is likely that this could be the most successful side of your life, for you are able to give yourself and share with others. You are popular and people are drawn to your compassion, sympathy and deep affection. If it was possible for you to work with your married partner then you would be deliriously happy. When you do finally tie the knot it is likely that your partner will be well off or even wealthy. Regardless of your own sex you are likely to gain unexpected legacies from women. Any would-be suitor can be sure that you will dedicate yourself to developing an idealistic union. But bear in mind that your hopes run undeniably high, so much so that they can be quite a responsibility for your other half. Lastly, it is likely that you fell in love early and remained so into old age. Your type never gives up.

### Career

You are lucky, for you are able to learn quickly. You have a taste for the arts, fashion and business affairs, and your inventive mind shows much ability in constructive and decorative work. You incline towards the maritime arts and success in life is likely to be associated with some occupation connected with navigation or fluids.

Many a Libra rising become wine or spirit merchants, chemists, doctors and surgeons, or even sailors. Wherever liquid is the motive power, there is a prospect of success. You will deal with the public and supplying their needs may provide you with an occupation. Any success you achieve is likely to be temporary, so working freelance is not a good idea.

**Health**
You bring most of your medical problems upon yourself and tend to excess where food and drink are concerned. Not surprisingly, this can affect the kidneys and liver. Self-control is the only answer. However, it is your relationships that can have the most adverse effect on your health. You rely on a loving and sharing relationship, and can make yourself ill when problems arise. Generally, however, this is a fairly robust combination.

## *Aries Sun with Scorpio Rising*

No one can overlook you. These are two extremely strong signs and combine to make you quite a formidable person. You are certainly a fighter and quarrel easily. There will be times when your aggression will get out of control. You work hard and play hard, extremes which can lead to illness and other problems. You like to criticize and are often sarcastic and severe with those who dare to disagree. Your will is made of iron and does not like to be thwarted.

You are imaginative and extremely resourceful, but can be petulant and quick-tempered though quickly soothed. You have never heard of the middle way and your loves and your hates are all-absorbing. You are outspoken, fearless and excessively proud. You keep yourself to yourself, rarely take advice and are watchful of all your interests. Your naturally quarrelsome disposition may be tempered and controlled to express itself in brilliant debate.

Particularly early on, your finanical prospects are rather uncertain though later on you will enjoy great prosperity. Your father may have been a great help to you, but may also have been rather unlucky. Difficulties early on in life eventually lead to great success and all your efforts will finally pay off. Please cultivate flexibility and compassion. Others are easily intimidated by you and this could be something of a draw back.

## HORRORSCOPE

You can be a really nasty piece of work, the type who will stab someone in the back when you are middle-aged just because they won your best marble when you were all of eight. You live on an island of mistrust and cynicism. You accuse your partner of having an affair with your best friend on the slightest pretext and when you don't get the promotion that you feel was your due, simply reaffirm your negative views on the human race. Your opinions are absolutely fixed. You are often a drunk, after all it can't be easy living with someone like yourself, so it is best to escape. Workwise, you are happiest in uniform, bullying the general public.

### Love

In love you are extremely exclusive, knowing exactly what you want and refusing to compromise. You can hold a torch for your childhood sweetheart long into old age. Yours is the most passionate of combinations and hopefully you will find someone who will welcome your intensity, jealousy and desire to dominate. This could be difficult and it's likely that you'll be married more than once. Many secret love affairs will influence your life although you are the most faithful of lovers, and are not at ease in multiple relationships. If you can't find the right person you'd rather go without as compromise is not within your nature. If happily suited, you are the type who can be the envy of your friends.

### Career

With your "eagle eye", you constantly search out the secret nature of things and may be an occult researcher, detective, chemist, or philosopher. Fiercely ambitious, you are not the type who is happy to drift along. You will probably make your mind up early as to which road you wish to follow in life and will stick to it. With careful application, success is usually yours. Work associated with a service can also be lucky for you, for you would enjoy making other people happy. Whatever you do you will try to do well. Employers can be sure that you will be loyal and hard-working, if ruthless on occasions. If you are tough enough to survive the freelance world, you won't be easily daunted by any kind of setback.

### Health

Because of your excessive nature, it's likely that many of your illnesses will develop from a tendency to over-indulge, especially in alcohol. Areas to watch are the bladder and excretory systems, poisonous complaints, headaches, and accidents connected with fire or sharp objects. Protect your right arm and don't neglect your eyes, they can easily succumb to infection.

You do not enjoy illness and scorn the medical profession, believing that you know best. Fortunately, you are usually disgustingly healthy so other people are rarely called upon to treat you. Where symptoms persist, you would be foolish to let them go untreated.

## *Aries Sun with Sagittarius Rising*

This is a very fiery and adventurous combination. If you are not returning from a trip you are usually planning one, and are always ready to adopt new ideas and new ways of life. You're frank, open, generous and honest. Forever active, you are always doing and achieving, often simply for the sake of it. You are very direct, and sometimes blurt out remarks which would have been better left unsaid. You are optimistic and enthusiastic, with a great ability to make people feel good. You have little time for pessimists.

You may show two very different characters, having a public and private face, and can be recklessly daring but also sensitive, impressionable and reticent. You are ardent and rather petulant, often annoyed for no apparent reason but you rarely hold a grudge.

Your sense of justice is acute and you are personally affected by the unfair treatment of others.

For the most part you are polite, gentle and calm, only becoming defiant in the presence of enemies or when stirred to self-defence. You are optimistic and youthful even in advanced years. Delighting in your independence, you will sacrifice everything rather than feel confined. You are extremely unhappy in unsympathetic environments, and naturally distrust yourself and others which can lead to misunderstandings. You love truth, justice and peace and are seldom involved in arguments without just cause. You like to do good in the world and help to improve mankind.

You can work hard and play hard, enjoying sport, entertainment and a busy social life. Your warmth and generosity, enthusiasm and enterprise make you extremely popular. Life is to be lived to the fullest extent and you've little patience with slouchers or moaners. Most of the time then you are a delight to be with.

## HORRORSCOPE

You are a fire sign and one which loathes water, including bathing. . . . On occasions this can be only too apparent. You are about as tactful and as sensitive as a bulldozer so it is a wonder that you have any true friends at all. Furthermore you are clumsy, and it's impossible for you to cross a room without rearranging the furniture and the people present. What is more, you have the manners of an alley cat and think nothing of pursuing other friends' spouses and then boasting about it to anyone who will listen.

You are loud, flashy and obnoxious and should ideally be sent to the moon on the next shuttle where you can be dumped. If the truth be known, many of your so-called pals are already arranging a whip round in order to pay for your ticket.

### Love

This combination loves to be in love and will have numerous affairs. Passion is ardent while it lasts, but it doesn't take much to disillusion you. This may have something to do with the fact that early on in life, there was a problem connected with your parents. Maybe they were overly strict and protective, which to you would have felt worse than being imprisoned. There are likely to be two or more marriages, one of which will affect your position in life quite considerably. You need to develop consistency to follow up a successful union but as you hang on to your freedom for as long as possible, the thought of being ill-suited is enough to deter you from an early marriage. Remember that someone such as yourself, who can declare undying love so readily, shouldn't complain when somebody actually takes you seriously. You are not the right lover for the highly sensitive or highly emotional type.

## Career

Whatever you do, your career is sure to be long and useful. You wouldn't have it any other way. You are particuarly suited to teaching, sport and the arts. You would also work well with children, mainly due to the fact that there is a side of you which will never grow up. Speculation can also swell the coffers, as can anything connected with animals. You would make an excellent lecturer and in some cases could excel at being a politician, though you may have to develop more diplomacy before you can succeed. The freedom of freelance life may attract you and as you are a born hustler, you should do extremely well. You need bright and cheerful surroundings and a varied routine in order to work well.

## Health

Asthma could be a problem as the bronchial tubes are a sensitive area with you. As are the ears and throat. There may also be some swellings of the legs and slight rheumatism, but apart from this, health is extremely good. Travelling may lead to illness so take care. Chesty colds tend to plague you in winter though these are generally your own fault because you tend to dress inadequately for the seasons. Somehow you imagine that you are immune to excessive heat or cold.

# *Aries Sun with Capricorn Rising*

You may be rather bossy and extremely self-confident, but if people bothered to probe beneath that stiff exterior, they would find a sentimental and warm-hearted person underneath. You are quietly ambitious, persevering and persistent; extremely determined and capable of enormous sacrifice and effort. Your outlook on life swings from deep melancholia to excessive buoyancy.

Once hurt, you never forget and can be malicious, revengeful, and aggressive. Fortunately, you are generally self possessed. In speech, you are brisk and direct, and can be eloquent when the time seems right. Quiet in the presence of strangers, you will be talkative and forceful among those you know well. You have a suspicious mind and a forceful and enduring temper. You have tremendous courage and ambition which frequently result in great achievement. You are genuinely satisfied with life. Your will is strong, though liable to change. Through your sheer strength of character, you are definitely a survivor. You make an excellent friend and an unrelenting enemy.

Your wealth is sure to be due to hard work and the help of friends, but you may benefit from speculation and enterprise. Because of the position of the sun it is likely that solid possessions, such as property, will attract you. One of your parents may be hostile and may cause some trouble in connection with a marriage. Many of your desires are closely connected with one of your children. You are an ambitious parent and must take care not to over do this.

As a young child, you had to be encouraged to make friends and can be something of a recluse. Whether you care to admit it or not, you are at your best with people you know well. Large gatherings may be viewed with complete horror and you are unattracted to small talk and insincerity.

## HORRORSCOPE

The skinflint of the Zodiac, you probably don't trust banks but keep your cash hidden away or under the bed. You constantly feign poverty and never pay your dues, sponging off others if you possibly can. Social climbing is the one thing which makes you put your hand into your much motheaten pocket and on such occasions, you go over the top and look deservedly foolish. You are depressive, pessimistic and cynical. When the worst happens, you are masochistically pleased and feel justified in prolonging your depression. Others tend to flee from your company in case your attitude proves to be infectious. This only confirms your belief in the unreliability of the human race.

### Love

You believe in quality rather than quantity and prefer to be deeply in love forever than passionately in love for one night. Your standards are pretty high and you are not going to be happy with someone of slovenly appearance. You yourself take care to co-ordinate even your slippers and dressing-gown.

You enjoy sharing life with someone else, revealing to them alone the secrets of your frightening nature. You hope to find that special someone quickly so that you can then relax and turn your attention elsewhere. This combination is opposed to marriage at times, but many will marry early and more than once. Your marital relationship has a great effect on your life, so extreme caution should be taken. Affairs of the heart are prone to great changes and your partner is likely to be an obstacle to some main ambition.

You may like an easy life but it is unlikely that you will get it, few of us do. Enemies may snipe away at your relationship but for the most part should be ignored. You may never intend to leave a husband or wife but will have the knack of being at the wrong place at the wrong time. For instance, you may be going through a sticky patch in your marriage when you suddenly meet someone new. Being a romantic, it is quite likely that you will succumb and your marriage will bite the dust. Try to lower your standards a little and give your marriage a greater chance.

### Career

You may well be self-made as no matter what your background is, you have enough determination to pull yourself up and shine. You will be particularly successful in family concerns, property and allied trades, set design, auditing, writing and publishing. As a boss, you will be steady and good humoured. Others like your compassionate authority. You don't mind being a member of a group at work on a special project, as long as creativity and artistry are not threatened. You can happily take orders. Basically you are the type who can succeed in any direction once you have made up your mind.

### Health

This combination is likely to be affected by colds and obstructions in the knees, arms and hands. A nervous stomach is likely, and colic pains due to flatulence. You may well be melancholic and a hypochondriac. Wrap up in bad weather, protect your knees and you can stay as fit as a flea.

## *Aries Sun with Aquarius Rising*

A very idealistic combination, your dream is to help your fellow man and your subsequent crusades leave little time for your private life. In your enthusiasm to save the world, your family could be neglected and it is up to you to balance your life so that it is satisfactory to all concerned. You are candid, honest, very humane and make an excellent friend. You have a strong forceful temper, but do not bear malice. Your disposition is generally kind and sweet, enthusiastic, optimistic, cheerful and buoyant.

Your strong, inflexible will pushes you to achieve in spite of any setbacks. Your successes are usually due to devotion and personal merit. Financial gain will not be extremely high and is prone to sudden problems chiefly due to hidden enemies. You may gain an inheritance or receive assistance from your family though this could lead to trouble.

You enjoy travel and there will be a lot of it, sometimes in connection with property or family affairs such as relatives living abroad. You are sure to have influential friends and associate with people in good positions, but you may be your own worst enemy, especially by getting involved with other people's intrigues. However, you can secure many friends and command public respect.

While you are not dictatorial, you do like power, but won't use force to achieve your goals. You are clever and elusive and know how to get your own way without being objectionable. Your feet are rarely on the ground and even your best friends can only expect to see you about once a year. Neither will you require much of other people although a strong bond is likely to exist between yourself and a brother or sister. This is really a very eccentric combination.

## HORRORSCOPE

You are a pseudo-intellectual and poseur. You will join protests and picket lines and make speeches on subjects you know precious little about. Your appearance is also a way of attracting attention. Outrageous clothes and weird hairstyles are your thing, always being updated to something more original. You desperately attempt to be eccentric but haven't really got an original idea in your head. Emotionally, you are a cold fish. You will help someone if you can be seen to be helping, otherwise you will walk past. You are scared to death of getting close in personal relationships, in case someone discovers that there isn't an awful lot going on inside you. Most people can see that you are an empty vessel and are therefore saved an awful lot of heartache and trouble.

### Love

You basically don't need anyone and may well live alone or with a partner who travels a lot, leading separate lives. You hate people hanging on to you and stop them prying into your private life. You detest having to account for yourself. You are likely to marry late and don't believe in doing it more than once. Only when you are absolutely sure of the other person, can you love with great constancy and well into old age when you will revel in playing Darby and Joan. Marriage is likely and your spouse may well be artistic and from a good family. Marital life will be enduring and very happy.

However, you don't look for romance. There are far too many other things in life. Only if it hits you fairly and squarely in the face will you recognise it, and even then you will question your feelings and those of your partner. Once satisfied, though, you will heave a sigh of relief, make the commitment and channel your abundant energy out in other directions. No point in choosing a sensitive Cancerian or Piscean, for they need always to be put first and your busy life would only lead to feelings of neglect.

## Career

You have some degree of literary or artistic talent, and are usually an enthusiastic advocate of the liberal arts and scientific research. Not infrequently this combination is given to occult research and the secret methods of experimental science. You are a good debater and have a taste for philosophy, music and drama. Much travelling is indicated in connection with your money and work. You may have more than one source of income and your occupation will be somewhat secretive. You may be in chemical, military or government research, or even detective work. Your active mind will lead to success in advertising, buying and selling, the media, transport and communication, all of which hold great appeal for you.

## Health

You are the type who stays robustly healthy for years and then quite suddenly falls foul of about six different infections all at once. You hate being ill and can't waste your time in bed so someone needs to restrain you at times. Watch out for blood infections, eczema, spasms in the muscles (especially the calves), stomach complaints, neuralgic problems with the face and head, and problems with the feet. Circulation is usually the biggest bugbear and could be a result of bad diet.

## *Aries Sun with Pisces Rising*

You are unlikely to find your direction in life easily and so may make a comfortable follower. You are not often self-propelled and keep a certain distance from others. When things go wrong, you are prone to self pity but, with maturity and encouragement, you are capable of achieving a good position, most likely in literature or the arts. You are impressionable, romantic, imaginative and flexible, and often tormented with peculiar ideas.

You are very easily affected by where you are and who you are with. You are just, benevolent and compassionate, with a contemplative, studious and poetical soul. You fully enjoy the good things in life but with your generous disposition are careful not to take pleasure at anyone else's expense. Your will, though changeable, is fairly strong, and you can exercise authority without harshness and be firm with a pleasant manner. Your prudent nature means that whilst tending to agree out of kindness, you are careful when committing yourself. You are slow to anger, but hard to placate and are likely to forego revenge but will suffer it nobly.

A very active person, you have many pursuits which generally lead to success. You are sociable and delight in good company. You are also widely knowledgeable and very eloquent. Your passions are strong but changeable.

It is unlikely that you will gain financially from your family, and it may be that the family estate will be split up in some way. A parent may marry more than once. You identify well with children and are likely to have a large family. Others may describe you as unworldly, and indeed there is something in what they say. However, much to their surprise, when it comes to the financial side of life you seem to have your head screwed on the right way. You cannot stand waste and stick to a strict budget.

You are fairly inquisitive and it is likely that you are a collector of some sort. A shrewd bargainer, you will be able to pick things up at a ridiculously low price. Furthermore, you are attracted to water. You love its soothing silence and will go to any lengths to plunge yourself into the sea, the sauna, a bath, or a shower. There is something about water that relaxes you. Those around you will say you are impossibly sensitive but what they don't realise is that underneath it all you are a born survivor.

## HORRORSCOPE

You are the original ostrich and spend most of your time avoiding responsibility. You are happy to drift through life, and when hit by a crisis, sit back and expect others to come to your rescue. And they do, providing they haven't caught on yet. Furthermore, you get a kick out of perversion and low life. Should a kind person attempt to reform you, you will drag them down with you into the mire. This particular combination of Pisces (water) and Aries (fire) results in an awful lot of steam which can happily obscure the realities of life.

### Love

Because you are impressionable, romantic and imaginative, love is extremely important to you, although your heart is often and easily bruised. You have a wonderful ability to give affection, but must first find someone worthy of it. Therefore, you need to take a certain amount of care. Two marriages are expected as the first spouse will bring some kind of trouble. However, your chances of being eventually well-matched are good. A fairly large family is expected and children will be particularly lucky in life.

You honestly try to be everything to your partner, lover, confidante, helper and playmate. Anyone who takes you on should perhaps be warned that should things become dull, you may well disappear in search of excitement and romance. But don't worry, providing you take time before committing yourself, you should be able to find the right person to share your life with.

## Career

Many popular authors and writers can be found with this combination. You have a restless and creative mind, and are always searching for new ideas. Any wealth you accumulate is likely to be largely due to your own efforts and frequently your writings are successful, or you gain by travel or the assistance of relatives.

You are likely to follow two occupations at some point—two distinct sources of income are indicated. Your interest in the materialistic could make you a banker, financier, stockbroker or collector. Regardless of your profession, it is likely that an artistic hobby will be followed as you badly need to express yourself.

## Health

You need to take care of your extremities—the face, head and feet being particularly prone to infection. You are careless in your diet and may suffer from colic. Look after your kidneys and ovaries, giving any symptoms prompt attention. Lastly, any accidents that occur are sure to be in connection with hot and sharp objects.

# Taurus

*(21 April – 21 May)*

# *Taurus Sun with Taurus Rising*

You are strong, self possessed and decisive; you know exactly what you think, feel and believe. Determination is one of your main characteristics but it wouldn't do you any harm to learn some adaptability. For example, you are all set for a romantic evening with that special someone, when a friend unexpectedly arrives. Naturally, you are disappointed. But do you have to make it so obvious? Anyone who knew you well would not dare to arrive unannounced, but perhaps this friend is only in town for the evening. You should feel pleased and flattered that they would want to spend their time with you. Lighten up and be more hospitable.

This combination tends to a certain amount of selfishness, which is a shame. However, when social occasions are organized in advance, there is no one more welcoming and hospitable. You enjoy the good things of life and like to shower them on those you care about but if only you could give in to the occasional spontaneous outburst, you would be surprised how much more fun you would get out of life.

This is a practical combination. You appreciate the value of money, and don't mind working hard for it, either. You like to invest in beautiful objects but more for the reassurance of expensive possessions than out of artistic appreciation. Regardless of your occupation, you are sure to have an artistic hobby. You are attracted to the arts (especially music) and also to the natural world. You are sure to have green fingers.

You have well-developed senses, especially that of smell. Unpleasant odours disgust you and can even make you ill.

Conversely, wet grass, newly-baked bread and roses all delight and stimulate the sensualist within.

## HORRORSCOPE

It won't matter a jot what I say for you are sure to know better. Mentally, you rarely develop beyond the age of sixteen, believing you have seen and read enough on which to form all future opinions. I suppose you are to be pitied but your obnoxious manner makes it difficult. Despite your limited intellect, you are proud of your opinions on art, politics and religion and air them *ad nauseam*.

Whilst your brain may be the size of a walnut, your bulk increases with the passing of years. You go on ridiculous crash diets, which may relieve you of half a stone but make you bad-tempered and ill. Although the fat returns when you resume your usual self-indulgent routine, you are undeterred. You alternate between the latest diet and an enthusiastic pig-out. When unhappy, frustrated, resentful or misunderstood, you can put on five pounds in one binge. You are even crass enough to be proud of your capacity.

If you are male, then you are one of those boors who take relish in challenging friends to drinking bouts which culminate with everyone in a disgusting heap on the floor. The only creative and imaginative side you show is in inventive excuses for such appalling behaviour. The fact of the matter is that you will not deprive yourself of anything, regardless of the expense to you or anyone else. You are self-righteous, self-indulgent, self-satisfied and sadly lacking in the ability to be self-critical.

### Love

You can be extremely ardent, jealous and possessive. You like to know where you stand and this can cause many problems. You find it hard to allow love to blossom at its own pace, preferring to hurry it along, often alienating the person involved. Once suited, you are happy to remain loyal and usually faithful. Your marital happiness may bring interference from enemies but a united front could do much to dispel this.

Children will be a source of gain and satisfaction. They are likely to make scholastic and artistic progress. However, it is possible that your eldest's health will need protecting early in life.

You must try hard not to harbour ill-feeling or resentment; be more considerate and bear in mind that love is a two-way process. You can't possibly keep on taking without giving as good as you get.

On the whole, life should be very calm and peaceful. When trouble comes, it is often the result of your opinions and misguided resistance.

## Career

Your fortune and position could be insecure during youth but advance through lucky associations. You could do well in careers associated with diet, hygiene, science, art, literature, education, natural history or horticulture. You are gifted with perseverance and quiet decisiveness and are likely to rise to a high position in government of some kind. You are a patient worker, very precise in your method and attentive to small details.

Regardless of your choice of career, it is important that you remember that whilst ambitious, you would do well to chase success slowly rather than bulldoze your way up to the top. Otherwise, you could make many enemies who will no doubt delight in any failures you may experience. Otherwise, there is no reason why you shouldn't do extremely well.

## Health

Due to over-indulgence, you may suffer from liver or kidney problems. Taurus rules the throat and so this is the area which is likely to react to stress. Tonsillitis is likely to plague you, intermittently, throughout your life. Women may have problems with the ovaries. But the Bull is no frail creature and, with a double helping, it is unlikely that you'll fall prey to serious illnesses.

## *Taurus Sun with Gemini Rising*

You probably had a great deal of trouble recognizing yourself in the usual astrological books. You may freely admit that you can identify with obstinacy and the love of food and comfort, but inflexibility, with a love of method and order?—never! And this is because you possess a large dollop of the versatile, adaptable and slightly scatty Gemini.

This combination makes you kind, willing, upright and humane. You are easily worried and irritated, although just as quickly calmed down. Your anger may be excessive but you will readily apologize. You are inventive, well-informed, flexible and vigilant. Communicative when drawn out on a favourite subject, you are otherwise self-contained and can feel nervous if called upon to speak. Reticent and secretive, you'll never be able to share everything with anyone. You find solitude extremely restorative and need a chance to withdraw from life. While people tend to be either logical or intuitive, you can be both, depending on your mood. A certain amount of good luck is likely through following your hunches. Other people find you hard to understand, but then, so do you. There will be some family dispute and it's unlikely that you'll get on terribly well with your father. Nevertheless, you cause your own bad luck, and this must be recognized. Inheritance may lead to a higher order of intellect which can be used for good or bad.

### HORRORSCOPE

In many ways, this can be a dangerous combination. You possess a silver tongue which others unfortunately succumb to. You appear very well-informed and only when a specialist takes the trouble to cross-question you are you exposed. However, you are well protected, and the hidden depths of your character are hard to reach. For in fact, you have little depth and settle for a superficial grasp of people, situations and knowledge.

You are a leading light of the "Royal Order of the Bull" and once other people get to know you, they begin to understand that you whitter on about things of which you have little understanding. You are too lazy to search out the real facts about anything and impossibly secretive about your deepest feelings. Heaven knows what you imagine to be so special about yourself, but loved ones can rarely get close: perhaps they may discover that there is little beneath the surface. Small wonder that most of your relationships are a complete disaster. In a nutshell, you are a pretty but rather stupid child, and unless you learn the value of putting something in to get something out, there's very little hope for you.

### Love

Your luck is dominated by the influence of the opposite sex. Your love affairs are secretive and children will lead to complications. It's likely that you'll marry more than once and that one spouse will be foreign. You are flirtatious and love a challenge, and always believe that the grass is greener on the other side, which will lead to constant strife. Your ideal partner will be a friend, parent, teacher and lover, not surprisingly someone hard to find. If you do strike lucky, then no doubt you will be ecstatically happy. But it's not going to be easy.

Your children are likely to be well-favoured, moderate in number, and inclined to success in the fine arts. They'll bring out the affectionate side to your personality and can do much to create any warmth that may be lacking in you.

### Career

Gemini gives a certain talent in writing ability, so you may gain recognition in literature, art or the sciences all of which may interest you. You are also fascinated by travel and so this may supply you with a career. You are inventive and original in ideas, and clever in law, negotiations and trade. You are sure to hold a good position in life, and will at some point follow two occupations simultaneously. Be warned though, you may fall "between two stools" or suffer from indecision. Enemies may damage your career but your spouse may well benefit from it.

Success will come eventually but make sure you don't ruin it. You could well inherit property.

**Health**

You tend to repress anxiety, which can make you ill and you are particularly prone to nervous disorders. Other problem areas include infections of the bladder and excretory system, and poisoning of the system (perhaps through allergies). Gemini rules the lungs, and colds are sure to affect this part of the body, especially if you are dark in colouring. Furthermore, Gemini tends to mean lung complaints and also fidgety hands which means you may well be a smoker. This combination smacks of a certain amount of danger. Taureans are often overweight but Gemini generally protects you from this, burning up the calories with nervous energy. Lastly, Gemini means you may well be taller than average.

## *Taurus Sun with Cancer Rising*

This is an extremely sociable combination and you are no loner. Your idea of bliss is to be surrounded by friends and family and because of this you are sure to be in great demand. You are imaginative, sensitive, responsible and creative, though not particularly original. Your worldliness means that you can always find a way to earn a crust, even managing to save.

Your keen appetites lead to some over-indulgence in food and drink and while you are often an excellent cook, moderation needs to be developed. During life you are likely to swing from over-indulgence to obsessive dieting. Try to remember that a little of what you fancy does you good.

Emotionally, you are inclined to drift along and then quite suddenly suffer from great changes and complex feelings. You understand how it feels to be hurt and so are protective of loved ones. The past is very real and you tend to dwell on memories, reliving experiences and events. Because of this you sometimes find it hard to forgive. Although practical with money, you part with it easily: a hard luck story, a friend in need, and you are digging deep into your pocket. Don't allow your sympathy to blur your common sense or you'll find that others will exploit you. Be a little more careful, when it comes to channelling out your sympathy and energy and you should avoid unnecessary heartache and expense.

## HORRORSCOPE

You are an emotional vampire, feeding off others. You are also a sensationalist and lurch from one drama to another, although it's doubtful you would know the difference between a real problem and an imaginary one. As a child you would have clung to your parents and as an adult you will keep a hold over your children, even using emotional blackmail. The poor things don't stand a chance, unless they decide to stand up to you early in life. But any such show of independence could lead to total rejection.

You are good at cutting and running when you realize it's impossible to get your own way. Alternatively you retreat deep into your shell. You really must try to stand on your own two feet, however much you prefer to be propped up by loved ones. You must occupy centre-stage, and when denied attention, you surrender to that sweet tooth of yours, and devour pounds of sweets. The fatter you get the more miserable you become, so the more you eat, etc., etc.

If you were wise – which is doubtful – you would dig around inside that shell and try to find your small, stony heart. If you started using it and thought of others for a change, you may actually find it growing. Your silhouette, in turn, may shrink. Think about it.

### Love

You are gifted with a fertile imagination that delights in strange scenes and adventures, and have a great ability to adapt to the nature of others and absorb their ideas. So, you seem to be something of a chameleon, changing with each season and with every partner. You are capricious and while disillusion follows many of your associations, the need for friendship and attachment compels you towards new relationships continually. While generally timid, when in physical danger, you are brave in your mental and moral attitudes.

You may be distrustful, cautious and prudent, and then quite suddenly, inconsistent, frivolous and fanciful. At times, love is going to make a big hole in your pocket.

Your eldest child is likely to succeed in the medical, chemical or military professions and, in advanced years, your children are likely to be a great source of protection to you.

Financially, you gain through marriage, although happiness is harder to find and you must be careful. Your need for family closeness may mean you become very involved with a family quite unrelated to you, especially if relationships with your real parents are strained. Security is important but you should use your head as well as your heart when choosing a partner.

### Career

Cancer rising means a remarkable life with many ups and downs in fortune and position. You are something of a copyist, good at reworking old material, and this may supply you with a living. Negotiations and public movements may also lead to wealth. While there are dangers of loss, the latter part of life will be more successful and prosperous. Your position is gained by sheer force of personality and is much discussed. Slander may also be experienced. After the age of thirty-five, your hitherto uncertain position in life becomes more assured. Friends, especially women, will offer support including money.

### Health

Infections of the chest and throat could be your biggest problem, also stomach complaints due to over-indulgence. Rheumatism and sciatica may also be a problem in later life. Being foolhardy, there's a certain danger from falls. Illness seems to frequently strike when you are travelling so make sure that you are always prepared. Lastly, your active imagination may mean that you are a hypochondriac—when you learn of someone having flu, you can develop the symptoms overnight even though you only received the news over the telephone. In the main though, you are a pretty healthy specimen.

## *Taurus Sun with Leo Rising*

You possess a big personality and possibly a large physique too. You are warm, charming, generous and possess a heart as big as a house. No one can overlook the power of your personality. You are a leader and always know what should be done. You inspire confidence in others and they are happy to go along with your thoughts and ideas. However, you are not particularly adaptable and change tends to throw you, especially if it is sudden.

You find it hard to cope with failure, either professional or personal and need success almost as much as you need food and drink. You will frequently sacrifice your personal life for the sake of it and need to learn that success means precious little if you are on your own. Socially, you are ambitious, so tend to cultivate the right people. However, at times you befriend those worse off than yourself, especially when feeling down. This makes you feel important and flatters your tender ego.

You are a good, faithful and loyal friend: nothing is too good for those you care about. Although strong and powerful, it doesn't take much to penetrate that tender heart. Although easily hurt, you are entirely forgiving, and rarely seek revenge. You are averse to pettiness in any form. You have an elevated nature, a strong will, and a noble spirit. Open and frank, you've a quick temper when provoked, but your anger does not last long. Although at times you are presumptuous and proud, you are generally self-possessed and masterful.

### HORRORSCOPE

While you are a workaholic, you tend to feel the world owes you success—even though you've done precious little to deserve it. You are obsessed above all with recognition. You terrify your loved ones with your get-rich-quick schemes and bore them to death with your failures. To make matters worse, you are likely to take out your frustration on them without a second thought.

Generally speaking, people matter very little. The only exception is someone who can help you up the ladder of success: they get your undivided attention. You are prepared to do almost anything to draw attention to yourself, and are the worst sort of social climber. When you finally get lucky, you cannot control the urge to crow about it to anyone who will listen. Fortunately, only the most gullible are ever taken in by you.

No one is as important as yourself and you just cannot realize that your failure to live up to your own expectations is invariably due to your own lack of competence. As for your personal life, you really don't have the time for anything so trivial—one day you will realize that you have used and tossed aside those who used to care, and now it is too late.

## Love

Your passions are strong, but generally controlled. It's likely that there will be two marriages and children by both partners; twins are possible, if your opposite number is born under the sign of Aquarius. You generate warmth which proves extremely attractive but you must remember that not everyone will give the true affection that you need and deserve. You should be extremely selective. This need for affection may go back to your family. Your father will have been extremely important to your position in life; he may have produced some kind of reversal in childhood or been the source of some problem. However, childhood difficulties will be redressed later on and, providing you can manage to balance your work and your emotional life, this is one of the few combinations that is capable of finding a great love.

## Career

Your career is a very important part of your life, perhaps too much so. You have diverse talents but often favour the fine arts and public office. Your poetical instinct and love of drama are strong. Wealth comes through personal merit as well as through relations and even rich patrons. Losses tend to come through family problems. You can also gain through friends and by trading commodites such as food and clothing. It's quite likely that during some period of your life, you will suffer a good deal of hardship. This may be caused by friends or associates.

You tend to gain from short journeys and may travel a lot on business. Your occupation will be honourable and profitable, and people in good positions will be lucky for you, especially women. There's no doubt that given your talent, you are capable of attaining a very high position in life indeed.

### Health

Your chief problems are back complaints, rheumatism, and blood and bone disorders. You should also look after that Leo heart of yours. This is a healthy combination, but one that is either extremely fit or forever unwell. Look after yourself and you'll have little reason to worry.

## *Taurus Sun with Virgo Rising*

This is an intensely practical, but intelligent combination. You may be the perpetual student and greatly benefit from further education. Long-distance travel is sure to be important and long periods of your life are likely to be spent abroad. Emigration is a distinct possibility.

Strangely, you are adaptable and capable where world-shattering problems are concerned, but rigid and totally thrown by trivial changes; then, you are prepared to haggle over the smallest point. Much time can be wasted in this way and while your modesty and intelligence attract others, petty nit-picking is a distinct fault. You like to have everything neat and tidy but take this to extremes. Financially, you are a canny individual, always on the look-out for a bargain.

Security is essential and you hate taking risks, preferring to know exactly how much you can expect to earn; not only this year, but next as well. Loss of income would send you into a frenzy of worry. So the freelance life is not for you.

You have a clear intellect and a great sense of justice but can be impassively cold and harsh. You make a great friend but a hard taskmaster.

You are kind, modest and agreeable company. You are also retiring and often difficult to know but confide easily when affection and trust are truly given. You are slow to anger but also slow to forgive; strong-willed but capable of sudden changes. You are highly intelligent, ingenious and hold on to your opinions with great tenacity. Lastly, you are a worldly creature, interested in the human plight and perhaps even capable of doing something constructive to help.

## HORRORSCOPE

You may be relieved to learn that you are not so much a horror as a tremendous pain. This is the only big thing about you for you spend your entire life bogged down in a sea of trivia. A loved one may be in the throes of a nervous breakdown but all you see is that they have neglected to comb their hair or repair their smudged make-up. Naturally, your career suffers from the same problem. You spend hours sharpening pencils and dusting the computer but never get around to actually doing any work. Constantly surprised by the success of others, you fail to appreciate that while you are wasting your time on useless little jobs, they are actually getting on with life and building an empire. You indignantly demand to know where you went wrong but would make life hell for anyone who told you the truth.

It's important that you bear in mind that there's no point in fretting if you never do anything about your problems; all that will occur is that you will break out in spots, and this you are able to do with monotonous regularity. Virgo rising usually produces a modest, yet capable, person, but this is not true of you. You have enough gall to do anything but must try to develop some sense of perspective.

## Love

Your emotional life is rarely straightforward. Unhappy affairs are shown, and it's likely you will marry twice or have another attachment during the life of your spouse. There will be many marital problems, including some secret touching your husband/wife, so choose your partner with care. You are a very practical person and have little patience with game-playing or frivolity. It is not easy for you to get on with relatives or even neighbours, and an older brother or sister is likely to be fairly unlucky. There is generally little or no sympathy between you and your siblings.

Family secrets are also likely; your father may marry twice or there may be some clandestine involvement in the past. Your own family will be small and troublesome. Your children will not marry readily, although this is unlikely to worry you. Friends will come and go as many changes in life will cause frequent separations. However, new relationships will be frequently formed. Lastly, many of your problems come from a tendency to idealize the people you care about. Try to remember nobody is perfect, and this includes you.

## Career

You have a love of the liberal arts, literature, history and drama. This helps to make you eloquent, persuasive and often a great talker, although generally you are quiet. You are sure to be interested in horticulture, gardening and farming, capable in the sciences, and often inclined to academia.

You will not be fantastically wealthy and money will be acquired only after a considerable amount of hard work, especially during the earlier part of life. Later years are more fortunate. You are likely to gain through inheriting your partner's properties, and through science or teaching. Money can also be acquired abroad. Virgo and Taurus combine to make a successful banker and business person in general, although speculation is ill-advised. You will have many things to hand at the same time but could come horribly unstuck if you take on too much.

Despite these various difficulties, success eventually can be found. Beware, though, you may have some enemies among men of position, in the world of art, or those engaged in speculation.

Lastly, make sure you avoid mixing business with your personal life.

**Health**

You need to guard yourself against colic, flatulence, diarrhoea, dyspepsia and blood impurity. You tend to attract allergies and may suffer from eczema or a reaction to wheat or alcohol. Worry affects your health deeply and can cause minor skin rashes. By confiding your secret anxieties, you will help to improve your health.

## *Taurus Sun with Libra Rising*

Because these signs are both ruled by Venus, you have a well-developed love of beauty, and a sweet and gentle nature. You are flexible and sensitive, and easily influenced by your surroundings. You possess courtesy, honesty, a sense of justice which controls most of your actions, compassion and deep affection.

You are a sensualist and love society, romance, food and drink. You constantly battle to keep your figure but never quite win. However, as you find it so difficult to deny yourself these pleasures, you may well accept that there is a price to be paid.

It is likely that you have many talents but need to refine or develop one or two. Otherwise, you may be a Jack of all trades but master of none. Your determination should be encouraged and you must strive to allow the Taurean side of you to control that rather lazy Libran streak. Procrastination can be something of a problem so don't think too long about what needs to be done—do it.

Other people are attracted to your outspokenness. You are very optimistic but, on occasions, prone to extremes of temper and mood. You are easily angered but readily calmed. While you do not lack will, the problem is endurance—sticking to any one direction can be something of a problem for you.

## HORRORSCOPE

Because both of these signs are ruled by Venus, there is an excess of sensuality. You have no time for the mundane and are given to excess in both love and romance. Love and lust are frequently confused leading to disastrous relationships. You never learn from mistakes but cannot wait to leap back into the frying-pan having just extricated yourself from the fire. Life must be ceaselessly beautiful, romantic and creative. There is no point in telling you this is impossible as you just don't listen. Occasionally you discover this fact for yourself, but then you simply drown your sorrows in extended bouts of eating and drinking, and when you recover, carry on just as before.

You expect too much from others and dismiss their personal needs. Your financial position is precarious and when you do have money in your pocket, it's not for long. You can't wait to indulge in some whim and ignore letters from the bank managers until credit is cut off. Fight hard to keep at least your little toe on the ground; it could save you a lot of heartache.

### Love

You will pursue a target to extreme lengths, and with extreme intensity but can change your mind at any moment and take up some new pursuit. This is the way you conduct your love life and it leads to one or two complications. You are the type who prefers the game of love rather than the real thing and when things get a little difficult or mundane, you often take flight. Despite this, you need a partner in life and with this combination you will marry someone who is a member of a large family. A certain amount of problems are shown in connection with these relatives. Your father may have been extremely unlucky or the cause of disputes and restraint. Your own family is likely to be small but lucky and will give you satisfaction. Among your relatives there's likely to be a double-tie through adopted parents, or by the second marriage of a parent. Your friends are likely to be in good positions, and among artists and professional people you will find many unexpected supporters. However, you may harm one of your friends involuntarily.

**Career**

You learn quickly and have a taste for the arts and business affairs. Success is generally the result of some occupation connected with navigation or liquids and many born under this combination, become wine or spirit merchants, chemists, doctors, surgeons or even sailors. Water is the motive power.

There may be loss due to disagreements with a business partner and contracts should always be double-checked. There could be a professional reversal in middle life but later years bring status and popularity. You'll have much to do with the public and will often move house and travel on business. Instability mars your career so put something away for that proverbial rainy day. Lastly, success is to be found in your native land or even in your native town.

**Health**

You may have problems associated with the throat, kidneys, liver, veins, swelling of the feet, and the intestines. A careful lifestyle could do much to promote good health although you may find it difficult to deny yourself. Try to prolong the gaps between each assault upon your stomach. As the kidneys can be a problem, drink plenty of fresh mineral water.

## *Taurus Sun with Scorpio Rising*

There are no grey shades to your personality. You are passionate, possessive, determined, fiercely ambitious and loyal but also opinionated, fixed and unadaptable. You know what and who you like, and have no time for fairweather friends. It is inconceivable that someone could let you down once, never mind twice. This means you have a small circle of friends that you love and fiercely protect. Mind you, you make a demanding friend, inclined to rush into quarrels and damaging disputes. Your excessive nature goes to extremes in both work and play. Your imagination is fertile and resourceful; your temper uncertain and petulant, very fiery but often shortlived. Your best feature is your eyes they are of mesmeric beauty, and they see through everything and everyone.

You find moderation difficult: you love or hate; strictly abstain or excessively indulge. You may not admit it but you desperately need other people and when committed, you give your all (though tending to be the dominant partner).

## HORRORSCOPE

It's difficult being you isn't it? Well, consider what it is like to live with you! It never occurs to you that there is anything other than black and white, right or wrong, good or bad. It must be very satisfying to be so sure about everything—it makes life so simple. The trouble with this combination is that it needs other people. Although when you find someone, you tend to immediately take them over and re-work them into your own design. When they protest or attempt to fight back, the relationship is over. When they don't, you begin to wonder how you could have got involved with such a mouse. You just can't win and neither can you see where you are going wrong. Because you never do anything wrong do you?

You are a mass of prejudices and an old bigot of the worst kind. You remain permanently blinkered just in case someone tries to show you where you're wrong: you really don't want to know. Therefore, it is most unlikely that you'll even bother to read on. This could be a bit near the truth for you but bear in mind that the more rigid you are, the easier it is for you to break. You must develop some flexibility or the reverberations of your final snap will be felt halfway round the world.

### Love

You set such high standards which can create difficulties. You are likely to be married more than once and to have many secret enemies and rivals. You always lead a full lovelife and secret affairs are likely to cause a certain number of problems. Family will be important and you will probably have many children—sometimes twins. Your children are likely to marry early and there will be some trouble in connection with one of them. Your father is generally friendly, but there could be problems with him. You'll have many friends and supporters amongst those in the world of the arts. One love affair will have a great affect on your career. You are lucky in that family and relations are likely to be friendly, although you lose many friends around the age of thirty.

### Career

You have an insatiable thirst for discovering the secret nature of things and may be an occult researcher, chemist, philosopher or detective. You seek glory and are likely to attain a good position in life. You possess a taste for arms, maritime pursuits, government and leadership.

Financial affairs are rather uncertain. Early years are unlucky but later life is often very prosperous and you gain from foreign concerns, married relatives, legal affairs and also directly by marriage. You have two distinct sources of income and often two very different occupations. Although life may be something of a struggle, success does finally crown all efforts.

### Health

You are usually extremely strong but prone to infections of the bladder, inflammatory complaints of the generative system, fevers, and headaches. Be careful with sharp or hot objects. Your right arm and face could be prone to accidents. The cause of your illnesses will be your own excesses so your physical wellbeing is firmly in your own hands.

## *Taurus Sun with Sagittarius Rising*

You are frank, honest and generous and invariably busy, often simply for the sake of keeping active. You are a complex person, being both bold, reckless and daring, and yet sensitive, impressionable and reticent. You are passionate and petulant, but seldom bear a grudge. Your keen sense of justice means that harshness to others almost amounts to personal injury. You are quick to understand and ever ready to adopt a new way of life but a certain irritability is shown which is the result of some restraint. Gentle-mannered, you become defiant in the presence of enemies or when stirred to self-defence. Even in advanced years, you are hopeful, joyous and youthful.

Paradoxically, your keen sense of freedom clashes with your need for security and to help others. Taurus impels you to offer assistance to others leading to a certain amount of conflict. Nevertheless, you can do much good for humanity, with your strong caring instincts.

Financially, I'm afraid it's swings and roundabouts—you are often thrifty and then suddenly blow your hard-earned cash on a sudden whim. You are watchful and distrust others as well as yourself, which often leads to unintentional deception. A friend of peace, truth and justice you are seldom involved in trouble without good cause.

## HORRORSCOPE

There is no such person as a Taurus who doesn't have a dogmatic and stubborn streak, but at least in this combination there is some flexibility. However, you can be pretty eccentric. You are prone to food and health fads, and constantly experiment which does not always prove beneficial. If someone thought up a biscuits-and-coffee diet, you are gullible enough to give it a go. Ruining your own health is one thing but you also ruin other people's by insisting they join you in your latest craze. Your loved ones often comply rather than incur your wrath.

Obviously, you can be something of a bully. Furthermore, you like to help others whether they want you to or not and this invariably leads to you worsening the situation. Totally unsubtle, you handle people and situations with unbelievable clumsiness. Your motives may be good, but frankly, you haven't a clue. So stick to your own business; your life is bound to be in need of attention. While you possess a strong sense of freedom and feel you should be left to do your own thing, you also insist on wrapping those you care about in a blanket of possessiveness. You would do well to locate that sense of justice that must be lurking somewhere within, and put it into practice.

## Love

The early part of your life is not very lucky owing to the premature separation from your father or some bad luck on his side. This can affect you emotionally. Your passions are numerous and ardent, but generally controlled by your reason. There are usually two or more marriages, of which one greatly affects your position in life.

Friends are influential, useful and supportive. The kindness of a rich woman will prove to be timely and fortunate. You need to be on your guard against false friends. You will have few children and will love them passionately, although your relationship with them is not going to be easy. Look after your marriage and protect it from enemies. However, their ability to do harm isn't quite as formidable as they might believe.

## Career

You are likely to be ingenious and versatile and study many branches of learning. You will sacrifice anything rather than have to put up with constraint and worry extremely in unsympathetic surroundings. You are eloquent and sometimes visionary, fond of theology and spiritual subjects, frequently reclusive, and devoted to study and research.

Good luck will come through hard work but you are also likely to come into an inheritance. There are many obstacles in early life, but good fortune comes in the end. Your career may well be in two fields. You are likely to be attracted to work providing a service for others. You need a purpose in life, and this very much decides your direction—usually towards a long and useful career.

## Health

You are likely to be greatly preoccupied with your health but resist going to extremes. This combination makes the throat doubly vulnerable, so watch this area carefully. Ears and bronchial tube may also be prone to infection. If you are on your feet for hours on end, then you can expect varicose veins and swellings of the legs. Your mind acts strongly on your body and claustrophobic surroundings or relationships could lead to illness. Generally, though, your health is very good.

## *Taurus Sun with Capricorn Rising*

This is a powerful and artistic combination and Capricorn gives tremendous strength of character and purpose. Once you decide on a course of action, you are unstoppable unless you yourself discover that you have made a mistake. This is unlikely as you plan carefully and never rush into any thing. This may sound boring but while you can endure great hardship for the sake of realizing your goal, it's likely that your objective will be artistic, speculative or romantic: anything but boring. If these personal strengths lead to a career then you are well pleased, for you are fiercely ambitious.

Your temper is strong, forceful and enduring. You can be suspicious and melancholic, and have a strong desire for power. Although reticent in the presence of strangers, you can be eloquent among friends. You are forceful rather than persuasive and may forgive, but will rarely forget, an injury. So, you make an excellent friend, but an unrelenting enemy. The arts, love, children, animals and a social life are central to your existence.

### HORRORSCOPE

This really is an "over the top" combination. You live for pleasure and to sate your appetites, and although you possess splendid determination, it is channeled into your dedication to enjoyment. In love, you constantly seek new sensations. You are delirious while wallowing in wine and roses but once a tiny bit of reality or human frailty surfaces, you are off chasing other rainbows.

You love money but don't like working for it, and what you have is carelessly gambled away on careless speculation, even though this should be a sensible combination. You work hard, but play three times as energetically. If only you could channel your energies properly, you would go far. You may be happy with the way things are but are your loved ones? You are strong and not easily deterred, so there is little others can do apart from sit back and watch you heap disaster on yourself.

## Love

You feel highly romantic but these feelings don't run deep. You carry the scars of emotional disappointment for some considerable time. This combination is much opposed to marriage so you will either stay single or marry early, and more than once. A partner will be an obstacle to one of your main ambitions. In all cases, the affairs of your heart are prone to sudden fateful changes. In the case of two or more marriages, one is likely to be affected by separation and the other will bring wealth.

Your ambitions and position are greatly influenced by your partner. In all cases, your emotional life gives rise to the unexpected and can create many enemies. There are difficulties in getting on with your family particularly your father who may be an obstacle to one of your marriages. You have few children and your ambitions are likely to be closely connected with them; remember, they must be allowed to grow in their own way. You are a good parent and one who tries to widen your children's outlook, introducing them to art and sciences, and constantly attempting to stimulate their active minds. One of your children may well find great success in the arts.

## Career

Your wealth is mainly due to personal merit, but also to the assistance of friends and the support of the family, although speculations may swell the coffers. You are attracted to the arts, the luxury trades and occupations connected with animals and children. You make an excellent social director. Anything that is refined or beautiful will appeal to you and could provide you with a good living. Whatever you do, you try to do well, and so great success can be attained.

### Health

Your early life may have held certain dangers and your physical strength may not have been too good. There may also be a peculiarity of speech. Capricorn tends to produce problems connected with cold or obstructions, rheumatism, especially in the knees or hands, and stomach problems such as colic. Your health often breaks down quite suddenly whilst abroad. Remember that this combination produces melancholic fancies, which can lead to hypochondria. You need to develop a sensible attitude to your physical wellbeing. Lastly, throat problems are likely when under stress.

## *Taurus Sun with Aquarius Rising*

You are a "practical idealist": finding yourself a cause isn't enough, you have to *do* something about it. And it is people like you who may, one day, help this world. You have a strong sense of humanity but are no dreamer. On the personal level, your family are your motivation in life and so success may only come once a secure background has been established.

You are a strong individualist, with equally strong opinions. You must learn to be adaptable and to listen to other people. After all, you might learn something. You like to think of yourself as fair minded so this shouldn't be too difficult. You are frank, open, perfectly ingenious and very humane. You possess a strong forceful temper, but never bear malice and your disposition is generally kind and sweet. Not surprisingly, you are popular.

You can also be relied upon for you persist in the face of all obstacles until a job is done. Other people are attracted to this in you. You always strive hard to live up to loved ones' expectations of you.

## HORRORSCOPE

You are not so much horrendous as a dirty, great bore. You worship routine (something probably handed down from a parent) and would fall apart if it were disturbed in any way. Domestic life is run like a military operation, even if you don't oversee it yourself. Your social life is dull, dull, dull: Monday—early night; Tuesday—devoted to parents; Wednesday—hobby and sport; Thursday—visits to friends; Friday—TV; Saturday—sex; Sunday—visit to park. Those who know you would not dare give in to spontaneity and visit you without an invitation.

How on earth did you ever manage to fall in love? Your partner must have been temporarily blinded and overlooked your preoccupation with your diary, calendar and clock. For heaven's sake lighten up: have fun as the mood strikes; it doesn't hurt, honestly. Domesticity is fine, but it is hard for your loved ones if you are forever locked in your garden shed or chained to the kitchen sink. Your home should be somewhere where you can really relax.

### Love

You possess strong affections and can love with great constancy and may remain in love well into old age. People like you are popular and you are likely to be helped by friends, especially those connected with the law. Aquarius rising gives few brothers and sisters who frequently disagree and create many problems. Your father may be in farming, or speculative buying or selling, and is not particularly lucky for you.

Marriage is certain, and usually at an early age. Your partner may come from a good family or follow an artistic occupation. Marital life is generally enduring, and very happy, with continuing affections. You'll probably have a small family yourself, but it may include twins. Children may lead to a lot of travelling. As a child you needed encouragement to mix outside the family and the same applies in marriage. Why not explore the outside world? You have a strong nature, and stick to loved ones through thick and thin.

## Career

You possess a degree of literary and artistic talent and are usually an advocate of the liberal arts and scientific research. You could be attracted to occult research, the secret methods of experimental science, writing, oration, philosophy, music or drama. Achievement will be due to devotion and personal merit but financial success is uncertain and prone to great changes and serious obstacles, chiefly due to hidden enemies. You have two or more sources of income and usually some secretive occupation in some kind of chemical research, military or government work, or even detective work.

Property and allied trades may also provide a living and you may travel extensively in connection with these matters. However many professional problems you may have, a friend will always come to the rescue.

## Health

Constantly being a tower of strength may lead to periods of exhaustion. Your throat may become inflamed due to stress. Although you are generally very healthy, you may suffer from blood infections, eczema, muscle spasms, indigestion, stomach complaints, neuralgia and sometimes gout. Circulatory problems may also flare up and should never be neglected.

# *Taurus Sun with Pisces Rising*

This is a very creative and charming combination. Pisces brings flexibility to an otherwise rigid individual and makes you more communicative. You love to express yourself and to exchange ideas and feelings. You are constantly on the go, though usually with some aim in mind. You express yourself colourfully and are a good debater. Few can get the better of you in an argument. Others admire your artistic aspirations and Taurus makes absolutely certain that these talents are put to practical use. Your senses are well-developed, particularly those of smell and colour. This means you are deeply affected by your surroundings.

Your early education was probably beneficial and you enjoy reading. Impressionable, romantic and imaginative, you are prone to curious fancies. Your mind is upright, kind, benevolent and powerful; your spirit contemplative, studious and poetical.

You like the good things in life and are determined to enjoy yourself. However, you are generous and do not willingly allow your pleasure to hurt other people. Your pleasant though changeable will is strong and you can exercise authority without harshness. You are prudent and inclined to agree out of good will but can offer impartial criticism. This is a thoroughly delightful combination and you will have many friends, who constantly make demands on your time and energy, which you gladly give them.

## HORRORSCOPE

Taurus likes to over-indulge and, with this particular combination, this means alcohol in particular. Taurus rules the throat and Pisces is a water sign, so you can't wait to throw the liquid down this particular part of your anatomy and you use any excuse to have a drink. You are a kind person but do not expect to do something for nothing. Furthermore, you are completely disorganized. You are for ever on the go, getting nowhere fast. Decision making is a big problem: you make up your mind absolutely positively but, having done so, will change it at the last moment. This is very confusing for those around you. You like to think of yourself as being artistic but cannot decide whether you are a frustrated Beethoven, Van Gogh or David Bowie. The only thing you are sure to be is frustrated: you are convinced some kind of genius lurks within, if only you could locate it. If I were you, I wouldn't hold my breath waiting.

You could do quite well in sales, but then that's not really glamorous enough for you is it? Never mind, have another drink and forget about it for a while.

## Love

You are a romantic and although something hinders your first alliance, you will start falling in love early in life and only finish doing so much later. Most of your affairs will be extremely successful and as each ends you'll feel you've gained something from it. You believe marriage is for life. You have a great deal of time for close relatives, and will be particularly attached to one of your many brothers and sisters. However, your parents may cause problems, your father may be particularly unlucky and the family estate may split up. Your mother may marry twice. You will have many children who will be lucky and travel a good deal. Their lives will be prone to frequent changes. You make unexpected gifts to loved ones, and your warm nature makes you extremely attractive.

## Career

You can use your talents to gain considerable wealth, celebrity and honour, generally in literature, the arts, or the sciences. These form your chief means of support. Many popular authors and writers can be found under this combination and you are always looking for new ideas. You have interests and success can be achieved in two out of three of them. Financial gains come largely through your own efforts but also through writing, travel and the good will of others. You may have two occupations, being capable of following many different paths. You will travel a lot on business.

## Health

Beware of nervous exhaustion, usually precipitated by a sore throat. Other problems include infections of the feet and ankles, colic, and accidents with sharp or hot objects. Also, never take your eyes for granted: lots of Vitamin A may help. Women may suffer problems with the ovaries and reproductive organs in general.

## *Taurus Sun with Aries Rising*

Aries gives you a definite extrovert side which is not at all Taurean. You tend to be sensible and practical but suddenly give in to a mad impulse. Aries makes you a leader rather than a follower but also introduces selfishness. This needs control if relationships are to stand a chance. Fortunately, your warmth, sociability and friendliness add to your popularity. You live in the present and refuse to learn from past mistakes.

The Sun in this combination suggests that you are a collector, perhaps of books. You also possess a love of beauty but make sure you spend your money on something which is not only artistic but also valuable. You have a short fiery temper but bear little malice. A cross between a ram and a bull, you lead with your head and there are times when others could get badly trampled. Your self-reproach may be sincere but you can still cause hurt. Fortunately, others learn to read the signs and get out of your way.

Strongminded, you can be quarrelsome and even fanatical or zealous. You are well-informed, active and ingenious but know little of human nature. You change your opinions often but are very sure of them while they last. You are generally progressive but bigoted at times. Prone to change at all times, you are enthusiastic in pursuit of any prevailing idea, and will act quickly.

### HORRORSCOPE

Although Aries makes you more enterprising, it also encourages the materialistic side of Taurus. You are more than acquisitive, for there are times when you could put Scrooge to shame. Nothing is worth doing if it doesn't add to your bank balance and your social life may only exist as part of business. You could be mercenary in marriage and befriend those who can help to swell your coffers.

An impulsive collector, you rarely throw anything away, just in case it should prove to be worth something.

Loved ones have a tough time. You'll fork out on special occasions and will invest in their future (i.e. education) but otherwise, forget it. You will not part with your cash even when the proverbial rainy day comes along. Your offspring have to earn every penny of their pocket-money and your partner will have to work hard to get you to open your moth-eaten wallet.

You are, of course, quite happy to occasionally splash out on yourself but even then will search for a bargain. Naturally, you would do well in finance but would expect your clients to share your stingy attitude. You are as tight with your boss's assets as you are with your own.

## Love

You are an ardent lover, generous with your emotions and your time, but careful with your cash. Prone to sudden change, unexpected attractions and repulsions dominate your life. You are sure to marry early and in a hurry, which could lead to divorce or separation. This can be most unfortunate as the opposite sex are closely involved in your finances for some time to come.

You have few brothers and sisters and may be an only child. Your parents may bring problems and your father may find it difficult to provide for his family. Your future may not be fruitful but could be altered by the right partner. You will have few or no children. Friends, however, frequently help you along the way; they are numerous and faithful and renowned for their kindness. When it comes to emotions, try to think twice before charging into things.

## Career

You are capable of holding down an executive position, though not good at originating schemes. Something of a pioneer, you run crusades against existing institutions and bodies. You seek status and honour but will need all of your courage and will to meet those in high positions. Your luck is changeable but property, rural industries, and sometimes marriage, will bring gain. You are unlikely to stay in the same place for any length of time and will move house a lot and frequently travel on business. Long journeys may lead to fame due to your daring. Military and legal positions are favoured but there is also an inclination to mining and exploration, finance and collecting.

## Health

Aries rules the head and Taurus the throat so these are the first to break down under stress or could be prone to allergies. You may also suffer from flatulence, colic, inflammatory disorders and accidents involving your eyes, hands and feet. Don't fret because this is an extremely healthy sign. Have a sensible diet, plenty of rest and fresh air. Watch that your sudden energetic outbursts don't take a heavy toll on you physically.

# Gemini

*(22 May – 21 June)*

## *Gemini Sun with Gemini Rising*

This double dose of Gemini means you cannot sit still and are only happy doing something. You possess a quick wit and an enquiring mind, and use these to push ahead in life. You are sympathetic and sensitive, quick to catch the attitudes and thoughts of other people. An intellectual, the mind to you is far more important than the body. But you like to have fun and your fertile imagination is always in search of novelty. You love, above all, to communicate. Others believe that you possess extraordinary vitality and are often surprised at how you retain your youthful looks and attitude.

Your fortunes are very changeable and greatly affected by the opposite sex: love will bring a lot of trouble. You are either extremely well off or experiencing great financial problems. If you possess a brother, he is likely to do extremely well in life. Your love of adventure and challenge can't help but make for an eventful life.

### HORRORSCOPE

You are a real cool cookie: aloof, inconsiderate and lacking compassion. Totally unreliable, you are forever making commitments that you can't possibly keep. You are self-seeking, unemotional and superficial. You are also capable of being a talented liar, cheat, and an amoral con-artist. One of your main talents is taking, though it never occurs to you to give in return.

Your memory is atrocious: you constantly change your mind and then forget what it was that you initially wanted. You can be callous, calculating and extremely sarcastic, ripping into some poor unfortunate victim with your razor-sharp tongue. You may think that forever chasing the impossible makes you intriguing but really you are very boring. When it comes to love, get yourself involved with a traveller. That way, your paths will hardly ever cross: you won't get tired of them and they won't discover how superficial you really are.

## Love

You are basically a wanderer and may marry twice or have two or three affairs consecutively. Marriage will be founded on mental rather than physical reasons and your ideal mate is intellectually sharp and able to appreciate your mad ideas. Sex is secondary to your need to be understood. But no one's going to put a ball and chain on you and you can never be pinned down. Your love affairs lead to many secrets and a good deal of trouble. One attachment will be in a foreign country or to a foreigner. The opposite sex must learn that although you cannot resist flirting, all you are doing is exercising your mind and it is unlikely to end in bed.

## Career

You are lucky in that you will be successful in just about any job that you choose. The problem is making up your mind as to which one. Often, you use your incredible adaptability to follow more than one vocation and are happy switching from one job to another. You would do well in freelance work. Success may lie in literature, the arts or sciences, or even in travel. You are inventive and original, and clever in law, negotiations and trade. You are capable of giving command, without pride or prejudice and make good use of that well-balanced but strong will. Lawyers may cause problems early in your career and you're apt to fall "between two stools" from want of decisiveness. Lastly an inheritance is likely but may bring trouble.

## Health

You are likely to be highly nervous and this is bound to affect your health. You need a sensible diet, and plenty of rest and exercise. Problems include bladder infections, fevers, poisoning, and lung complaints—especially if you have dark colouring. Although accident-prone, you seem to be forever escaping by the skin of your teeth. Providing you are sensible, this is a healthy combination but try to avoid extremes.

## *Gemini Sun with Cancer Rising*

Such a combination encourages the changeability of the Gemini Sun, but adds a highly sensitive, emotional side to the character. You have been hurt and so protect those you love from anything which could bring pain. Your retentive memory means that childhood has a lasting impression and, for good or bad, you can't help dwelling in the past. You are compassionate, sentimental and extremely talkative. You lead with your emotions, only stopping to think later. Your vivid imagination identifies with great happiness or sadness. You like to have a base but are inclined to travel and may never really settle down. You are something of a hoarder and although very careful with money, you are frequently imposed upon. You find it hard to refuse appeals for help. You dislike pressure but can appear self-assured and tough, after which you must retreat and rebuild your self-confidence.

Life will rarely run on an even keel. Your temper is capricious and although many of your relationships end in disillusion, your need for friendship and love compels you towards new involvements. Generally, you are reticent where physical dangers are concerned but brave in your moral outlook. Acquiring wealth is likely to be difficult and an inheritance could be lost through speculation or matters related to children. Despite dangers of loss, later years will be generally successful and prosperous.

### HORRORSCOPE

You are a person of many moods and a mystery even to yourself. You are moody, suspicious and so sensitive that you fear that the paper-boy has stopped liking you if your newspapers fail to arrive.

In love you can drown your partner with your demands and you are also an incredible sulk. You can be very indirect with others, adopting the most complicated route rather than coming out and saying exactly what you mean. Socially, you wallow in self pity if you believe you have been overlooked and will go to extreme lengths in order to attract attention. You are difficult for others to understand: you lie about your personal likes and dislikes, and refuse to discuss your emotions with anyone other than possibly a doctor who may have to administer the truth.

With your masochistic streak, you usually suffer in love, and even when things are going well, you secretly believe that somehow you are losing out. You persist in seeing life through rose-coloured glasses and once you decide you are in love, hound your poor victim tirelessly. It doesn't occur to you that relationships are two-sided: you take and take until your partner has little left to give. You will conveniently forget other people's feelings or dismiss them if they don't fit into your scheme of things. As few people wish to be totally taken over, it's not surprising that you experience difficulties when it comes to romance. Basically, you get all you deserve.

## Love

You tend to have secret affairs, finding excitement in the thought of tasting forbidden fruit and studiously ignoring the painful consequences. You can be intensely jealous and physically, extremely passionate. If you take marriage seriously, you choose a mate who is pretty hopeless in some way, so that you can take charge. Your inherent desire to nourish and protect induces you to accept responsibilities that others would find difficult.

You are also ambitious for your partner and do all you can to encourage and support, making you an excellent partner for someone struggling to get to the top, particularly in occupations that depend on the public. You are sure to have children though they are likely to cause many problems. Nevertheless, the eldest should be professionally successful and will gain many honours. In your old age, your children may well be a great source of protection.

**Career**

If you are an employee then your optimism will help you to cope happily with considerable detail. You are particularly good at compiling and otherwise refashioning old material. As long as you believe that what you are doing is useful, you will apply yourself with diligence. A degree of notoriety or power is sure to be found and there is a love of wealth and honour. You are extremely capable in negotiations and public movement and also in working "behind the scenes", as a researcher, detective or wardrobe mistress for instance. Though you may crave the limelight you are better fitted to play a supporting role. After the age of thirty-five, your unstable professional status will become more secure.

**Health**

If you are to stay healthy, you must avoid over-eating whilst you are emotionally upset. This combination also suggests chest and stomach infections, rheumatism, sciatica, and dental problems due to your notoriously sweet tooth. Be careful in high places as falls are likely. Rest and a good diet will go a long way to keeping you healthy.

## *Gemini Sun with Leo Rising*

You are a leader; you covet power and distinction. You succeed most where you have authority and will probably attain some responsible position in life where you can inspire others to great accomplishment. You are ambitious, self-confident and brave. Although highly strung and quick to anger, you find it easy to forgive and rarely bare grudges. You possess great hope and faith in the future. You are outgoing, magnanimous and full of goodwill when all is going well. However, you are easily troubled when things go wrong and may seem to withdraw and concentrate entirely on the problem. You are not neglecting any responsibility but gathering your forces in order to attack whatever is causing trouble. You are impatient to overcome any adversity.

You have a noble disposition, dignity and integrity, and are charitable and loyal. You are physically attractive and vital and gravitate naturally to a position of leadership, dominating your social sphere. You are popular because of your kind nature and generosity. You like to make the most of your leadership ability and associate with people in good positions. You love everything that is bright and beautiful and cannot stand pettiness. Your compassion is strong but controlled and you are often dogmatic. If your father is important to your position he is likely to have experienced a reversal of luck. If not, he will be a source of some problem.

## HORRORSCOPE

That fiery temper means you jettison people from your life and then later get in contact and ask why they are not around anymore. You lack patience with the less fiery souls around. You are bone idle, bossy and irritatingly boastful. You secretly believe you are meant for a life of luxury without having the slightest idea of how you can achieve it.

You believe the world is your servant and, not surprisingly, relationships can be somewhat difficult. Providing you can get up from that chair and give chase you may catch a partner but you'd make a terrible spouse. Being faithful is foreign to your nature. For such a romantically active person, your marriage would never offer enough. Furthermore, you are easily taken in by appearances. You are extremely smug, never say "sorry", and go round trying to show others exactly where they have gone wrong. Maybe it's you that is at fault.

### Love

You try to be constant and love sincerely. You may marry twice and have children by both unions. Offspring are numerous though the eldest may be unlucky in some way. There may be twins, especially if your partner is born under Aquarius. You need to take care when choosing a mate for your marital life is full of tension. You can instil exalted ideas in children and awaken them to their potential. You are a risk-taker, and love to gamble with love, your skills, and even with your own destiny.

You are not an easy person to be married to and frequently choose the wrong mate. If you choose someone who is equally independent, the result is likely to be pretty explosive. You are often attracted to the artistic type, who is probably more rebellious than servile. You need an intelligent mate who is eager and earnest enough to pay the relatively harmless doses of homage you require in exchange for your affection.

### Career

Your hard work, creative inspiration and innate leadership skills usually ensure that you get to the top. Although ambitious, you desire above all to do your job well. But once in a position of power you may fiercely resist any order to step down. As a superior, you can be one of the office staff as long as the office staff remember that you are the one in charge.

Your many talents favour the fine arts and public office. You also have poetical instinct and a love of drama. Wealth comes by personal effort as well as by friends in good positions. It's not difficult for you to find rich patrons and you can also gain by trading in commodities. Your career will be profitable, honourable and will involve much travelling. Friends among literary and artistic people are numerous and useful.

### Health

You sometimes over-estimate your powers of endurance. Learn to delegate as over-work will make you ill. The most vulnerable areas are your heart and back, rheumatism and blood disorders. Generally, you're either extremely healthy or forever on the sick list.

## *Gemini Sun with Virgo Rising*

You have a tremendous amount of common sense and like to put your ideas into action. You like a neat and tidy environment and are sometimes seen as being overly fastidious or hypercritical. You possess a great aptitude for handling details, essential to establishing the order you love so much. You are not easily contented and although conservative in outlook, you constantly speculate and become anxious about your affairs.

Your desire for wealth leads you to build up your savings. You are economical and prudent, quietly desiring wealth and accumulating savings. You seek perfection around you and to put everything in it's place.

You are modest, rather nervous and somewhat lacking in self-confidence. You dress neatly but inconspicuously and are diplomatic, shrewd and tactful when you want to be. Frequently an enthusiastic cook, you like healthy foods.

Beware of your lack of perspective which can lead to great pettiness. You are slow to anger but also slow to forgive. You are strong-willed, intelligent and ingenious but can be extremely tenacious.

There's likely to be some family secret: your father marries twice, or there is some illicit attachment behind your life. In old age, you may have two homes, perhaps in different countries. Friends will be changeable and while there are frequent breaks in your social life, new associations are quickly formed.

### HORRORSCOPE

You are totally contradictory. You make much of how you help others while in fact you are extremely self-serving. Also, you believe only what you want to believe. You are petty-minded and destructively critical. You need all the compliments you can get and will even sit down and supply them yourself. You are cunning and manipulative, and so determined to be well thought of that you try to make everyone else look wretched by comparison.

You possess a swift tongue and a razor sharp mind that you waste on sarcastic remarks and meaningless chatter. You feel that when you speak your listener should feel grateful to get your criticism about what is wrong with them and why. You believe others welcome your criticism and see yourself as an improver, except when it comes to your own conduct. Then, you waste a great deal of energy in blaming others for your own failures and can be exhilarated by resentment and revenge.

In love, you demand perfection and are attracted to the greatly successful as they make you look good. Your extreme selfishness may not make you happy but it certainly seems to get you what you want, even when you don't then know what to do with it.

### Love

You tend to choose the safest course and this can be inhibiting when it comes to romance and other exciting diversions. Some may describe you as unresponsive but really you are uncertain and afraid of where your feelings may lead. You need a mate who truly appreciates your tireless efforts to carry out your share of the bargain. You don't look so much for praise as for sympathetic understanding. You may try to surrender your own personal desires to ensure an agreeable and workable union but Virgo is not the marrying type and sometimes makes an early and inflexible resolve to remain single.

If well suited though, you greatly value the family unit and social order. You don't really enjoy being away from your family for long. There is likely to be some family secret; some problem connected with your first child. Your own family will be small and difficult to manage and your children will not marry easily.

You may experience disappointment in love and will either marry twice or have a second attachment during the life of your spouse. Take care, for such a combination produces the possibility of a permanent hatred being directed against you on account of some love affair in which a child could suffer.

**Career**

You have a penetrating business mind and are capable of shrewd assessment, swiftly sorting out confused situations and getting down to the nitty gritty. You are very good at work requiring precision and special skills and can learn quickly and have impressive powers of endurance. You would make a competent accountant, secretary or personal assistant and an excellent "Number Two" to a top executive. You dislike working alone. You are good at balancing budgets and take great care to always put a little aside.

You love the arts, literature, history, drama, horticulture, gardening and farming. What little wealth there is will come through hard work. The earlier part of life presents problems but later years are more fortunate. At some point you will work abroad and your professional restlessness leads to frequent changes of residence.

**Health**

You are very health conscious and have advanced views on diet, the strain of too much work can affect your highly nervous system. Other complaints include colic, flatulence, nervous tummy problems, blood impurity, allergies and eczema.

## *Gemini Sun with Libra Rising*

You love balance and harmony and constantly attempt to restore equilibrium in a world where injustice rules. A sweet and gentle person, you have a deep-seated need for peace. You are quick to anger but just as easily calmed. You are a sociable creature and a pleasant, courteous and agreeable companion who likes to please everyone at the same time. When problems arise, you often sit on the fence and try to sense which way things will blow as you dislike aggravation.

You enjoy cultured and refined entertainment and admire beauty in most forms, especially nature and the arts. Usually gifted with remarkable grace and charm, you are also idealistic, intuitive and constructive. Beware though, if your impressionable imagination is not curbed, it can lead to much wishful thinking and crazy schemes.

Your will is strong but changeable. You will pursue a hobby to extreme lengths only to lose interest in a moment and take up something new.

## HORRORSCOPE

Fickle and inconstant, you care far more about yourself than anyone else. At your most charming, you are a friendly and promiscuous philanderer who takes far more than you ever give. You are shallow, and will give your heart to a new lover but an hour later might abandon them for someone else because quite suddenly the bells stopped ringing. You would walk up the aisle with one eye on the bridesmaid or best man as you are bascially in love with love rather than with any one in particular. You would rather talk about your feelings than let yourself feel them; or fantasize about making love to some film star rather than let yourself get involved with a real person.

You prefer to exist in a constant daydream and are totally illogical and unreliable. You have never taken on responsibility and hate the very mention of the word. Basically, your double standards never stop you getting what you think you want, no matter the cost. When it comes to living, you are committed to the divine highs, cannot consider compromise and really don't have time to worry about the world. You are busy setting off in pursuit of yet another dream.

### Love

You are sympathetic, amorous and very affectionate but changeable. In romance, you are guided by your head, rather than your heart and may prefer to stay aloof from the untidy involvement that falling in love can mean. While appearing aloof, you know that you are vulnerable to emotion underneath. This combination tends to lose its cool in unusual love affairs that produce drastic changes. A tactful matchmaker and mediator, you are better at sorting out other people's relationships than your own. Your patience where your home and family are concerned can be quite remarkable.

You may well have many brothers and sisters, some perhaps from a marriage to a person from a large family. There will be disputes among these relatives and some legal action may follow. The children you have are lucky and give satisfaction. Among your relatives there is likely to be a double tie, perhaps through a second marriage of a parent, usually the father. Your partner will be well off and even wealthy. You could also gain from unexpected legacies. You have many friends, but may harm one of them involuntarily.

### Career

You are inventive and good at decorative work, the maritime arts and navigation. You have a taste for the arts and business affairs in general. Liquids are lucky for you and many born under this combination become wine merchants, chemists, doctors, surgeons or even sailors. There will be a dispute or loss involving a business partner and contracts should be studied carefully. Physical labour doesn't appeal and you feel fitted for better things than being a cog in a big machine. You have good taste in clothes, furnishings and jewellery but this won't supply you with an income.

### Health

Your active imagination often leads to illness and needs to be controlled. Libra rising means a risk of infections of the liver, kidneys and veins, and also intestinal complaints. Financial strain could damage your health and applying some commonsense in this direction would help your wellbeing.

## *Gemini Sun with Scorpio Rising*

You are steadfast, determined, and possess great endurance. You remain cool and practical in emergencies, while others are on the verge of panic. You achieve through a considerable strength of will.

You are proud and reserved and rarely allow others to get close as you prefer to hide your deeper feelings and fight to repress your basic impulses. You are suspicious and secretive and your restraint can give you an air of poise. You are the sort of person everyone prefers to have on their side.

Quick in speech, you can be blunt, provoking and sharp-tongued. Your tongue has the Scorpion power to sting. Repressing your feelings leads to sudden explosions and you have a talent for quick-witted sarcasm. Your judgement is acute and you are fond of investigating mysteries and attracted to the occult. You are not easily influenced and rarely imposed upon. You are energetic and often possess a magnetism that hints of tremendous power and passion. Naturally quarrelsome, you can channel this into impressive debate. Your father is friendly, though in danger of bad luck. Ambitious for honour, you are likely to attain a high position in life.

## HORRORSCOPE

As a small child, you no doubt possessed a secret desire to become a spy or a gangster. Since then, you haven't changed much. Success is never a problem since you lack scruples and take great pride in your position in life, whatever it cost to get there. You are selfish, sarcastic and shrewd, and like to unravel people's minds while remaining inscrutable and remote yourself. It's just as well you remain enigmatic, for if someone did manage to penetrate your mind, who knows what horrors they'd find?

Calculating even in love, your relationships are like a chess game, which for the most part you have already won. Emotionally, you are downright dishonest, using intimidation wherever necessary and refusing to be thwarted. You will get your own way no matter what action is called for.

### Love

You have a reputation for sexual excess that's not always deserved as you also possess strong self-control. Emotional outbursts lead you into secretive often intense affairs, often with tragic results. Despite this, you love all that is secret or hidden.

You are cautious when it comes to marriage and your expectations are frequently exacting. Old fashioned and very possessive, jealousy and suspicion can burn in you with volcanic fury. But you are a loyal partner and will stay in a marriage even though it is unhappy. However, you are likely to marry more than once and competing for one of your mates will bring problems. Your relationships are likely to be very troubled and there will be many secret affairs. However, marriage generally proves beneficial, usually financially. You will have many children who will marry early. There is likely to be some secret trouble in connection with them.

## Career

You are attracted to medicine, science and research. You have innate mechanical skills, along with constructive as well as pronounced destructive capabilities. You would make a fine executive or industrial chemist. Rough or dirty work doesn't put you off. You are excellent at solving pollution problems. Generally, you have two sources of income and two quite dissimilar occupations. Wealth will come but bear in mind that some love affair is likely to affect your position very much for good or bad.

## Health

You use your amazing reserves of physical and mental energy to counter all opposition and this can endanger your health. Problems associated with this rising sign are infections of the bladder, poisonous complaints, accidents to the head, and fevers. Be careful with sharp or hot objects. The right arm is prone to accidents and the eyes should never be taken for granted. Most of the time, though, your illnesses are due to your own excesses.

# *Gemini Sun with Sagittarius Rising*

Your sense of freedom is one of your strongest characteristics. You have a great regard for personal liberty and, although generally good-humoured, you don't take kindly to being bossed about. You prefer to come and go as the mood takes you and will be attracted to an occupation which allows you this. You are mainly optimistic, generous and charitable; a good friend with a strong sense of honour and fair play. Frank, helpful and easy-going, you are never short of friends. You think big and are attracted to wide vistas and new horizons. You love travel and exploring different cultures. Movement and freedom and your energy and physical prowess all make sports a compelling attraction.

Though you sometimes appear blunt and abrupt, your observations are often uncannily on the mark. You are easily carried away by your own enthusiasm, and inclined to make plans that you have very little hope of fulfilling. For the most part you are gentle-mannered, only becoming defiant in the presence of enemies or when stirred to self defence. There's a certain watchfulness and distrust shown of others as well as yourself; this leads to deception whilst trying to avoid it. You have a natural talent for partnerships both professional and personal but need someone that understands your desire for freedom.

## HORRORSCOPE

You love to enjoy yourself and take spontaneity to the extreme with impromtu searches for pleasure in which whatever fails to please is quickly left behind. You live in the present, dominated by your momentary desires. You are a taker, who doesn't stay around to find out what you might be missing. And when you make love, love has absolutely nothing to do with it. Your apparent fear of being tied down is really just a way of hiding the fact that you are simply too selfish to share yourself.

You are narcissistic, unreliable, irresponsible and non-commital. You like to run around chasing conquests and your love of travel takes you from person to person, as well as from country to country. Whatever you decide to do, it's got to be totally on your terms. You stop maturing at sixteen and are as easy to lean on as the wind. Your idea of adventure is to avoid responsibility and while you may be fun to have around, don't linger too long or people may realize your true nature.

### Love

You need a partner who respects your desire for independence or you are sure to rebel and leave them far behind. Positive and forceful, the waiting game is not your style. You can be rather casual about marriage or permanent relationships and only a large number of very different people can satisfy your need for constant stimulation. You are likely to marry more than once and prefer someone who shares your interests to plunging into exclusive intimacy. Sometimes you find it easier to stay wedded to your work.

The earlier part of your life will be troubled by a reversal in your parents' relationship. There are likely to be two or more marriages or long associations, of which one will be extremely influencial on your position in life. You will have a small family and will not get on well with your children unless you really work hard at it.

### Career

You are drawn to big business and large financial deals. Your love of sport may provide an income and you would make a capable teacher, especially where moral guidance is required, for you have a tendency to lay down the law. At work, you may appear off-hand but this is purely a reflection of your unfailing confidence in life. You acquire good luck by personal application and may also come into an inheritance. Many born under this combination are devoted to study and research. Your career is likely to be long and useful and a professional partnership is particularly fortunate for you.

### Health

You are well aware of how you depend on good health for worldly accomplishments. You are diet-conscious and physically fit. Infections associated with this combination are of the throat, ears and bronchial tubes, and a certain clumsiness could lead to minor accidents, but usually nothing serious.

## *Gemini Sun with Capricorn Rising*

You are dignified, thoughful and serious, with a tendency to look out for yourself. You are cautious and seldom act without due consideration. You can survive great hardship and will deprive yourself of life's comforts in order to reach a goal. Prestige or position may be more important to you than actual wealth or material gain. You possess strong powers of concentration and can exhaust the opposition with your persistence.

You are a great organizer but calculating and conniving. Your ambition is to become a recognized authority in your chosen field and even if you do become rich and famous, you will tend to live modestly. In youth you often look older than your years, and in maturity you look younger. It is likely that you had a difficult childhood, and an education interrupted perhaps by ill health. However this trouble fades in later years.

Your temper is strong and forceful, your mind suspicious and melancholic. You may forgive but you will never forget. Your father is likely to be hostile and may have caused obstacles in connection with marriage. You may appear cool but you enjoy helping others usually for completely selfless reasons. Once you've decided what you want out of life, you are sure to get it.

### HORRORSCOPE

You are a condescending fool with a king-size complex, who is only happy when controlling other people. You possess a huge ego and an overpowering need to always be on top. One of your favourite pastimes is handing out "expert advice" to less intelligent people. You are patronizing and arrogant, and so careless with the feelings of others. An impossible snob, you are ingratiating to superiors but barely civil to those in lower positions in life. You treat yourself as something special and delight in taking others down a peg or two. Your character is so infuriating that after hours of listening to your tirades, people will do anything to shut you up. You are a windbag who never gives up trying to convince the world that you are something you are not. Expert at applying pressure, you obliterate resistence and reduce people to a quivering mound of jelly. Pleas to be left in peace fall on deaf ears: you have no patience with peace. All you care about is power, the kind that puts you in the driver's seat.

## Love

Despite your reserved manner, men born under this combination are reputed to be extremely sensual. The women are more inclined to express their creative drive. Both enjoy physical warmth and a comfortable home. You are completely sentimental about marriage and require a partner who will be solicitous in their attentions. You do all you can to make the home comfortable and secure and possess a great desire to keep your family intact. It is also likely that you will give way to your mate and even endure an unhappy marriage for the sake of your family. With time, your partnerships mature and become more lasting.

Some with Capricorn rising are much opposed to marriage while others rush into it early and more than once. In all cases, romance is liable to great fateful changes and a spouse may be an obstacle to some main ambition. In the case of many marriages one may bring wealth. Your ambitions are likely to be closely connected with your children and such pressure could lead to a breakdown in your relationship with them.

## Career

You are extremely well-suited for planning and carrying out the schemes of large corporations. You have a scientific mind that is drawn to investigating facts, and creating order. You succeed by determined and steady action rather than by bursts of effort. You are conscientious and able to produce a lucid and compact technical report from a bewildering collection of data. Because of this computers may appeal. You prefer to deal with fact rather than fantasy. Work is acquired by personal merit, the assistance of friends and the support of family, though speculations may boost the coffers. Take care of your success for Capricorn rising tends to produce a great reversal in later life. The service industries may appeal.

### Health

Your nerves suffer from overwork but you generally take care of your body, and follow a sensible diet. In general, you may start off life prone to illness but become stronger. Other problems could be infection due to cold or obstructions; rheumatism, especially in the knees, arms and hands; nervous stomach problems and colic pains; and illness when travelling. Also, you tend to hypochondria which needs to be controlled. On the whole, though, this is a healthy combination.

## *Gemini Sun with Aquarius Rising*

You are a great humanitarian and drawn to benefits for the majority rather than the individual. Although pleasant and friendly enough, you have strong likes and dislikes. You have a large circle of friends and acquaintances, but your attitude toward them is somewhat detached. You search for the truth, have a clear mind, and a good grasp of facts. Your memory is generally reliable and all things intellectual appeal to you. Although keenly co-operative, you retain a deep need for personal freedom and are extremely self-sufficient. Unless you are appreciated by other people, you can be badly misunderstood.

You are usually law abiding, but your impulse to change things for the better often leads you to overlook accepted right and wrong. You are imaginative and broad-minded with an electrifying capacity for originality. You are unpredictable, with a penchant for the unusual and may well be considered eccentric. You are quiet and patient, and try to be faithful. You need to keep circulating so that you always know what is going on. You make a good enduring friend but have a strong temper. Nevertheless, you do not bear malice and for the most part are kind and sweet. It is likely that you may gain from an inheritance or receive assistance from your family though this could lead to trouble. A parent is likely to be in farming, speculative buying and selling, or stock rearing and not particularly lucky.

## HORRORSCOPE

You have the mind of a grasshopper and a heart like ice. You produce ideas but never follow them through. Your friends put up with you probably because you smile a lot and can come up with the quickest punchlines. Your character is erratic and nerve-racking for those who rely on you. Working for you is like signing over your soul to a lunatic. The last to admit it, you really don't honour truth and avoid being called a liar by forgetting the definition of the word. You live in a constant frenzy disguised as emotional detachment and are so anxiety-ridden that one has to look twice to distinguish a smile from a nervous tic.

You push other people and want to be out in front, whatever it takes. You love mind games and at your most engaging, you are cheerfully diabolical. In the end your games imprison you and make you grow old, only to appear a sad character who seemed so pleasant. Only those who have suffered at your hands know of your truly malevolent mind.

When it comes to marriage, the best your partner can hope for is quick divorce. You are dedicatedly unfaithful and have affairs simply to pass the time. Your offspring will probably grow up wishing they had no such parent.

### Love

You enjoy plenty of change with many casual relationships rather than falling deeply or quickly in love. Your approach is more intellectual than emotional and you personify the cool, calm and collected lover. As a parent, you encourage intelligence rather than sentiment.

You enjoy filling your home with attractive objects and labour-saving devices. While you dislike buying on credit, sometimes there seems to be no other way. You are not fond of moving and can be a bit of stick in the mud as long as your mental activities are not restricted. You have strong affections and can love deeply, often remaining ardent towards your partner well into old age.

You are likely to have few children (but sometimes twins) and have to face dangers on their behalf. You will also travel a lot on family business. Marriage is pretty certain and could occur at an early age. Your mate is likely to be artistic or of high birth. The relationship is likely to be enduring and very happy.

## Career

Because of your humane side, you could become a physician or social reformer. You enjoy literature, music, art and scenery—these too could provide a source of income. Aquarians are often pioneers in communication, particuarly in electronics, radio and television. You usually prefer work that benefits other people and this will often lead to the laboratory or onto committees concerned with eliminating hunger in the world. Once you have found a satisfying job, you immerse yourself in it completely and may even forget to go home.

## Health

You are aware of the need to keep fit but may always be too busy. Try to correct this. You could suffer from blood infections, eczema, muscular spasm, indigestion, stomach complaints, neuralgia and sometimes gout. Self-indulgence can ruin good health; strive for moderation in all things.

# *Gemini Sun with Pisces Rising*

This is a really lovely combination for it makes you extremely affectionate, sympathetic and trusting. To add to your charm, you are also modest, timid, easy-going, good-natured, charitable, and extremely understanding. However, you are also changeable and live a rather disjointed existence, leaving many things unfinished that began so well. Quick to observe deficiencies in others, a lack of completeness immediately catches your attention. You are emotional and imaginative, and can be painfully idealistic, especially when tuned into other people's suffering. You are highly intuitive, inspirational, courteous, affable and hospitable. But you don't like pushing yourself forward and often lack confidence and self-esteem.

In an emergency, however, you become resolute, determined and very efficient. Your will, though changeable, is strong and you can exercise authority without harshness. You may have many brothers and sisters and relatives may offer much help in life. Your mother will probably marry twice.

## HORRORSCOPE

You live according to a kind of primitive pleasure-principle and will embrace anything enjoyable, no matter what pain it brings. You can be masochistic and adore being dominated by strong, sharp-tongued members of the opposite sex. You may even seek out cruelty. You always want what you can't have and are often enslaved by the memory of a faded love affair or the one that got away. You are attracted to escapism and use drugs, alcohol, sexual aids and an over-worked fantasy life. You often exist in a state of pandemonium, revelling in a decadent drama. The intensity that you try to create in your life comes from an awareness that you are withering away and going nowhere. You cannot come to terms with the inevitability of ageing and death, and, taken to extremes, this can lead to self-destruction, ironically bringing on what you most want to avoid. At this low point, you may be searching for a cocoon but all that exists is your self-created bedlam. There is no sanctum that is long-lasting. When alone, you avoid facing the truth and sink deeper into self-pity and the search for a refuge.

## Love

You possess a romantic approach to love and want to cherish as well as be cherished. Despite your compliant nature, you are not the easiest person to live with, being intensely critical of your partner as well as of yourself. You project your inadequacies onto your mate and then look to him/her to provide the reassurance and confidence you can't find in yourself.

You need to live with a reliable, efficient person who will serve you conscientiously. A sentimentalist at heart, you will work hard to make the marriage conform to your dreams but, unless you choose the right mate, the psychological pressures may be too great for them to stand. Much as you love the idea of romance, you may marry for security or even because you think it is the right thing to do. Pisces means you may be happier staying single. You may well marry twice and this side of life could bring a good deal of trouble. However, one relationship could bring material gain. There could be many children and they will be lucky and will travel worldwide, but their lives will be prone to frequent changes.

## Career

You are skilled in detail, especially in putting the finishing touches to things. You are extremely creative and need to express this part of yourself. You love music, literature, writing poetry, and all that is intrinsically beautiful. Your tastes are refined and subtle. You have many talents and could become an excellent painter, actor, publisher, teacher, or gymnast. You also have talents for social service and may work in a hospital or institution. You like to be your own boss but don't mind following instructions if you enjoy the work. Many popular actors and writers are found under this combination, so there may be a real talent in this direction.

Wealth will come through your own effort, your writings, and the good will and assistance of relatives. Losses can also come through long-distance travel and you are likely to follow two occupations.

### Health

You are very interested in your health and may study diet or exercise. You are susceptible to infections of the feet and ankles, colic, problems with the eyes, and danger from hot or sharp objects. Also, you need to drink plenty of water and look after your kidneys and, if a woman, your reproductive system. Your physical wellbeing is largely dependent on a healthy emotional life.

## *Gemini Sun with Aries Rising*

You thrive on action, even for its own sake. It is important to you to be out in the forefront, and to put your ideas to immediate use. Since you are impulsive you will spend a lot of your life licking your wounds, having failed to correctly judge the opposition. Not that you will ever be discouraged. You love independence and don't like sharing your secrets or revealing your plans but prefer to show your schemes in action. You possess a lot of willpower, and are able to move from one thing to another without missing a beat, as long as your interest is sustained. You sometimes go unrewarded for your considerable efforts, having moved on before the rewards were handed out, or the work completed.

You are headstrong, ambitious and enterprising. You reach out keenly for what you want but are easily put off by any kind of problem. Your temper is fiery but it doesn't last long. You prefer to settle differences quickly and get your battles over in a hurry – you've got better things to do. You are an initiator and make a good executive, though you lack persistence. Often, you are interested in physical sports and your physique reflects this. You are generous and extravagant and may be fooled into giving to undeserving charities. You change your opinions often but are very sure of them while they last. You become restless when remaining in any one place for any length of time. Lastly you will have numerous enemies in the legal and publishing worlds but they are not very powerful.

## HORRORSCOPE

You are insensitive, temperamental and possess the attention span of a five-year-old. Burning with the need for new experience, you are motivated by self-interest, excitement and an unconscious desire to create chaos. When you are going after something you really want, you can be willing to sacrifice anything that gets in the way. When you are angry, you are destructive: the type who will kick the cat or throw the crockery across the room. You cannot understand why others dwell on the damage you do; after all *you* don't. You are belligerent, bossy and boastful. You don't want to love another person, you want to run their life and have them make you look good.

To you, relationships are disposable and thrown away when the sweetness starts to wear off. After all, it's fairly easy to find someone else. You are as arrogant as they come and thrive on flattery and decadence. You are petulant when thwarted, refuse to listen to reason and would rather attack first and find out the facts later. You are so convinced of your superiority that sometimes you have the more simple souls around you believing it's true. However, the more intelligent ones recognize this as mere self-righteousness. Anyone who dedicates so much time as you do to your own self-satisfaction has to come out on top, regardless. But don't expect to be popular or loved.

### Love

In this department you are not so independent for you need to share your life with others, especially with a partner. You thrive on admiration and attention. You attempt to get along with your mate as harmony is intensely important to you, if difficult to achieve. Your directness may offend even your own fine sensibilities.

You usually marry early after a romantic adolescence and a compatible and charming partner is important to you. You can be adamant, but at heart you are a peacemaker. You may regret a hurried union but could gain from it materially, although this will also bring trouble. You are likely to be an only child and will have few children, not being particularly broody. The thought of being surrounded by screaming kids is not your idea of fun. You need to be proud of your children and revel in showing them off (at least the bright ones).

### Career

You are likely to be good at business organization, and property investment; you can't allow cash to lie idle in the bank. In business, you are prone to be impulsive but drive a hard bargain. You are a steady worker though no plodder, toiling with deft dedication. You want to be recognized as an authority and don't like taking orders. You are anxious for honour and position, but will be confronted by difficulties which will need all of your courage to overcome.

You are a pioneer and will gain some celebrity by daring or by travel. Anywhere that gets you out and about is favoured—sales, communication, trading and publishing are all possibilities. There is an inclination towards law, mining and exploration as well.

### Health

You are very aware of the need to keep fit and it comes naturally to you to be fairly sporty. Sickness irritates you, and you are keenly conscious of hygiene and can be very fussy. You enjoy delicacies, but seldom eat or drink to excess. You are prone to inflammatory internal disorders, and minor accidents to the eyes, hands and feet. As Aries rules the head, migraine is a common problem and may be caused by an allergy.

## *Gemini Sun with Taurus Rising*

You are self-reliant, capable of working hard and long periods in order to reach your chosen goal. You usually possess a pleasing and distinctive voice. You give an impression of grace, even though you may be on the tubby side. You like gold—literally. In fact you amass money and convert it into assets which give you a lovely secure feeling. Financially, you don't take risks with what you own. You prefer hard work to taking a gamble. You are gentle at heart and don't go looking for trouble but once stirred, you put on quite a display. You can be extraordinarily stubborn, obstinate and unyielding in the face of opposition and once you have made up your mind, you stick to your guns through thick and thin.

There is a great deal of energy behind your endurance, but if misplaced, it can be overly sensual and too dependent on comfort and ease. You are sincere, reliable and trustworthy but need time to think things over before reaching a decision and may be regarded as a little slow. Deeply touched by sympathy, you love beauty, nature, music and literature. You are also fond of life's comforts and love good food and entertaining. You are most relaxed and can have a charming and beneficial effect on those who are nervous or irritable.

You may gain from unforeseen windfalls, someone's devoted affection, or from friends. Taurus signifies good parents, especially your father who is usually a man of some importance. Life is generally calm and peaceful though trouble comes through your misguided resistance and stubborn opinions.

## HORRORSCOPE

You are extremely earthy and can have the charm of a baboon. Your manners are also likely to indicate that you belong in a zoo. Your love of food is obvious as you sometimes wear it on your clothes as well as on your fingers. Your torso reflects your appetite, being thick, solid and probably with a paunch. You can be both greedy and selfish with money, and wouldn't lend your best friend the bus fare home. You may hoard away a fortune while your friends feed you.

Your temper ranges from stubborn to violent, and you are capable of exploding and wreaking havoc in all directions. Totally insensitive, you have never suffered from any regrets. You are bone idle with few interests and very much stuck in a rut. Variety and change are the only things that send you into shock. You live a life of such routine that after a while you can stop thinking and just let other people around you take over.

## Love

You enjoy romance but aren't obsessed with it and remain untouched by imaginative daydreams. You believe in having everything in its right place, including your emotions. You may be a bit prudish and will select a mate with great caution. Once having made your commitment, however, you like to get on with it, always happier knowing what will happen next.

Domestic life probably revolves around your preferences. You are a demanding partner, pouring considerable intensity into your closest relationships and making life miserable with your jealousy and possessiveness. You are happier if you enjoy a satisfactory sexual relationship and the behaviour of your partner may have deep psychological repercussions. You don't shirk from sharing your wealth with those you live with.

You have a sixth sense where partners are concerned and although strongly physical, you need someone who is intellectually stimulating. Be warned that enemies are likely to affect your married life and interefere with your happiness, driving you to seek seclusion. Children are a delight to you, but whilst in the cradle need extra attention. When older, they will flourish academically and artistically. Being such a fixed person you are abound to quarrel with your offspring from time to time.

## Career

Your position in life is insecure in youth but later you advance through fortunate associations in science, art, literature and some scholastic vocation. Familiar with the comforts of life, you may well study diet and hygiene. Money usually comes through various channels and you like to cultivate the friendship of the wealthy. Since you like to give the impression that you are doing well yourself, you don't mind spending money on gifts and travelling.

You need to work in harmonious conditions as any degree of discord would throw you off balance. You are prepared to work in a team and frequently manage to bring together warring factions, wanting peace at any price. Your work is often in an artistic field and you are fond of natural history, gardening or horticulture. Good at just plodding along, you may end up being taken for granted. Worse still, you may even get to like it like that.

However, you are a patient worker, very exact and precise, and attentive to small details. Any of these can provide you with a source of income.

## Health

You need a friendly and agreeable atmosphere around you and are prone to illnesses associated with the spleen, liver and kidneys, often brought about by self-indulgence. Diabetes, sore throats and tonsillitis are frequent problems. Generally, you are as tough as they come and fall ill only under great stress.

# Cancer

*(22 June – 22 July)*

## *Cancer Sun with Cancer Rising*

A double dose of such a changeable, restless and emotional sign is not necessarily a good thing for you tend to be completely ruled by emotions and sensations. If you can be persuaded to harness that wonderful emotional energy you could use it for the sake of others instead of remaining absorbed in your own feelings.

Gardening is likely to be a favourite hobby of yours and helps to calm you, as does the presence of liquids in the form of the sea, rivers, etc. But without a healthy outlet, you will burn yourself out suffering from stress and neurosis. You delight in relating the hard times you have experienced, but then life invariably seems hard to you and you do expect too much from other people.

You will make an excellent parent, providing you refrain from revolving your entire life around your children. Restless and active, you will often take a trip simply for the sake of movement. The past is very real to you, and at times you have trouble distinguishing it from the present. Remember to learn from past experience and move on. Life is sure to have many ups and downs but a certain amount of fame or power is sure to be attained.

You have a gifted, fertile imagination which delights in strange adventures and unusual people. Your temper is changeable and though disillusioned frequently, your need for friendship and attachment drives you on to other relationships.

### HORRORSCOPE

No doubt you believe that you are terribly sensitive and there is no denying that you can fill up and overflow when watching the late-night movie or discussing your latest romantic disappointment. Your friends are sympathetic—for the first two hours. Eventually, they remember their own very real problems and wonder why they're wasting time listening to *you*. Ever noticed that nervous twitch your friends usually develop after a while in your company? They want to escape but somehow you seem so distraught they can't bring themselves to do the sensible thing. So they stay and witness a disgusting spectacle of wallowing self-pity. Typically, you drain others of their time, energy and emotion until they are exhausted, at which point you make a quick phone call and move on to yet another audience.

Being totally illogical, it's hard for you to grasp the fact that there is no particular reason why your life should be a bed of roses. If you had any intelligence, you'd realize that it certainly isn't for other people. The only person you should really rely on is yourself. So dry up, shut up, and get on with living.

## Love

You are fairly easy-going and faithful in love, a combination that can make for happiness in marriage. However, you are very sensitive, and can be deeply hurt by unkind criticism. You are a devoted homemaker and lover. If a man, you like to be mothered by your spouse. You are very emotional and respond readily to love, approval and sympathy. You may have problems with relatives and because of this become extremely attached to another family. Happiness does not come easily, though you are likely to gain an inheritance after considerable legal difficulties. Children will cause many complications in life, though the eldest is likely to succeed in the chemical, medical or military professions, achieving great honours that you will be extremely proud of. In later years, your children are likely to be a great source of protection for you.

## Career

You are emotional, and respond to adulation and love to feel popular. You enjoy acting and this may provide you with a source of income. Publicity and television are other possibilities and you are good at negotiation. Money will not come easily but is found through work, speculation and your children. Later life will generally be more successful and prosperous. You would make a good nurse, gardener, chef, hotel worker and do well at catering for public needs.

**Health**

Something of a hypochondriac, rarely does a day go by without you imagining that you have contracted some disease. Your well-being often depends on your emotional life and suppressing your feelings could lead to stress-related illness. Infections of the chest and stomach, rheumatism and sciatica are possible problems. You may be accident prone, and should be careful of falls. Lastly, don't take chances with animals, especially when resident abroad.

## *Cancer Sun with Leo Rising*

Although you are proud, noble, magnanimous, warm and gentle, there are times when these admirable characteristics are kept under wraps. The sun frequently leads you to hide your light under a bushel, not out of modesty but from a desire for secrecy which can lead to inhibition. You can be a wonderful, open-hearted friend who quite suddenly withdraws leaving everyone confused. You protect that secretive streak and dislike revealing everything about yourself which can create conflict. You need to retreat on occasion, and find this greatly restorative. Those who understand you will accept this, but don't be surprised when strangers or mere acquaintances are completely confounded by you. You are just, confident and often highly-gifted. You are self-possessed and masterful and loath pettiness, loving everything that is bright and beautiful. You have a quick temper, but anger does not last long, and whilst rarely foregoing your revenge you take it in a generous way.

## HORRORSCOPE

You love drama and mystery and are quite capable of creating them for yourself by taking the most trivial situation and weaving a web of intrigue and sensation around it. Obviously, this can be dangerous and one day you will exercise this particular talent on the wrong person and find yourself being sued for libel or slander. It will serve you right. You believe everything can benefit from your own special brand of embroidery or exaggeration but you, in turn, keep yourself and your life very private indeed. Could it be that when judging others, you are terrified that they may turn and judge you?

You find it hard to confide your hopes and feelings so lovers find you almost impossible to read. When they fail to understand, you wallow in a sea of pity, neglect and loneliness. Why don't you tell others what is wrong? Believe it or not, people do not know what you will not tell them.

### Love

Others are attracted by your kindness and heartfelt geniality. Even your worst enemies would have nothing to say against you personally and have to acknowledge that you are being genuinely big-hearted. In more intimate relationships you can be loyal beyond the call of duty. In love, you are generous to a fault, with both your affections and your material possessions. You may not be passionate, but are always demonstrative and warm. Whatever you do you try to do well and so you try to love truly.

Your father is important to your position and may have suffered a reversal of some description. You find him hard to relate to. It's likely that you will marry twice and have children by both spouses. Offspring are generally numerous though you may need to take extra care of the first born whilst it's in the cradle. There may also be twins if your partner is born under the sign of Aquarius. Differences between your children are likely to arise when they mature.

### Career

Just as you trust others, you want to be trusted absolutely. You will do anything to live up to the confidence that has been placed in you. You like responsibility and authority, and work best under your own steam. Women in good positions may lend a helping hand. Your many talents tend towards the fine arts and public office. You also love display and drama and have a strong poetical instinct. Travel in your home country can bring you wealth and your profitable occupation will necessitate many short trips. You could excel in working behind the scenes but no matter where your fate lies, it's likely that you will have an artistic hobby. This part of your character needs to be expressed; hopefully you can do it professionally.

### Health

Your constitution is pretty strong and you possess great recuperative powers. However, despite your enormous vitality, you can put too much strain on your heart and back. Other areas to watch are the throat, generative organs, rheumatism, and impurities of the blood. You usually try hard to look after yourself and should enjoy general good health.

## *Cancer Sun with Virgo Rising*

Although you can be emotional, you are extremely practical and bring reason to bear on your feelings. You are adept at handling money and always manage to survive, no matter how little you may have. Not that you are mean, you understand, just sensible. Occasionally, you lash out and spoil yourself or some of your friends.

Your relationships are important to you. You enjoy company and are usually popular. You are particularly good at working as one of a team. You are also an excellent friend to those in trouble providing that they haven't been too foolish. If so, your sympathy flies out of the window and you launch into one of your famous lectures. Your high standards tend to be imposed on others but for most of the time, you are a compassionate listener.

You possess a clear intellect and a great sense of justice, but tend to give undue importance to little things. Though generally modest, you are agreeable in company and extremely confiding where affection and trust is given. You are generally sweet-tempered and slow to anger, but can be equally slow to forgive. Your will is firm but capable of sudden changes under persuasion.

## HORRORSCOPE

You are self-righteous, pompous and full of your own opinions, the only ones worth any consideration. And you love to force them on other people, never being in doubt about what you feel or think. You can clear a party in thirty seconds flat, leaving perhaps some poor unsuspecting fool on whom you can inflict your ideas.

There are occasions when there ought to be a law against you, and furthermore, you are infuriatingly and obsessively neat and tidy. "A place for everything and everything in its place" is taken by you to an extreme. Others are continually hearing about your virtue and organizing talents. No doubt you possess the cleanest medical cabinet in the northern hemisphere. It's only trifles such as marriage and partnership that you tend to neglect.

### Love

You tend to be rather aloof and solitary, having more acquaintances than friends. You divide your affections among a lot of people and are never wholly in love. You are critical of those who offer you their affection, for you tend to analyse them so thoroughly that you can't help but find fault. When you do love, you remain practical. You don't sweep others off their feet with passion and can make your loved one very uncomfortable indeed. Disappointement and complication in love affairs is shown, and it's likely that you will marry twice or have a second attachment during the life of your spouse.

Problems occur in marriage and there's likely to be some secret involved with your partner. Your first child is likely to be difficult to rear and your family will be small and hard to manage. Offspring do not marry early or readily. You need also to take care for it's likely that one of your love affairs will result in some permanent hatred being aimed at you and during this affair a child is likely to suffer in some way.

**Career**

This combination gives love of the liberal arts, literature, history, the drama and divinity. It makes you eloquent and persuasive and sometimes a great talker. There's a love of horticulture, gardening, farming etc., but the mind is equally capable of understanding theoretical and practical sciences and inclines towards study.

There is generally some inheritance and you will gain property through a partner, also through a science or teaching. Yet although there is success in connection with some art or science there is some menace of reversal. Nevertheless wealth can be acquired abroad. You are likely to be very busy and may fall "between two stools". Nevertheless, success will come in the end. You will travel in search of wealth or in connection with property abroad and are likely to work overseas. You will move many times and towards the end of your life will probably own two properties or homes in different countries.

**Health**

You are well-balanced and take care of yourself and other people. Nevertheless, you may suffer from colic, flatulence, bowel problems, dyspepsia and blood impurity. Eczema and allergies are also common as worry tends to affect your skin.

## *Cancer Sun with Libra Rising*

You are kind, affectionate, sympathetic, considerate and peace-loving. You try to live in harmony with others and while social relationships are important to you, a partner is essential for true fulfilment and happiness. One of your most outstanding characteristics is your love of justice. You will go to any lengths to oppose wrong, or react to injustice by becoming resentful and cold. When it is a matter of your own judgement, you are very careful to weigh up all the factors and come up with a scrupulously considered opinion. However, you are so finely balanced that you may tend to vacillate and fail to come to a conclusion at all. You try to see both sides of an argument and often find it hard to decide which course of action to follow.

You are upright and frank. Although at times very hopeful, you can be extensely melancholic. You are liable to extremes of temper and though easily angered, are readily pacified. You become intensely involved in a hobby but lose interest quite suddenly and take up some new pursuit.

Your father may cause you trouble or loss, and may have suffered from some bad luck. If not, he will create disputes and restraints. This is an ambitious combination and you may well live to work and chase success. Remember that success means precious little unless it can be shared and yours is unlikely to last. This is a cherishing and loving combination and you must recognize your need to give to others if you are to find real happiness.

## HORRORSCOPE

All work and no play makes you a very, very dull person. You always want to talk shop and have few interests beyond work. You are unlikely to be in great demand socially unless of course it is in the course of business. This combination loves its creature comforts, especially food and drink. Hence your rotund figure. Basically, you are nothing more than a greedy pig, though you tend to deny your self-indulgences whenever it is convenient. Your need for immediate gratification could eventually lead you to a psychological cul-de-sac that only a therapist can help you out of. Try to balance those Libran scales more evenly. After all, someone who spends their life bogged down with trivia can hardly be expected to make giant professional strides, can they?

## Love

You are a romantic who likes to be married and if one marriage doesn't work out then you are swift to enter into another. Even when single, you are very dependent on the approval of others. You like to have someone around who appreciates everything you say and do. It is likely that you have a strong understanding of masculine and feminine roles and that you are skilled in both sex and romance. You will have many brothers or sisters, or marry into a large family. Few children are born to you, but they will be lucky and give you much happiness. One of your partners is likely to be extremely wealthy and you can expect legacies from this direction. Many of your friends are in good positions, and among artists and professional people you will find an unexpected friend. Children are likely to be your best support in old age.

## Career

You are unusually artistic and love beauty. Your sense of proportion, line and colour are superb. You are drawn to balance and harmony and appreciate cultural entertainments where aesthetic values are involved. You are very particular in your dress and extremely fastidious, disliking dirty work. You are quick at learning and have a taste for the arts and for business affairs.

Success may lie in occupations connected with navigation or fluids. Many born under this combination become wine merchants, chemists, doctors or surgeons. Wherever water is the motive power, there is a chance of success. You are sure to be involved with the public, move house often and make long trips. Success lies in your native land or town. You may attain a good position late in life.

## Health

You have an excellent constitution, a lot of endurance and recuperate quickly. However, beware of infections of the liver, kidneys, veins, and feet, and intestinal complaints. As long as you lead a busily healthy life, you have little to worry about.

## *Cancer Sun with Scorpio Rising*

This is an artistic, fun-loving, loving and emotional combination. You benefit greatly from further education and may be a perpetual student. Furthermore, you will live abroad for a considerable length of time, and may even marry a foreigner. You are a sociable creature with a full love life and a fertile imagination. You identify with children and they enjoy your company. Nevertheless, you feel things deeply and are likely to rush into quarrels and be involved in disputes which are harmful to you. You go to extremes both in work and pleasure. Your will is strong and tenacious and your temper uncertain and petulant, fiery but short-lived. Your loves and hates are keen and absorbing.

Your finances will be fraught with uncertainty, though the second half of life is frequently very prosperous. Gain comes from overseas, and through married relatives and legal affairs. Your father appears to be friendly towards you but is in danger of bad luck. A series of difficulties in the earlier part of life eventually leads to success crowning all your efforts at last.

### HORRORSCOPE

You are a crafty conniver whose main aim is total control and complete surrender. You are just not used to losing out. In sexual games you are cool and elusive enjoying the play more than the prize. You are extremely complex, moody and sullen, and at times feel completely powerless. You tend to manipulate and lie awake creating complications where none exist. No wonder it takes you so long to come to conclusions. When it comes to getting power, you are cagey, ruthless and exploit your charms. You remain a mystery and tend to disappear within yourself. The one thing that is always clear is that those who cross you pay a heavy price.

Your greatest problem is anger, which you have never learned to control. At such moments, your depression can be devastating. Unless you vent your anger, it will ultimately strike back leaving you sad, embittered and completely screwed up. You seek refuge in too much booze and too many pills and because of your rather unpleasant nature, no one around is likely to give a damn.

### Love

You love intensely and very physically, and need to go to extremes. If someone doesn't return your love, you slight them. Even if they share your feelings, life is bound to be stormy. You expect a lover to surrender completely. Few people are willing to put up with this once the initial fascination passes. You are passionate, possessive and jealous and you must guard against this. Your jealousy is all-consuming and your desire for revenge implacable.

You are likely to marry more than once and have a complicated emotional life. You may have many children, even twins. Your offspring marry early and there will be secret troubles in connection with them. Your love life is full of intrigue and will certainly never be boring.

### Career

You are shrewd, energetic, persistent and work hard. You're persevering and tireless when in pursuit of a tangible goal. You defeat your opponents with your wit and wiles, and you are subtle, deadly and cool. Your career may lie in crime detection, science, medicine, maritime pursuits, government, or leadership. The occult researcher, chemist and philosopher are usually born under this combination for it gives strong critical and analytical faculties. Foreign matters can provide an income. Whatever path you follow, you are sure to find great success.

### Health

You possess a strong constitution and unbeatable powers of resistance. Areas to watch are the glands, pelvis, internal excretions, and the generative organs. Fevers and poisonous complaints can also occur and you should be careful with hot or sharp objects. Your right arm could be prone to accidents and sight may weaken with age. It is likely that you cause your own illnesses through excess.

## *Cancer Sun with Sagittarius Rising*

This is a complex combination and you appear gregarious and fun-loving while underneath you are deeply sensitive. You prefer to hide your finer feelings behind a sociable and sometimes superficial façade, in order to protect yourself. You find it difficult to trust others and may be unnecessarily wary. Nevertheless, you make an excellent friend and can always be guaranteed to be there. You expect others to reciprocate and can be deeply hurt when they let you down.

You are restless and easily adapt to new environments. You will make friends all over the world, but find it more difficult to relate on a one-to-one level. Others may find you superficial but this is only partly true and you are deeply sensitive. You deserve a good education which will help you to gain more self-confidence and improve your conversation. Otherwise, you dwell too long on your petty problems. Make a point of being well-informed. People are attracted to you but may be put off by your endless self-centred chatter.

Your sense of justice is keen and your gentle manners become defiant in the presence of enemies or when stirred to self-defence. You are hopeful, joyous and youthful even in old age. You will sacrifice everything rather than independence and worry in unsympathetic surroundings. You believe in peace, truth and justice, and are seldom in trouble without good cause.

Early life may not be lucky owing to some reversal in the affections or fortunes of your parents. Relationships with siblings are generally friendly but bring problems. Travel holds great appeal and you may end your days abroad.

## HORRORSCOPE

You are exaggerating, hypersensitive and a hypochondriac. True, you are always in demand but when others get to know you well, they stand up to you and lose favour or simply avoid you. Other people are expected to live according to your standards and by your rules. How about learning to give and take? Professionally you are a mess. You insist on doing your own thing and make a lousy employee. Working for yourself would be the answer but what will persuade you to learn to do something well? You are full of impossible dreams and refuse to see that changes must be made.

### Love

For you, sudden attractions often turn into lasting friendships in which you are very loyal. Sudden attractions don't always work out and may result in broken marriages and engagements. Even in marriage, you can't tolerate restraint. You are totally undomesticated and can become selfish and difficult to live with. You will probably marry more than once and one union will affect your welfare and status considerably. You will have a small family and an uneasy relationship with your children. It's quite likely that you will be separated from at least one of your offspring.

Romance is difficult as a lack of idealism or pride makes you immediately lose interest. The slightest flaw will put you off forever and as most people aren't perfect it is almost impossible for you to find satisfaction.

### Career

You tend to make sporadic tries at a variety of things, rather than applying yourself steadily to one project. Once you put something down, it is hard for you to resume working again. You take a direct approach to business and are usually successful financially, but do not like routine and are bored by petty details. You are fond of the spiritual and can be devoted to study and research. Your occupation is likely to be of a double nature. Whilst obstacles mar your early life, good fortune usually comes in the end. You will find success in finance and big business but whatever you do will involve much travelling. Your career will be long and useful.

**Health**

You love outdoor life, especially sports such as hunting, shooting, running and riding. You have a strange attitude towards physical functions, as if ignoring them will make them go away. You can be highly-strung and vulnerable to nervous breakdowns, but you are generally healthy and live to a ripe old age. Infection tends to attack the throat, ears and bronchial tubes, and there may be some swelling of the legs and rheumatism.

## *Cancer Sun with Capricorn Rising*

This is a wonderfully cherishing combination. You really worry about other people and are always ready to help in whatever way you can. Partnership, be it professional or personal, is your forte and though you may try to dominate, on the whole you need other people. Financially, you are a real wizard, and ingenious when it comes to earning a crust or finding a bargain. The past is very much alive to you and you are always trying desperately to learn from past mistakes. You try to forgive but rarely forget, and are reluctant to forego revenge.

You are a loyal and reliable friend and many of your friendships go back to childhood. You are extremely sentimental and make a loving, cherishing and responsible parent who beautifully balances love and discipline.

Your will is prone to change, but generally overcomes all obstacles. When a course is decided upon, you are extremely persistent. Your father and family are generally difficult to relate to and may cause trouble, especially when it comes to marriage. You are affectionate and sincere, though fated to change.

## HORRORSCOPE

You are a real drag, always looking on the black side of things. You take the troubles of the world onto your shoulders and then wonder why you are depressed. You meddle in people's affairs, claiming to do it out of love. In fact, you believe you can always put things right, despite a pathetic lack of experience. You lean on other people when you are down, but your black moods can last for several weeks and no one can stand that sort of pressure. You can wear out several friends whilst in the throes of one of these lengthy depressions.

Your emotions are tainted with intolerance and you are narrow-minded and niggardly, and care little about other people's feelings. When you do perform a personal service, you do it out of duty and then consider yourself a martyr. Lacking in insight, you create nothing within yourself to alleviate your pessimism. All you can ever think of doing is keeping up appearances in some way. You imagine you feel all, when in actual fact you feel nothing.

### Love

You may develop an interest in the opposite sex rather later than average, but you form strong, permanent attachments when you do. Sex can be totally forgotten when other interests demand all your attention and while you can be lustful and earthy, you can also be detached and cold. You can be jealous and touchy. Because you are afraid of being refused, you are inclined to be very suspicious and you expect the other person to make the first move. But once you feel really wanted and are confident enough to commit yourself, you slowly learn to relax and love. And no one is more loyal and faithful than you.

Some born under this combination will be opposed to marriage while others will marry early and more than once. In all cases, romance is prone to great changes and a partner may be an obstacle to a main ambition. For those who marry twice, one partner will be divorced and another is likely to bring wealth. Your ambition and position are very closely tied in with your spouse. Your children are few and your ambitions are likely to be closely connected with them, which may be taken to extremes. There are likely to be enemies attempting to break up your marriage, but you are a tower of strength and should triumph in the end.

**Career**

You are stern and command obedience and make a capable executive or leader. Your personal magnetism inspires others to follow you. You are direct and persistent and hammer away at your chosen project. You have the ability to put your plans across well. Your innate ambition and courage frequently result in great achievements. You gain by your own enterprise and when success comes, it is often in professional partnership. You need someone to lighten you up and encourage you creatively. You will enjoy working in competitive business, finance and management, where you can excel. You are not afraid of hard work, providing you are paid accordingly. You are afraid of taking chances, but this could protect you from failure.

**Health**

You possess an iron constitution, nerves of steel and terrific powers of endurance but may suffer colds, dental problems or rheumatism in later life. Your knees are prone to accidents and depression can lead you into alchoholism. Usually, you will live to a ripe old age.

## *Cancer Sun with Aquarius Rising*

You thrive on hustle and bustle and will always work for a worthy cause or to make the world a better place. You love new ideas, and can be relied on to do the unexpected. You give a lot of time to your campaigns but will always listen to your friends' troubles. You will serve others completely unselfishly. No matter how high you rise in life, you will never forget your humble beginnings. You are no snob. You have a strong temper but do not bear malice and are usually kind and sweet. Your will is firm and inflexible, undeterred by any obstacles. You are buoyant, cheerful and genial. Sometimes a relation, perhaps a brother, brings trouble on your career, a part of your life greatly influenced by relatives.

You are fond of travelling and take short trips for little reason. Your father may be in farming, speculative buying or selling, or stock-clearing. He may not be particularly lucky for you. You are unaffected by your environment, relying on your own inner strengths for your well-being. You are so well-balanced and fair-minded that your judgement is greatly valued.

## HORRORSCOPE

Your ego is as fragile as an eggshell. You are insecure and so certain that you won't get what you want, that you don't bother to ask for it in the first place. Your intelligence is superficial and your ideas scattered. Those around you suffer because of your emotional instability and dissatisfaction. Instead of being self-sacrificing, you are a sly usurper out to serve only your own interests. You are more boring than bored, and live in the shadow of events, frightened to take an opportunity. You stand back and wait and then you feel sorry for yourself when the last chance has gone.

Your friends are concerned by your lack of tact and need to hammer home the truth as you see it. This is the only time that you show any bravery. In all other areas you are a complete coward and, not surprisingly, an abject failure.

### Love

You do not make friends or lovers in a hurry, but once you do, you are extremely loyal. You do not succumb easily to physical attractions, being drawn more to the mind and spirit. Your love is idealistic and while your mate may be jealous of your many friends of the opposite sex, their fears are without foundation. You are constant, generally remaining ardently in love with your partner into old age. Marriage is likely and you will have children young. Your partner is likely to be artistic or of a good family. Your own family will be small (possibly including twins) but the first born will need careful rearing. You make an excellent parent, treat your children fairly and help them to develop their best traits. You love your nearest and dearest absolutely but family ties never prevent you from doing the right thing.

**Career**

You may be an inventor, scientist or researcher and your powers of observation and ability to theorize often amount to real genius. You are a profound student of human behaviour and possess a degree of literary and artistic sensitivity. Occult research and the secret methods of experimental science are also possibilities and you make a good orator and writer.

Achievement comes from devotion and personal merit, though your financial success will be subject to great changes and some obstacles. You may gain from an inheritance, or receive assistance from your family though this is likely to bring trouble. You may have two or more sources of income and your occupation will be secretive in some way, involving scientific, military, government or detective work. On a more mundane level, you can be very successful in the service industries, always sensing just what it is the public needs.

**Health**

Your health is basically sound, but you may suffer obscure nervous disorders. You don't abuse your body but dislike physical exercise. Areas to watch are the calves, legs, ankles, and fluid-carrying vessels of the body (especially the lymph glands). You may also have a sensitive stomach and muscular problems may be due to vitamin deficiencies.

## *Cancer Sun with Pisces Rising*

A double dose of water signs always encourages an extremely fertile imagination. You are considerate, sensitive, intuitive, observant, and often psychic. However, you are also suggestible, impressionable and so idealistic that your innate practicality is not always apparent. Common sense usually prevails in the end and you generally manage to live in comfort. You are modest, unassuming but confident. You know how to enjoy yourself and are extremely sociable, making an excellent host/hostess and friend. You constantly search for new entertainments. You are cautious and inclined to agree out of good will, changing your opinion at a later date.

Your brothers and sisters are usually numerous and relatives offer a lot of help. It's likely that you will have an artistic hobby; expression in this way is essential for your emotions can be overpowering and must be given a constructive outlet. But this is always a pleasant and attractive combination.

## HORRORSCOPE

You are totally devoted to pleasure, no matter what the cost and no problem or obstacle in life is ever taken seriously. Your lack of common sense and concern over the difficulties in life can be tough on those who care about you. You may appear charming but you're completely shallow and selfish. You live in a fool's paradise and it's possible that one day you might wake up to life, when it kicks you in the head. Then, your way of dealing with the shock will be to drown in a sea of liquor or to grow bitter and twisted. For although you play the social butterfly beautifully, you can quite suddenly turn into a really nasty piece of work. One of your weaknesses is gambling and you may borrow the rent from a friend only to put the whole lot on a dead loss of a racehorse.

### Love

You love to be in love and *have* to be most of the time. Mysterious and sensuous, you are usually "the other person" in a romantic triangle. Others sometimes feel that you are acting out life instead of actually living it. Be careful not to venture too far into a fantasy world. You are impressionable, romantic, imaginative and easily torment yourself with curious fancies. It is likely that you will marry but your union could suffer many difficulties or there will be great problems with one of your partners. You may gain property by a legacy. Your children will be numerous and fortunate, their lives full of travel and change. Lastly, you are a kind person who never takes your pleasure at the expense of others.

**Career**

You do best in fields where you have to associate with others and where there is emotional and human interest. You love drama—on stage or in everyday life. In government or public office, your wisdom and high ideals can prove to be a source of inspiration. You can be a good secretary, teacher, clergyman, public speaker and playwright. If you write fiction, you love the strange and supernatural. Many popular authors and writers can be found in this combination.

You are very active and your many interests will largely lead to success. Wealth is due to your own efforts but you can also gain through travel and the good will of relatives. You have many friends in high positions who help to advance your career. You will travel a lot on business and may have two distinct professions at the same time. This combination often leads to honour and considerable wealth.

**Health**

You are not particularly strong and while generally healthy, you have little power to resist disease. Pisces rising rules the excretory fluids of the body and there may be infections of the feet, ankles, and eyes; also the danger of injury through heat or a sharp object. Women may suffer ovarian disease or irregularities. Many of your illnesses are psychosomatic, so try to control your hypochondria.

## *Cancer Sun with Aries Rising*

You are capable of meeting any challenge, especially when you have learned a bit of self-control, patience and respect for the opinions of others. You are fiery and brilliant with a great sense of adventure and an aggressive pioneering spirit. Original and ambitious, you have the daring and practicality to realize your aims. You may run into opposition initially, because others lack your vision. You are a leader and even when successful, need someone following you. A trail-blazing pioneer, you leave it to someone else to build the settlement and then maintain order.

You are eternally optimistic and young at heart. Sometimes independent to the point of rashness, you act on the spur of the moment which can lead to regret. You have strong inclinations and can be quarrelsome and petulant. Although well-informed and ingenious, you know little of human nature. You are imposing in relationships and you see only what you want to see. You change your opinions often but remain very sure of them while they last. You are likely to be an only child and could have suffered early on from parental difficulties. Your father may have had trouble providing for you. You will travel on family business and in order to avoid trouble. Relatives are not favourable and family ties are sometimes strained.

## HORRORSCOPE

Your sentences begin with "I" and end with "me". You're bossy, self-centred and committed to getting what you want no matter who gets hurt in the process. You are pushy, impatient, and arrogant. If a subject doesn't relate to you directly, you will rudely interrupt and let everyone know that you feel neglected.

You are a fighter with a way of exhausting the opposition so they give in just to shut you up. You are jealous and competitive; cruel at times but never cunning. You are much too blunt and outspoken for that. Fundamentally, you expect flattery, regardless of how badly you are behaving. When you don't get your own way, you are a pain to have around. You are unfaithful because your ego is tempted by flirtation. Your unfortunate partners crawl away feeling used up and thrown away. However, when you need them, you'll take the time to tell them what you want.

### Love

One minute you are brilliant and exciting, the next you are soothing, domestic and calm. You need to attract others but while you please and stimulate, you rarely satisfy. Appearances are important to you yet, in the final analysis, you choose more with your head than with your heart. You are impulsive and go after the object of your affections with single-minded intent. You may appear fickle but that is because you are searching for an ideal love you can never find. You are never content with the imperfect reality.

Materially, you are likely to gain through marriage and the opposite sex will involve you in legal action. You marry early or in a hurry, and may go on to repent. Should your marriage fail, you are unlikely to do it again. This is not a particularly fruitful combination and you may have first one child or maybe none at all. The only thing you do quicker than falling in love is falling out of it, leading to a complicated emotional life.

## Career

You like to be in a position of authority and may start your own business or go into any field where you can be the boss. You are a person of action and thrive in politics or business. In art, writing or music, your works will be popular. You know exactly how to sell an idea to the public. Sports may also bring in money. You are ambitious for honour, but will face difficulties that take all your courage and will to overcome. You will travel a lot on business and may be an overseas agent or hold some commission. You are a pioneer and will gain some success by acts of daring or on account of travel. The military and legal professions are favoured though there is some inclination for mining and exploration. Friends give you much support and frequently aid your success.

## Health

Generally careless about your body and health, you over-indulge, place too much strain on the weakest part of your body or ignore the need to slow down when you are ill. In this way you aggravate ailments. You are prone to fever, migraine, and internal disorders of an inflammatory nature. You can do much to help by using a little common sense.

# *Cancer Sun with Taurus Rising*

You possess a lot of practical common sense. Neither idealist nor dreamer, you are cautious, constructive and stable. You never expect a windfall, but rather the just rewards of steady application. You are industrious, patient and practical. You like to identify with the traditional, the tried and the true. Once you have made up your mind, you stick quite stubbornly to your course of action. You are not frightened of hard work and obstacles only make you more persistent. You have huge energy reserves and endless patience. You are placid, domesticated and affectionate. You may have strong feelings but find it hard to express them. Slow to anger and slow to calm, you harbour ill-feeling for a long time. You are careful of your possessions and constantly strive to achieve. Taurus rising gives good parentage especially on the father's side: he may be a man of some consequence. On the whole life is calm and peaceful, though trouble comes through your resistance to obstacles and your stubborn opinions.

## HORRORSCOPE

You are lazy and luxury-loving, and need to resist a tendency to over-indulge. But it's hard to deny pleasures connected with the throat and you can be a slave to your appetites, leading to obesity. You are emotionally insensitive and as flexible as a slab of marble. You are a know-it-all and reject any advice or enlightenment. You are also a great reinforcer of the status quo. You can bear a grudge forever and would not consider giving anyone the benefit of the doubt. You have a particularly nasty habit of blaming others for your own faults—if you walk into a table, it's the table's fault for standing there; if you insult a friend by your own selfishness, it's the friend's fault for not being more giving.

### Love

You are placid and affectionate, ruled by your heart rather than your head. Your love affairs may be passionate in the beginning, but they develop into warm, friendly relationships that are ideal for marriage. You are usually a contented spouse. Determined and positive once you have got what you want, no one can pry you loose from what you feel is rightfully yours. You will face considerable difficulties and some enemies, but with any luck, it will survive. Your oldest child, especially if a boy, will need extra care whilst young. Nevertheless, your children will be a source of satisfaction to you and usually make good academic and artistic progress.

### Career

You are very sound and reliable when it comes to financial dealings, and will make an excellent banker or trustee. You are also careful with your own assets. You have an innate sense of beauty but prefer art objects that are useful as well as beautiful. Despite losses, through legal disputes or attachments after marriage, you will attain a degree of wealth. You may also gain through speculation or publishing. Your fortunes are insecure during youth, but later improve through associations, science, art, literature or academia. An interest in natural history, gardening or horticulture may also prove lucrative. You are patient and precise, tediously attentive to small detail, and yet fond of comfort and repcse.

### Health

You possess great physical endurance but once ill, might be slow to recuperate. You may be accident prone and should look after your throat, neck, shoulders, heart, and kidneys. Diabetes may also strike. On the whole, you manage to stay in top condition.

# *Cancer Sun with Gemini Rising*

Gemini makes you a brilliant communicator. You always know what to say and your quick mind leaps on new ideas and information. You are madly inventive and need constant stimulating, having many hobbies and interests. You have an insatiable hunger for human interaction and enjoy life to the full, by means of expressing your inner self to the outer world. You like variety and enjoy leading a double life, having two professions or romantic interests at the same time. You are easily worried and given to excessive anger, but quickly calmed. You are communicative, especially when drawn on a favourite subject, but otherwise somewhat self-contained and frequently nervous if called upon to speak or act.

You are likely to experience both extreme good and bad times and there will be family secrets, though relatives are usually well-connected and prosperous. If you have a brother, he is likely to do exceptionally well in life. You will get on well with your father. If anyone, you will be the cause of your own downfall.

## HORRORSCOPE

You are a demented social butterfly who wants to be in several places at the same time. You are impatient and easily bored with your own company. Although your mind is quick, you are so lacking in depth that it is difficult to spend time around you without using earplugs as you bore people with gossip and platitudes. You rely on mind games to give you a sense of power, and rarely keep promises or finish projects. You live for the moment and your memory rarely extends beyond that time span. You are dedicated to doing what you want to do when you want, and anyone who expects otherwise is going to be sadly disappointed. You have little real feeling, being contrary, impatient, fickle, and a compulsive flirt. You want everything but will give nothing. Compromise is made impossible by your lack of feeling. What you really want is a wealthy partner who will indulge your fluttering fancies. It's likely that this will be repaid with infidelity.

## Love

You have mental and ideal atttactions rather than the physical or domestic ones. Your interest is easily roused but you have a short attention span and don't want concrete attachments. You might enjoy a relationship with someone who caught your fancy, only to be taken aback if they take you seriously. You like to read and think about love. While you understand it, you rarely feel it. You put up with domesticity but do not participate in family life. Although a flirt, you should not be taken seriously. Your experience of love rarely goes very deep.

There are secrets in connection with your attachments, and trouble comes through children or in consequence of your affairs. You may well marry more than once or have two simultaneous attachments—generally, one in a foreign country or involving a foreigner. Many problems are caused by the opposite sex, but are mostly your own fault. Your children will be well-favoured, of moderate number and lean towards success in the fine arts. You adopt an intellectual approach with them, preferring to act as a wise friend rather than a parent, maybe because it takes you a considerable time to grow up yourself.

## Career

The luckiest fields for you are writing, teaching, science, banking, stockbroking, law, academia or air transport. You may also benefit through music or an art. Limit your interests or you will dissipate your energies. In business, check all propositions, as you attract some shady characters. You also may be clever in negotiations and trade. Your life is prone to many changes and is greatly affected by the opposite sex. You are sure to hold a good position and follow two occupations at the same time. Success is plagued by bureaucratic structures, indecision, and your tendency to fall "between two stools".

**Health**

The areas to watch are your hands, arms, upper respiratory system, nerves and the part of the brain controlling higher thought processes. You tend to be clever with your hands and like to use them constantly. If you are a chain smoker and dark in colouring, you may have problems with your lungs. Poisonings of the system and nervous complaints are also possible, and you should take care whilst travelling as a cold could lead to complications.

# Leo
*(23 July – 23 August)*

## *Leo Sun with Leo Rising*

You are the warmest and most generous of the 144 combinations but also, perhaps, the proudest and most arrogant. You are a perennial optimist with little time for petty or underhand behaviour. You try to be completely up front for better or worse and so people invariably know where they stand with you. However, being so candid, it is impossible for you to indulge in any kind of deception. You would certainly be discovered. You actively seek the limelight and are good at furthering your interest, using charm rather than force. Others find you hard to resist once you give them that smile, and this makes you an effective leader. Your social life is of the utmost importance. You use any opportunity to shine and nothing is too much trouble for your guests. Therefore, invitations to your home are eagerly sought.

However, no one is perfect and it is your ego that is your Achilles heel. Flatterers can easily blind you to their faults and so disappointments are expected both in friendship and love. You possess a quick temper when provoked, but it is shortlived and when revenge is taken, it is done so in a generous and open way. Your father is important to your position in life, and may die whilst you are young or be a possible source of trouble.

### HORRORSCOPE

You are the most arrogant, bombastic and egotistical of individuals. You demand centre-stage in all aspects of life and are greatly put out when you can't acquire it. Friends and lovers are chosen for their adoration for you and quickly become doormats. You are completely wrapped up in your own ambitions and needs to the exclusion of all else. You are boastful and go completely over the top in your bid to prove your importance to others.

You are flamboyant and ostentatious. Why wear one piece of jewellery when you can wear eight? Not surprisingly, most of the time you look like a Christmas tree. If male, you spend vast amounts on what you consider "classy" clothes. Everything you do or own must be bigger and better than everyone else's and you are content to run up incredible debts in order to achieve this. You are the type who wears sunglasses at the disco, though in truth it would be kinder to supply them for the unhappy souls who happen to be in your vicinity.

## Love

You have a passionate nature and are constantly attempting to satisfy it. Your keenness and drive enable you to sustain the pursuit of the one you love, and you don't take kindly to rejection. You go to extreme lengths to secure the love of those you care for and persist until you succeed. Your only motivation is your considerable lust. There may well be two important relationships or marriages in your life, both producing children. Offspring are likely to be numerous and the eldest needs extra protection. If female, or if your husband is Aquarian, you may have twins. Differences with the children when they grow up mean that family life will not be peaceful.

## Career

You have abundant creative energy that you strive to express wherever and whenever you can. Your tremendous enthusiasm means you accomplish many jobs others feel unable to do. You are inclined to take risks, and speculative enterprises could be costly unless you take expert advice. Your abundant talents favour the fine arts and public office. There is a love of display and drama, and the poetical instinct is strong. You could do well in any occupation where you can exercise authority. Wealth comes through merit and also from relations in business. Losses are sure to come through subordinates and family problems. Furthermore, you can gain through trading, and the commodities of life. Short trips are lucky and bring prosperity. Certainly, your job will necessitate much travelling on land. Enemies may be found among women in good positions though they tend to overrate their ability to hurt you.

### Health

A lack of success or prosperity can undermine you, leading to serious depression. Vulnerable areas are the heart, back, throat, and generative organs. You have abundant vitality and can put too much strain on that generous heart of yours but, in general, your constitution is strong and you have great recuperative powers. You are either disgustingly healthy or always on the sick list.

## *Leo Sun with Virgo Rising*

You could be described as "a closet Leo". You are just as warm, proud and as generous as others born under this sign, but these characteristics tend to be hidden. You are a leader though, and follow your head rather than your heart, though everything you do is for the benefit of those closest to you. Virgo rising tends to give a lack of proportion but, for the most part, this tendency is kept under control by your Leo sun. Nevertheless, there are occasions when you find it hard to distinguish the wood from the trees.

You are an excellent friend and lover but tend not to make the usual Leonine production out of your feelings, believing that actions speak louder than words. You are neither a trail-blazer nor a follower but prefer to do your own thing in your own way and in your own time. Also, you are good at ferreting around, intuitively picking up on what others have missed. When it comes to judging others, you only make mistakes when ignoring your splendid instincts. You are calm, kind, modest, retiring and yet agreeable company. Others often find you difficult to know, though you are extremely trusting and confiding where affection or trust is given. Your strong will is capable of sudden changes under persuasion. There are likely to be some family complications; your father may marry twice or perhaps some illicit attachment lies behind your life. A brother or sister may be unlucky in some way.

## HORRORSCOPE

You are a real mystery to other people as well as to yourself. You play your cards so close to your chest while being quick to criticize others and exaggerate their imperfections. But you don't take too kindly to the same treatment. You find it almost impossible to share and invariably attempt to dominate those around. In you, that warm Leo sun is smothered behind a cloud of pessimism and gloom. You are your own worst enemy, a lesson you invariably refuse to learn. So perhaps you deserve the misery you experience in life. Lastly, you are a nag and a shrew, relentlessly undermining the sensitive feelings and egos of those you are supposed to care about. You are rather keen on the sound of your own voice and if you insist on carrying on in such a way, it is likely that this is all you will end up with for company. The cat is far from perfect and no doubt could benefit from some constructive criticism.

### Love

You tend to be somewhat cautious when it comes to expressing your feelings as it is painful for you to discover that your emotion is not shared. You are too much of a realist to truly enjoy romantic love and you tend to set a lot of conditions that frighten even the most ardent lover away. There are few people who could live up to your expectations. While totally rational about life, you are completely irrational in your romantic expectations. Not surprisingly, disappointment is shown.

You may marry twice or have a second attachment during the life of your legal spouse. Problems occur in marriage and there may be some secret connected with your partner. Your own family is likely to be small and there may be some problem with your first born. Children will be difficult to manage and will not marry early or readily. Friends will be changeable and not very permanent. Life will bring frequent breaks in your social circle.

**Career**

You are diligent, gather knowledge and memorize what you have learnt. You are clever in speech and writing, and may be attracted to the arts. You could do well in research, statistics, business, economics, law, or medicine. You are quick to see and take commercial opportunities but there is danger in speculation. You may have a love of history, literature, horticulture, gardening, or farming. You are likely to have many interests but such diversity could lead to trouble. Travel will be enriching and may well involve property or a commission. You will have many changes of residence and, at the end of life, will possess two homes in different places.

**Health**

You follow a sensible diet and take good care of your own health and that of others. Complaints connected with this sign are colic, flatulence, dyspepsia, blood impurity, allergies, eczema and hay-fever. Lastly you are a worrier and will find seclusion extremely restorative.

## *Leo Sun with Libra Rising*

This may not be the most practical of combinations but it is certainly a delightful one. Your charm and generosity tend to cheer the gloomiest of faces and brighten the dullest of surroundings. You need a harmonious and tasteful environment and possess a keen eye for colour, beauty and art. You have a busy social life and a well-developed sense of fun. You can charm a snake from underneath a rock—few can resist you. You like money but only in order to spend it on yourself as well as others and to make life more beautiful and bearable.

You are well-behaved, polite and courteous unless sorely tried. Even then, you would prefer to walk away from an ugly scene and avoid unpleasantness. Not surprisingly, you are extremely popular and possess a special talent when it comes to being part of a team. Sharing, giving and taking are talents you possess and are only too happy to display. You are prone to extremes of mood; easily angered but just as easily pacified. When it comes to making decisions, you prefer to wait and see what will happen before taking any action yourself.

You pursue a new hobby to extremes but as soon as something more attractive comes along you move on and take up the new interest with equal intensity.

Your father is probably unlucky and may have fallen from a higher position or hindered you. Friends and supporters are to be found from good families, and among artists and professionals you will find many an unexpected friend.

## HORRORSCOPE

You are not horrific so much as infuriating. You are thoroughly impractical, unreliable, irresponsible and only confident in your ability to impress other people. You feel you can wrap everyone around your little finger and fervently believe that your own particular day of reckoning will never come. Loved ones are up against a brick wall when attempting to get you to face reality. You will callously drop a partner when they seem too demanding, and easily find a new lover. But it's not long before they try to confront you with the truth and then are dropped in turn. You invariably get away with such behaviour, mainly due to your superficial charm. One day though your spendthrift ways are going to catch up with you.

### Love

You desperately need to relate on a one-to-one basis and do not function well without a mate. You will enjoy someone who is considerate, kind, sociable and respected. You are repelled by the vulgarity but very much attracted by status, finesse and financial independence. You tend to be expert in love and have a distinct understanding of masculine and feminine roles. You are sure to be very highly developed on the sexual plane. Your mate will come from a very large family, though there are disputes among relatives which lead to legal action. You will have few children but they will be lucky and give satisfaction. Your children may well be your best supporters in old age.

### Career

You are artistic and have a superb sense of proportion, line and colour. You also appreciate music and other aesthetically pleasing entertainments. You dislike dirty work. Generally speaking, success is the result of some occupation connected with liquids such as navigations, wines and spirits, chemistry or medicine. Where water is the motive power, there is the prospect of success. A disagreement with a business partner will end in loss, so be particularly careful when signing contracts. Unexpected legacies come to females.

Your occupation will probably be connected with the public and will cause many changes of residence and long trips. Be warned, instability dogs your position and success is likely to be impermanent. Lastly, property dealing could lead to profit. Success is shown in your native land or even native town.

### Health

When you feel you have been unfairly treated you can become ill. However, you have an excellent constitution and while not obviously strong, you have great powers of endurance and recuperate quickly. Libra rules the lower back and kidneys, so these need extra care. There may also be humid infections of the feet and some danger from intestinal complaints, though in the main you have little to worry about.

## *Leo Sun with Scorpio Rising*

You are intensely ambitious and possess an underlying steely determination to succeed. For the most part you progress with charm and persuasion, only resorting to force of character and passion when the former fails. Ambitions for yourself and your loved ones are boundless and it's difficult to imagine you anywhere but the top of your own particular ladder, even if it takes you a while.

You are something of an extremist and work and play hard. You know exactly what you think and feel – you do not suffer fools lightly. Compromise is not in your vocabulary and therefore you often become involved in quarrels which you secretly enjoy. You are a born scrapper and don't balk from confrontation. Others tend not to cross you as they sense that you would never forgive them if they did. However, you throw yourself equally wholeheartedly into your pleasures and can be great fun to have around, providing nothing interferes with your quest for success. You can be rather critical, sarcastic and severe with your opponents, and fight to the end. Your loves and hates are keen and absorbing.

You probably have few brothers and sisters and may be the only child. Others in your family are friendly but will be somewhat unlucky. Your father is in danger of reversals. Enemies are easily found among your colleagues.

## HORRORSCOPE

You are a nasty piece of work, capable of dastardly deeds and ruthless revenge. You fight to dominate and impose your beliefs on other people rather than using charm. Not surprisingly, others start to tremble when they see you coming. These negative characteristics may be softened by success but constant failure only increases them. When frustrated, you take it out on all those around, preferring to seek a scapegoat rather than admit that it is you who is at fault. You can be cruel, sarcastic and hypercritical. Not surprisingly, you are frequently on your own and, quite frankly, it is just as well.

### Love

Being an extremist, you either love or hate: there is no middle ground for you. Your ability to meet others halfway depends on what they have to offer in return. You are attracted to those with substance and value in terms of character, and you are willing to cultivate associations that show promise. You don't like being alone and sometimes anyone is better than no one at all. But later you regret this and become quite unreasonable. However, you can love more passionately than any other combination and are likely to marry more than once. Indiscretion seems to plague your first relationship and an affair will greatly affect your position one way or the other. Love intrigues plague your life. This sign gives many children and sometimes twins. Your offspring marry early but may cause some secret trouble.

### Career

You can use some of your better qualities in maritime pursuits, government, leadership, science, medicine or crime detection. The ability to keep secrets makes you an excellent undercover agent or spy. You are ambitious for honour and sure to do well eventually. Your finances are rather uncertain in early years but later life will be more prosperous. Matters related to abroad further your position in life and it is nice to know that after a series of difficulties you will eventually be rewarded by status, success and perhaps even honour.

### Health

You are either in top condition or forever unwell. Beware of problems with the glands, the pelvis, the generative organs, the bladder, poisonous complaints, migraine and headaches. Also, bear a healthy respect for sharp or hot objects and your right arm and eyes may be prone to accidents. Your own excesses are frequently the cause of your illnesses.

## *Leo Sun with Sagittarius Rising*

This excellent combination of two fire signs gives a well-balanced nature. Your warmth can be likened to a log fire which attracts others but can burn so fiercely that they tend to get scorched. Though you may be guilty of the occasional fiery outburst, you are quick to apologize. You are kind, optimistic and never tire of learning something new and improving your mind. The position of your sun suggests that you will spend a good deal of time abroad. Furthermore, you will benefit from higher education.

You are fascinated by strange names, idiosyncrasies and customs, so travel is a pure delight to you. You also possess a strong sense of justice and would willingly fight for the underdog. You are courteous and well-mannered, only becoming brusque when stirred to self-defence. Something of an idealist, you very often feel let down by others who cannot meet your high standards. You make a true and loyal friend and are extremely upset when friendship is not returned. Trouble will come from a reversal in the fortunes of your parents and trouble involving your brothers or sisters, of whom there are probably few. Apart from this, relatives are likely to be friendly. There coud be some secret trouble in connection with a parent (probably your father or father-in-law) and this may lead to some kind of deprivation or restraint.

## HORRORSCOPE

You are the type who lives in the world of "once was" or "could be", never "actually is". You are over-optimistic and, when proved wrong, conveniently forget the fact and continue to cast your net in a similar direction elsewhere. You magnify the truth and rarely see things as they actually are, exaggerating your opportunities, talents, and love life. Unable to envisage bad times, you are unable to cope with them when they arrive. You are a fair-weather friend, and when things get tough for other people you are off, just in case it might prove to be contagious. You are about as genuine as a unicorn and as reliable as a chocolate teapot. Luckily though you prefer not to get too close to other people, so that your power to hurt deeply is not that great. It is only you who suffers, though you're possibly unaware of this. Bright you are not.

### Love

You are sociable, charming and tend to over-indulge in your relationships. You attract people because of your compromising nature but avoid contact with those you dislike as this makes you uncomfortable. Your partner must be lively minded and interested in many things—you want to share with him/her the many pleasures that life can offer. Your romantic attractions aren't always fortunate. Although you choose with your head rather than your heart, you are often so impulsive that broken engagements and marriages are the result. You are likely to have two or more marriages, one of which will greatly affect your position in life. You will have a small family and there won't be much sympathy between you and your offspring, one of whom you will be separated from. Great care needs to be taken in this side of life.

### Career

You make an excellent politician, professional traveller or lecturer. You are sure to succeed eventually by personal application, but also may come into an inheritance. You are quite ingenious and versatile, and likely to master many branches of learning. You delight in your independence, so make an excellent freelance worker. It is important that you decide exactly what you want out of life and stick with it.

### Health

You love the outdoor life and are often very sporty and, as a result, extremely healthy. However, you may suffer from infections of the throat, ears and bronchial tubes; also, varicose veins and swellings of the legs. Accidents, when they occur, are likely to involve the thighs, hips and tendons. You are highly-strung and stress may lead to nervous breakdowns. In general, you are likely to live to a ripe old age.

## *Leo Sun with Capricorn Rising*

No doubt you have had great problems identifying with your sun sign. Yes, you agree you can be proud, generous and dominating. But a social butterfly? Financially hopeless? Optimistic? No way. Luckily for you, good old Capricorn has a way of making you much more substantial. True, when you're in the right mood or on a special occasion, you can push the boat out just like anyone else. But there has to be a good reason. Work is all-important and you possess a splendid determination which is capable of great effort and patience in the pursuit of any goal.

Leo is impressed by wealth, Capricorn by position and prestige. Therefore, you are something of a social climber, mainly in pursuit of your own ambitions. You generally appear pretty cool and collected, though underneath there lurks a big warm heart. Others need to prove their worth before this will be revealed. You are, in fact, totally genuine: you mean what you say and always keep your word. Others may find you hard to know, but you are worth the effort. However, your will, although strong, is prone to change and you may forgive but you never forget. You possibly have a lot of brothers and sisters and there are great rivalries between them. Your father may be hostile and cause obstacles, especially in regard to marriage. Your strength of character and ambition result in great achievements, but often you still feel unhappy deep down.

## HORRORSCOPE

You are a snob, easily impressed by appearances and going out of your way to cultivate influential and glamorous friends. Providing there is wealth or success, you overlook the most appalling faults. For when unsuccessful yourself, you are happy to bask in reflected glory. You choose your mate in much the same way and could make a mercenary marriage or (more likely) marriages. Lacking a sense of proportion, everything is either fantastic or disastrous. Others soon give up attempting to reason with you and it is not difficult to understand why.

### Love

You will carefully scrutinize someone's character before you open up towards them. You don't want to form any association that would detract from your status and would rather go without personal contact. Though loyal towards those you love, you will silently endure the pain when your trust is violated rather than have your public image destroyed by it being revealed. Some of you are opposed to marriage while others marry early and more than once. In all cases romance is prone to great changes, mostly caused by others. In the case of two marriages, you may well gain materially from one partner. Your mate will greatly influence your career and may be an obstacle to some main ambition. Your children are few, and your ambitions are likely to be closely connected with your first born. Beware of applying too much pressure. Where love is concerned, you had better prepare yourself for literally anything.

### Career

Wealth often comes through personal merit, and the assistance of friends and family. Speculation may also boost the coffers. You are sure to be clever in business and could do extremely well on the stock exchange or in banking, finance, or insurance. Research may also fascinate you, as you love to uncover the unknown. Whatever you choose, it should eventually lead to great success.

### Health

You have an iron constitution, nerves of steel and terrific powers of endurance. However, there may be accidents to the knees and you will be prone to colds, dental problems and rheumatism in later life. Depressions and hypochondria are other pitfalls but, providing you control how much you drink, you should live to a very great age.

## *Leo Sun with Aquarius Rising*

When it comes to give and take, the rest of us can learn an awful lot from you. You are able to identify with others and offer practical assistance. You rarely panic, so are great in an emergency. Your humanitarian instincts are strong so that whilst caring for the individual, you are also frequently campaigning for various causes in an effort to help the world at large. Success will be due to working in harness for you have a great talent for partnership, though tend to make bids for domination.

Socially, you are more modest than the usual Leo. Ill at ease at large formal occasions, you prefer small groups in which you can get deeper than social chit-chat. You possess a strong forceful temper but do not bear malice. Your will is strong, inflexible and persistent in the face of obstacles. You like to keep on the move and take many short trips for little reason. Your father could be in farming, speculative buying and selling, or stock rearing, and may suffer ill health. You are likely to travel in connection with property, the family or your father, who may live abroad. You may well end your days in a foreign country.

## HORRORSCOPE

Leo and Aquarius are inflexible and opinionated so you are both in extreme. You loathe change as you cannot adapt to it and stick to the same boring routine regardless. Even if you were able to accept your faults, you would have no intention of changing. You are about as flexible as cast iron, and as dense. You are interested only in your own problems and ambitions and see everything as black or white, with no shades of grey. You cling to a relationship long after it is finished, purely out of fear of the unknown. You are the worst possible kind of bigot and too insensitive to realize the impression you are making when forcing your opinions on others.

### Love

You are friendly towards everyone and so appear fickle and undependable. This is not true but you are an idealist, constantly looking for the right person. Your search takes you into contact with many different people. You possess strong affections and can love constantly, well into old age. Marriage is pretty certain, often at an early age. Your mate will be from a good family or following some artistic occupation. Married life is enduring and happy. You may gain money from legacies, relatives, and your spouse. Your family will be small (sometimes including twins) and there are many problems with your offspring, especially the first born. You will travel a good deal on their account.

### Career

You are scientific and love new inventions and discoveries. Your powers of observation and ability to theorize often amount to real genius and you are a profound student of human behaviour. You make a good orator, writer, scientist or inventor, and have a taste for philosophy, music and drama. You may well have two sources of income and your job may have something of a secret nature about it.

### Health

Your health is basically sound though you may suffer obscure nervous disorders. You don't abuse your body but while mentally over-active, you dislike physical exercise. Problems are likely to be connected with the calves and ankles, as well as the fluid carrying vessels of the body, especially the lymph glands.

## *Leo Sun with Pisces Rising*

You are quietly confident and genuinely happy to be of service to others. Sometimes you are imposed upon and you recognize this fact but wanly smile and put it down to "human nature". Your faith in other people is both admirable and touching. The Leo pride is extinguished here, only flickering to life when it is least expected. You are kind, gentle, artistic and romantic. You're neither a leader nor a follower and are best left to follow your own erratic course in life. Indecision can be a problem but you always appreciate someone else's point of view. Others sense your compassionate nature and actually seek you out, so you are immensely popular. You are slow to anger but hard to calm.

Your brothers and sisters are likely to be numerous and relatives will be of much help. In some cases, there may be a premature loss of a brother or sister. You enjoy the good things of life but do not willingly take pleasure at the expense of others.

## HORRORSCOPE

You are a rather pathetic individual. Life can only be sweetness and light and you can't cope with the slightest upset. When anyone suggests that you have some sort of problem, you panic and hide. Whether obstacles are emotional, financial or professional, you ignore them hoping that they will disappear. You are the despair of your friends and loved ones, who try to protect you. They should insist that you stand on your own two rather generous feet instead. Strangely enough, you have some hidden strength but would rather not bother to search it out and use it.

### Love

The love you have to offer is compassionate and understanding. You identify with individuals who are as sensitive and as tender as yourself. You have a deep appreciation of beauty and harmony, and try to associate with persons whose ideals match your own. Your relationships may sometimes be painful because you are not prepared for the less desirable qualities that other people possess. You will probably marry more than once, and there is a good deal of trouble in the marital state. Also, your in-laws could have a bad affect on your relationship. However, marriage also brings property or a legacy, and many children who will be fortunate, travel extensively, and lead very changeable lives.

### Career

Many popular writers can be found under this combination, for your mind is restless and creative, always on the search for new ideas. You are capable of using your talents to reach a higher position, generally in literature or the arts and sciences. You will be particularly successful in the service industries or medicine, through your devotion to helping others.

**Health**

You may not be particularly strong and have little resistance to disease. Illnesses associated with this combination afflict the heart, feet, ankles, and kidneys. Also, eye strain and dangers from heat or sharp objects. You need to drink a lot of water during the day, but generally your health is good.

## *Leo Sun with Aries Rising*

Some people may not like you but no one is ever going to ignore you. You have a full, rich and confident nature, a warm heart, abundant optimism, and implicit faith in yourself. True, at times you can stand on your pride and have the odd arrogant outburst, but in the main you are a popular, lovable character. The sun in Leo highlights children, arts, sports, animals and pleasure. Your loving nature is bound to cause complications. At least you are going to wear out and not simply rust away, for you are forever on the go.

Furthermore, you are a leader and a pioneer, able to inspire others to go along with your ideas. But your ego is easily dented: a careless word or unkind act can cut deeply and you find criticism hard to take, no matter how well meant. Needless to say, you choose your friends and companions with care and tend to be attracted to those who compliment you in some way. Despite this, you are a sensible, well-balanced and happy person. It is likely that you are an only child, or became so after the death of a brother or sister. There are many obstacles in your childhood; your father may have died early and left you unprovided for. You will move often, rarely staying in the same place for any length of time.

### HORRORSCOPE

The only person who really matters to you is yourself and you over-indulge at every opportunity. If you cannot generate the adoration and attention you crave, you compensate with food, drink, drugs and sex. It is the least you think you deserve out of life. You have to dominate and can be an unbearable bully. Your poor friends and lovers are treated like slaves and not surprisingly none of them put up with your overbearing behaviour for long. When you eventually turn into an obese, boozy, lonely, boring slob, it will be no more than you deserve.

## Love

Although you are intense, you sometimes lack the sustained interest necessary for relationships to endure. Your main problem is a fear of responsibility, which you avoid by getting enthusiastically involved in other things. You are likely to gain through marriage, and the opposite sex will be very involved in financial and property matters. You are sure to marry early and in a hurry, but will later repent. You are not strongly parental and will have few if any children. Try to be a little less impulsive, it could save you a lot of trouble.

## Career

You are fiery and brilliant, with a great sense of adventure. You are original, seize upon new ideas, and have the daring and practicality to realize your many ambitions. You deserve honour and status but will need all your courage and will to overcome difficulties and attain them. You need a challenge and are likely to gain celebrity by deeds of daring or on account of your travels. The military and legal professions are favoured, and there may also be an inclination to mining, exploration, sport, the arts and entertainment.

## Health

You indulge in excess and overwork your body. Health matters really don't interest you and you ignore the need to slow down when you are ill. In this way you frequently aggravate ailments. You are prone to fevers, violent headaches, flatulence, colic, inflammatory disorders and also minor accidents to the eyes, hands and feet. A change of attitude could go a long way to making you totally fit.

## *Leo Sun with Taurus Rising*

Physically and mentally, this is a powerful combination. Once your mind is made up, you are determined and quite unstoppable. Because of this, the mistakes you make are often your own fault. You have a strong domestic side. Surroundings are important and a comfortable and attractive home is a must. You need this to recuperate from the world at large. As a child you were probably deeply attached to one or both parents, and they should have encouraged you to leave home and spread your wings.

You have a strong will and rarely change your opinions, being very stubborn and resistent to all change. You feel secure with the familiar and well-tried, but your determination helps you successfully overcome all obstacles to success. You will probably possess good parentage, especially on your father's side.He is usually a man of some consequence. Sorrows and problems occur in connection with brothers or sisters. Life should be calm and peaceful though trouble is likely through your misguided resistance to change.

### HORRORSCOPE

You don't know how to overcome obstacles and simply smash through them, mainly because you hardly ever recognize them. If you insist that black is white then nothing will convince you otherwise. Your appetites are as large as your frame, but regrettably your brain is not equally well-endowed. Your idea of an exercise is using the jaws, preferably while rotating the eyeballs in the direction of the television. You believe in putting things down rather than away as housework and order are quite beneath you. With any luck you could eventually disappear under a sea of your own debris.

### Love

You are domestic, affectionate and placid. True, your love affairs may be passionate in the beginning, but they usually develop into warm, friendly relationships that are ideal for a happy marriage. You are usually a faithful and contented partner but enemies affect your relationship and interfere with your happiness, in some cases, so much so that you may both go your separate ways. You need to protect your first born, especially if it is a boy. Otherwise, your children will be a source of satisfaction and usually make good progress in scholastic and artistic studies, though naturally there are quarrels on occasions.

### Career

A certain degree of wealth is shown, though loss comes from legal disputes, unemployment or attachments after marriage. There are unforeseen windfalls and you will gain from someone's devoted affection, and from friends. Your luck and status are insecure in youth, but advance during adult life, perhaps through sciences, the arts, literature or some scholastic vocation. You could also do well in property and allied trades and a family concern may appeal.

### Health

You have great endurance, but once ill may be slow to recuperate. Your vulnerable parts are the neck, shoulders and the base of the brain, also (to a degree) the heart. However, you make a careful study of diet and hygiene and are often able to cure yourself.

## *Leo Sun with Cancer Rising*

This is a materialistic combination and money in the bank gives you that all-important security. You are also likely to be a collector of some description and love to surround yourself not simply with status symbols but with beautiful objects. You care about people, especially your family, whom you strongly cherish. Furthermore, you like to spoil yourself, which can lead to over-indulgence and the accompanying overweight. A sweet tooth is likely. There is a highly sensitive and changeable side to your character and criticism is taken very much to heart. It is difficult for you to be objective about yourself. Also, you tend to enjoy drama and conduct your affairs in a larger-than-life fashion. Others either join in with your sensationalism or run in the opposite direction.

Because Italy is influenced by this combination, you could find yourself inextricably drawn to the furnishings, food and natives of this country. Life will have many ups and downs. Your temper is changeable and capricious, and disillusion follows many of your relationships but the need for friendship and attachment continually impels you towards new involvements.

## HORRORSCOPE

You are a cross between Joan Rivers and Lady Macbeth, or Sir Lawrence Olivier and W. C. Fields. One thing is for sure, you live in a different world and everything that happens to you is unusual, fantastic and dramatic. That is how you like it to be. You find it hard to understand why others do not see life in the same way; nor do you understand why they find you eccentric and difficult. The truth is you are extremely exhausting. Others can't keep up with your fantasies and often end up simply bored. You are a "sponger", and have no compunction about others paying your way. Rather like royalty, you prefer to avoid carrying cash and people eventually tire of carrying it for you.

### Love

You have strong sentimental ties with your family and may have some difficulty in relating to people other than on a one-to-one basis. Your loyalties to your loved ones are admirable but can interfere with you forming other meaningful contacts. You are shy, yet susceptible to kindness and flattery. You are uncomfortable with overly aggressive people. This combination is basically opposed to marriage and bodes little happiness therein; so care is needed in choosing a mate. Furthermore, children will cause many problems in life, though the eldest will succeed in the medical, chemical or military professions. In old age, your children may well be a great source of protection to you. It is likely that you will become close to a second family, perhaps because you find your own somewhat difficult to handle.

### Career

You possess remarkable dramatic gifts and, though sometimes original, are very frequently a plagiarist, being clever at compiling and dishing up old material. You do well in negotiations and public movements and have a love of status, wealth and honour. Making enough money will be difficult and an inheritance is lost through relatives, speculation or affairs connected with children. You are likely to inherit property after a great deal of difficulty. Despite this, you would make a good accountant, banker, collector, or financier, and handle your affairs well and look after the interests of your employer.

### Health

This combination has problems with the stomach, breasts, lower lungs, indigestion, ulcers and other digestive disorders. In later life, rheumatism and sciatica are possible. There is also a slight danger from falls or injury from animals, especially whilst abroad. If you can get over your hypochondriac fancies, you will be extremely healthy.

## *Leo Sun with Gemini Rising*

This is an excellent combination of a big warm heart and a curious, intelligent mind. Physical and mental activity are vital to you and you continue to learn, develop and grow well into old age. You appear to be perennially youthful. You express yourself eloquently and at times elaborately. Persuasive and convincing, you can generally persuade others around to your way of thinking.

You were probably a precocious child, driving your parents crazy with incessant questions. You may have several brothers and sisters and one is sure to do extremely well in life. You need to combat restlessness. It's all very well to keep on the move but get organized or you will continually run round in circles. Your constant activity may be born out of a tendency to be easily bored and you need constant stimulation, new people and new ideas. You are easily irritated though quickly calmed and while sometimes excessive in anger, you readily apologize. There are many family disputes and you will not altogether agree with your father. However, you are the cause of your own bad luck.

## HORRORSCOPE

You just cannot keep still or concentrate and so only manage to glean a superficial knowledge of anything or anyone. You are irritating as others find it hard to follow your grasshopper mind and soon realize that you cannot be relied upon. Long-standing arrangements tend to slip your mind. You are fond of your opinions while they last—which is approximately five seconds. Because of your short attention span, the opposite sex can barely hold your interest and feel as if they are attempting to embrace the wind. Not surprisingly, they conclude that you are not worth the trouble. Take care, you are in danger of being thought of as a joke.

Maturity somehow passes you by and you remain a rather spoilt child. You are terribly attractive whilst young and athletic, but in middle age could be pathetic. You will go to extremes to retain your good looks and the cosmetic surgeon will gleefully rub his hands every time you enter his surgery.

### Love

You enjoy life despite its complications. Optimistic by nature, you avoid pessimists and are impatient with crudity or bad manners. Your romantic associations may not always get established as you don't always take other people's feelings seriously. There are many changes in your life caused by the opposite sex. It is likely that you will marry more than once or have two simultaneous attachments. Generally, one will either be abroad or to a foreigner. Secret love affairs will cause difficulties. You will have a moderate number of children who will be fairly lucky and inclined to success in the fine arts. Secrets connected with your emotional life lead to losses and trouble in connection with a child, and you tend in general to make life very difficult for yourself in this direction.

## Career

You need more variety and change than most people, tending to work better without a fixed routine. You adapt well to different people and environments, and make an excellent freelance writer, journalist or media person. You are flexible and business-like; inventive and original in ideas, fond of science, literature and the arts, and clever in legal matters, negotiations and trade. You can command without pride or tyranny and make an excellent employer. It is likely that you will hold a good position in life and follow two occupations at the same time.

## Health

Gemini influences the hands, arms, upper respiratory system, nerves, and circulation controlling your intellect. You tend to be clever with your hands and use them constantly. You may well be a chain smoker, and associated illnesses are a danger. If you are dark-haired, there may be problems whilst travelling as a result of cold. The best way for you to stay fit and healthy is to eat well and get plenty of rest and exercise.

# Virgo

*(24 August – 23 September)*

## *Virgo Sun with Virgo Rising*

You are an intelligent, discriminating, analytical person with a great eye for detail. Ruled by the head not the heart, you classify, criticize and file away everything and everyone. All of this can be a bit of a trial for others. You can invariably discover why something will not work, and are very adamant once a decision has been reached. You impose your opinions on other people and so make a poor leader, and are bad at giving orders.

You can't help being a perfectionist and give of your best, expecting others to do so in return. You find it hard to make friends but once trust and affection are shown, you treasure the relationship. Because of your cool intellect, you can be relied upon in an emergency and don't panic. However, a little more warmth would not go amiss and you are far too self-involved. Because of the high standards you set for yourself and others, life is something of an uphill struggle. Relatives and neighbours are not lucky for you, and the death of an elder brother or sister is likely. There will be family complications: your father may have married twice or it is possible there could be some illicit attachment behind your life.

### HORRORSCOPE

You are a nag and a shrew, always finding fault and pointing it out to others. You are a born failure because you can invariably find a reason why something cannot work and decide it's not even worth trying. You are a "tight wad", who boringly and persistently moans about paying for the necessities of life. Occasionally, though, you don't hesitate to spend hard-earned cash on yourself. You are an iceberg and may not even possess a heart. You take and take as if it were your due and only give if there is something to gain from doing so. You are a miser, financially and emotionally. Although thoroughly objectionable, your power to hurt is minimized by your singular unattractiveness.

## Love

You want a soul mate more than anything else, but none of the complications of involvement. Superficial, crude and immature behaviour all turn you off. When there is no one special in your life, you tend to compensate by throwing yourself into your work. Not surprisingly, your affairs are often disappointing and it's likely that you will marry twice or have a second attachment during the life of your spouse. Your family will be small and difficult to manage, and the children will not marry early or readily. The first pregnancy needs care as there could be some bad luck in this direction. It is possible that some permanent hostility is directed against you because of some love affair and a child is closely involved in this.

## Career

You have a love of literature, history, drama, the arts, horticulture, gardening, and farming. Your mind is equally capable of wrestling with the practical sciences and academic studies. Wealth will not be great and is probably acquired only by sheer hard work. Even then, there could be a good deal of financial trouble especially early in life. However, wealth can also be acquired abroad. You can work well in banking, business and medical research. It is likely that you will have a commission abroad and move often in connection with work. At the end of life, you will own two properties in different locations.

## Health

You care about your health so much that you end up with skin rashes due to your constant worrying. You are also a real vitamin freak. Problem areas are likely to be flatulence, colic, dyspepsia, want of tone, blood impurity, eczema and allergies. You invariably seem to have something wrong with you, but it's rarely serious.

# *Virgo Sun with Libra Rising*

Libra gives a fun-loving, relaxed side to the usual po-faced Virgo Sun. However, both Virgo and Libra are invariably sidetracked by trivia and you prefer not to confront life full on. This leads to problems when it comes to making progress. Nevertheless, this is a supportive combination and success is likely when you work in harness, though your partner will need to be pretty dynamic and the sort of person you can respect. It might be wise for you to recognize the fact that "centre stage" is not your domain though the chances are that this fact doesn't worry you in the slightest. You would rather work in the background of life, both professionally and personally.

It is possible that your father had little ambition and that you secretly wanted more out of life for him. Some problems are caused through your indecision. Your enthusiasms are impressively intense while they last, which isn't long. You suffer from shyness and no doubt deeply wish you could overcome this side to your character. Nevertheless, you find solitude restorative. You tell yourself that you are sociable, but when confronted with a crowded room, you tend to be overwhelmed and look for the nearest exit. Familiar places and faces are where you are most relaxed and small talk is not your forte. Furthermore, you are very self-conscious and dread saying or doing something stupid. You could certainly benefit from gaining some courage. Let's face it, you can't live a full existence unless you are prepared to take risks.

## HORRORSCOPE

You are resentful, discontented and cowardly. You are greedy for everything in life, but too lazy to work for it, or too scared to go for it—not that you can ever decide what it is you really want. Therefore you become an observer and one of life's critics. You can't wait for others to fail and while commiserating with them, are secretly delighted. You harbour feelings of superiority, believing you are more talented than those around, but are afraid to put your talents to the test, in case you are rejected. You always begin "I could have" and "I almost did" and bore other people senseless with your near misses in life. You fail to recognize the glazed looks and stifled yawns when you enter a room. As you are likely to be friendless, your power to hurt others is greatly minimized.

## Love

You are difficult to define, since you are constantly weighing and balancing the many sides of your personality. With your intelligence, ready laughter and appealing face, you are usually well-supplied with admirers. You will either lavish attention on your loved one or avoid emotional entanglements altogether, maintaining only superficial flirtations to avoid emotional discord. When you marry, your partner is likely to come from a fairly large family and there are arguments amongst in-laws that could end in legal action. Your few children will be lucky and give satisfaction. Your mate is likely to be well off, and you will gain from unexpected legacies. Friends tend to be from good families and, unexpectedly, from among artists and professional people. There is some danger of you harming one of them involuntarily. Children are likely to be your best supporters in old age.

## Career

You are inventive and show ability in constructive and decorative work. You are quick in learning and have a taste for the arts and business affairs. Generally speaking, success is connected with navigation or fluids. Many born under this combination become wine or spirit merchants, chemists, doctors, surgeons, and sailors. Wherever liquid is a motive power, there is a chance of success. You will be popular and reach a good position in the end, Your career may well involve the public and travel. Be warned that instability dogs your position and good luck may not last. Property dealing brings profit and success can be found in your own country or town of birth.

**Health**

Do not push yourself too hard or late nights and over-indulgence will lead to ill health. Be careful with the liver, kidneys, veins, humid infections of the feet, and intestinal complaints. A little bit of care could considerably prolong your life.

## *Virgo Sun with Scorpio Rising*

You are highly critical although, to be fair, you are capable of turning that "eagle eye" on yourself as well. You probably notice that people are divided into those who like you and those who don't. You care only about the former and make an excellent friend and lover when you feel that your trust is well-placed. Your Virgo Sun helps to modify the extremist side of Scorpio but there will still be times when you work or play too hard. You are a perfectionist, care about quality and struggle to do your best. This characteristic can take you far. You are very positive about what you want from life and always give ambitions your all which can lead to great achievement. Your quarrelsome side needs active control, otherwise you will be involved in regrettable disputes. Your imagination is boundless and your temper uncertain, petulant and fiery, though shortlived. You have few brothers and sisters and may be an only child. Siblings are likely to be somewhat unlucky. Your father is friendly but will have suffered his fair share of setbacks.

### HORRORSCOPE

You possess standards and principles and can't wait to foist them on an unsuspecting world. Then, when other people make it quite clear that they don't wish to be subjected to your tirade, you become sarcastic and boorish. Envy seeps out of your every pore, and you can't stand other people's happiness and success. You are extremely destructive, eager to crush anyone's confidence and to undermine their beliefs without offering a sensible alternative or logical argument. And you love the sound of your own voice. Often miserable, you make sure that nobody else is feeling happy. Your scathing remarks cut others to the quick, though you fail to notice or dismiss their reactions as unimportant. You are inconsiderate, bitter and eaten up with jealousy. You never forgive or forget, and will reap your revenge, however long you have to wait. Any sensible person will give you a wide berth; others may almost deserve you.

## Love

You are loyal and appear calm and collected whilst your emotions are ripping you to shreds. You desperately need to fall in love, though it's not always a happy experience. Your need to dominate and critical nature mean that you impose limitations on lovers and kill deep emotion before it comes to fruition. Your passionate nature will probably lead you into marrying more than once. You will have many children (sometimes twins) and they will marry early. There could be some secret trouble in connection with them. You will have many secret love affairs, one of which will greatly affect your position in life—for good or bad.

## Career

The occult researcher, chemist, the philosopher, and detective owe their talents to this combination. Your quarrelsome nature could be put to good use in powerful debate. There is also a taste for maritime pursuits and government leadership. Your financial affairs are somewhat uncertain. Early years will be troubled but later you should prosper. Considerable gain will come from abroad, marriage, a relative or legal affairs. Two distinct sources of income are possible. Your ambition will eventually lead to success and all of your efforts will be well-rewarded.

## Health

You tend to bottle up your feelings and will suffer from stress-related problems. Plenty of exercise will help you relax, and improve your well-being. You are prone to bladder infections, headaches, fevers, and inflammatory and posionous complaints of the reproductive system. There may be some accident involving hot or sharp objects, or your right arm. Your eyes need to be protected.

For the most part, you are the cause of your own illness due to extreme behaviour in some direction.

## *Virgo Sun with Sagittarius Rising*

The Virgo sun provides you with abundant nervous energy. Sagittarius seeks, and usually finds, a target in life helping you channel this energy in a constructive way. This is a fiercely ambitious combination but also a caring one, though not in the emotional sense. You can cut through problems and get to their roots, then quietly and methodically sort the whole thing out. Absorbed with objectives, there are many occasions when your personal life is neglected. You could regret this and should perhaps reshuffle your priorities.

Physically and mentally restless, you need constant travel and study. You are quick to learn and find it a joy, and possess a well-developed sense of adventure, and a gift for languages. Do make sure you get some fun out of life, and try to stop combining business with pleasure. Your manners are gentle, only becoming defiant when stirred to self-defence. You are optimistic and youthful, even in advanced years, and though occasionally ruffled, you are generally calm. You delight in your independence and would sacrifice anything rather than suffer restraint. You are extremely unhappy in unsympathetic surroundings.

Early life is blighted by the premature death of your father or from some change in the affections of your parents. You have few brothers and sisters and they may be the cause of certain problems. Nevertheless, your relatives are generally friendly.

### HORRORSCOPE

You are cool, superficial, and respond to all situations like a human computer, with as much feeling as a machine. Deep emotions and human passions embarrass and unnerve you. You lack not only passion, but also compassion, sympathy and all normal, decent feelings. You operate on the shallowest of levels and other people can't get anywhere near you. You are frightened that they might just discover how callous and uncaring you really are. Of course you may succeed on a professional level, but you will be surprised and shocked when you realize that all of your ruthless go-getting simply resulted in you being lonely.

### Love

You are self-sufficient, freedom-loving and always looking for a challenge. Impulsive and restless, you are not the most comfortable person to fall in love with. Your passions are numerous and intense but for the most part controlled by reason. You are likely to have two or more marriages and one will be extremely important to your position in life. You will have a small family and there is not much sympathy between you and your offspring. You could be separated from at least one of them. Your marital relationship may be attacked by enemies and you need to present a united front.

### Career

You are clever in conversation and sometimes visionary. Much of your time will be devoted to study and research. You will eventually succeed through personal application but there's a chance you will also come into an inheritance. There are many obstacles and problems during the first part of your life, but success comes in the end. Your occupation is likely to be of a double nature. You could do extremely well in sales or a job connected with travel. Your career is likely to be both long and useful.

### Health

You are as fit as a flea but tend not to get enough sleep as going to bed makes you feel there is nothing better to do. The main areas to watch are the throat, ears and bronchial tubes. You may suffer from sciatica and rheumatism in later life and varicose veins and swellings of the legs are also possible.

## *Virgo Sun with Capricorn Rising*

Yours is a very practical combination and one capable of tremendous achievement. You like to get things done and certainly don't waste your time on impossible dreams. You have a sympathy for other people's idiosyncrasies and customs, and so make an excellent traveller. Your gift for languages will also help. You may live abroad at some point and will benefit from this. You never tire of learning. Your only problem seems to be pessimism and melancholia, which usually descend when your ambitions are thwarted. You are relentlessly persistent when it comes to achieving a goal, whether it be professional or personal. You are a positive tower of strength.

You tend to take too much on board, and then wonder why you start to fall apart. Try to be a little less reliable and responsible. Have some fun occasionally, it will do you the power of good. Relaxation does not come easily to you, but without it life will be very trying. You are reticent in the presence of strangers but can be very gregarious among friends. Your father and family are generally hostile and may cause problems, especially in connection with marriage. You are likely to be a late developer but it's never too late to find success.

### HORRORSCOPE

You are bogged down by cares and misery which lead to chronic hypochondria. Every pain is a heart attack, every ache a stroke. When depressed, which is most of the time, you sometimes decide to give the doctor a rest and drown your sorrows in the bottom of a glass. The following morning, mortified at what you might have done with your body, you take megadoses of vitamins.

Your sense of doom sends others fleeing from your presence as you will bore them to death with your ill health and other problems. They should never be stupid enough to confide in you as you are the original busybody. You may have precious little experience or sympathy, but that doesn't stop you trying to run other people's lives.

### Love

When it comes to romance, you are reserved and very vulnerable. Your underlying insecurity frequently makes for more pain than pleasure. Your marital life is very unstable and greatly affects your life. Some born under this combination are opposed to marriage, while others marry early and more than once. In all cases, love affairs are prone to sudden changes. In the case of two marriages, it's likely that you will gain financially from one of your partners. Your mate influences your career to a great extent. Your own family will be small and your ambitions are likely to be closely connected with your offspring, though in retrospect you will realize that this was not a wise thing. Marriage to a foreigner is probable.

### Career

You possess splendid ambition and determination which will result in great achievements. Your wealth comes from personal effort, help from friends, and speculations. Work connected with education, travel, foreigners, politics and law are all possibilities.

### Health

You suffer from irritating problems due to stress and depression. Try to control your anxiety and seek the company of friends who lift your spirits. Your health problems involve colds, obstruction, rheumatism, nervous stomach, colic, and falls. Bear in mind that you are a hypochondriac and don't take yourself too seriously.

## *Virgo Sun with Aquarius Rising*

It's true that this is a cool, somewhat aloof combination but this doesn't mean that you are totally uncaring: quite the reverse in fact. However, you save your compassion for worthy causes, unimpressed by friends' romantic or financial problems. Only if they are seriously threatening suicide would they grab your attention and you would do your utmost to prevent such a futile gesture. You feel involved in global problems and try to be of practical assistance. You are a great freedom fighter or missionary and have powerful but fixed views on politics, war and religion. However, you are impatient with everyday affairs.

You make a good friend. You have a strong temper, but do not bear malice and are usually kind and sweet. You will have few brothers and sisters but will get on well with them. Your father may have been involved in farming, speculative buying and selling, or stock rearing. His influence is not particularly strong and he may have died early.

## HORRORSCOPE

You exist on a different plane to the rest of us, and believe that everyday life is somehow beneath your attention. You were meant for greater things and develop grandiose schemes designed to help mankind though they rarely get past the planning stages. Mind you, this doesn't prevent you from endless talking about your ridiculous ideas. If you are so convinced that you can cure the world of its ills why not try doing something instead of just talking about it? The trouble is that others would soon discover how impractical you really are. I'm afraid you are nothing but a dreamer, and a boring one at that. You are sorely lacking in backbone, and resentful when more intelligent people put their plans successfully into operation.

### Love

You are completely free wheeling, the sort of person who likes others to stay their distance. Typically, your attitude towards romance is unconventional. Sex holds a tremendous fascination for you, though inhibition may prevent you from putting ideas into action. Though you avoid marriage for as long as possible, it's likely that you will fall deeply in love and remain so well into old age. Your mate is likely to be artistic and from a good family and your married life will be happy and enduring. Your partner may have money, though it tends to be tied up in such a way that it hardly benefits you. Your own family will be small, twins may be born and you may experience danger through them. The first born especially tends to be accident prone. You will be involved in a considerable amount of travelling on their behalf.

### Career

Your literary and artistic faculties are sure to be well-developed and you are also interested in the liberal arts and scientific research—especially the secret methods of experimental science. You are also a good speaker and interested in music and the drama. Achievement comes through personal effort, and financial success will be unstable, prone to obstacles, hidden enemies and deaths in business circles. You are sure to have more than one source of income and there will be something secret about your career. It may be in chemical research, government work or crime detection. Money may hold a fascination for you, leading to a career in finance or insurance.

### Health

You are such a livewire, one can sense the electricity coursing through your veins. As you overwork, insomnia could be a problem and may lead to exhaustion and depression. This combination tends towards certain ailments such as blood infections, muscle spasms, stomach complaints and neuralgia. Providing you get enough rest and relaxation, you will normally stay healthy.

## *Virgo Sun with Pisces Rising*

Initially you appear to be as soft, gentle and fragile as a butterfly, but a closer look reveals that those wings are not made of gossamer but of iron. You may be sensitive and kind but you are nobody's fool. Providing you can harness your artistic talent with the practical side of your nature, you will be capable of great success. Furthermore, you have a special talent for partnership, instinctively knowing how to give, take and compromise without bitterness or resentment. You are not big on solitude, preferring the company of those with whom you can share interests and your social life. You are sometimes indecisive but could often just be playing for time while you think things out. You are restless, changeable and moody, but pleasant for the most part. Your parents are unlucky: maybe your father died young or is accident prone. Your mother may well marry more than once.

## HORRORSCOPE

You are so devious and complex that even you do not know what you are doing or why. Your moods are always extreme and others find that you drain their time, energy and patience. It doesn't occur to you to be responsible for your own actions and others quickly realize what a parasite you are and tend to avoid you. Undeterred, you always find someone else to use. Unfortunately, you possess a certain charm but are also fairly transparent. Others are not conned for long and sooner or later you will run out of potential victims.

### Love

You are idealistic and attracted to the idea of loving. However you often end up in negative situations, and cling to the past instead of letting go. You may well marry more than once, and can expect trouble from this side of life. In-laws are likely to interfere unless you put your foot down. You will come into a property, legacy or inheritance through marriage and your children will be lucky and numerous. Furthermore, they will do a good deal of travelling and their lives will be prone to a certain amount of change.

### Career

You can find great success in nursing, health work, partnership, literature, the arts or sciences. You are very active and will find achievement in most of your many interests. Wealth is largely due to your own efforts but also from your writings or travel. Your ambitions are greatly helped by women in good positions. You will travel a lot on business or have two occupations simultaneously.

### Health

Prone to illness when very young, you become stronger as the years pass. You need a scrupulous diet, plenty of sunshine and regular exercise. Areas to watch are the feet, ankles, colic, heart trouble, the eyes, and accidents from hot or sharp objects. Women may experience problems with the reproductive system. You can do much to help yourself by staying calm and avoiding excessive use of drugs or alcohol.

## *Virgo Sun with Aries Rising*

You appear adventurous, impulsive and energetic but secretly lack confidence. Often, you choose to hide this fact by assertive, arrogant behaviour. The more unsure you feel, the more outrageous you become. However, others are attracted to your vitality, warmth and sporting instincts. You can be a wonderful friend, always ready to lend a helping hand. But you expect some appreciation, and are very susceptible to flattery. It is the quickest way to your warm and generous heart. You are healthy and attracted to the outdoor life, preferring the football pitch or swimming-pool to the disco.

You are very sure of your beliefs and opinions, for as long as they last. The trouble is they don't last long. It is likely that you are an only child, or may become so after the death of a brother or sister. Childhood will be full of problems connected with the affairs of your parents. Your father may have died early, or in some way been a source of loss to you. Relatives are not favourable and family ties are often strained.

## HORRORSCOPE

You are likely to be a hypochondriac and a health fanatic, and run round imposing your weird diets and fanaticism on other people. You are extremely gullible, easily convinced by the latest fad or miracle cure. Despite all your precautions, you will just occasionally fall ill and then believe that you are positively at death's door. Initially, loved ones are sympathetic but even a saint would have trouble putting up with your dying swan act. You are really tiresome.

### Love

You actively search for someone who can boost your ego, and love you for your accomplishments. You will marry early or in a hurry and it's likely to end in regret as divorce is shown. Legal action is likely to occur in connection with property and money, and in this the opposite sex are very involved. This is not a fruitful combination and you may have just one child or none at all. You do not have strong parental urges and should be open about this to your partner.

### Career

You are a pioneer in the intellectual, civic or military worlds and may gain success by travelling. Mining, exploration, the military and law should appeal. You are ambitious but will have plenty of difficulties which will require much courage for you to overcome. Furthermore, you could do well in jobs connected with sports, health, hygiene and the service industry.

### Health

You are forever on the go. Your brain is like an overwound clock and you push yourself to physical exhaustion. You may suffer from flatulence, colic, and internal disorders of an inflammatory nature. There may also be accidents to the eyes, hands and feet. Remember that whilst you are fit (what else could you be with your lifestyle?), you are not necessarily healthy, so make sure you get the rest that you so desperately need.

## *Virgo Sun with Taurus Rising*

This is certainly a well-balanced combination. You are delightfully sociable, amusing, artistic and probably an avid animal lover. You are practical and sensible but don't attempt to impose your commonsense ways on other people. You possess a great sense of fun and enjoyment and give much time to socializing and romance. Artistic expression is of paramount importance but don't be discouraged if you find it impossible to enter the arts on a professional level. You love children and are popular with them. Keen on the good things in life, you sometimes over-indulge in food and wine. You are an excellent host and a creative cook.

However, you are not very adaptable and tend to resist change. You are extremely security conscious and, although careful with money, do occasionally splash out. You even indulge in the odd speculation, which may well pay off. When you do finally lose your temper, it's likely that everyone within a mile will know about it. You also harbour ill-feeling and resentment. You have good parents, especially on your father's side. Usually he is a man of some consequence. Your life should be peaceful and any problems that occur are a result of your resistance to obstacles and change.

### HORRORSCOPE

You are about as flexible as a lead pipe and your stubborn resistance to change leads to unending problems. Furthermore, you are a self-indulgent waster, only interested in whatever brings fun and pleasure. You like the idea of relationships, as long as others make few demands on you. Children are fine, when they are good, and money is meant to be spent on pleasure, not on utilities. Others have a hard time getting through to you, and if they insist that you are clearly wrong, you either explode or drown your sorrows in the most expensive wine you can find. When money is tight, your answer is to splash out on new clothes or fritter it away at the betting shop. Not surprisingly, you are the despair of your friends and don't deserve them either.

**Love**

You are an earthy romantic: sensual, pragmatic, emotional and rarely happy without a mate. You may not show it, but you are highly vulnerable and worry obsessively about rejection. You are jealous but changeable. Enemies may attack your married life and spoil your happiness. For some reason you and your partner may decide to go your separate ways and attachments you make after marriage will be full of drama and problems. Your children will be a source of pleasure and satisfaction and are sure to make good progress at school, especially in the arts. However, extra care should be taken with them during the first year of life, as they may not be very strong.

**Career**

You are very persevering, good at governing, and may rise to a good position in life. You are fond of natural history, the land and gardening and could be particularly successful in the arts, with children or animals, or in property or speculation. A certain degree of wealth is shown, though loss comes through legal wrangles, unemployment or attachments after marriage. Unforeseen windfalls come your way and you gain through someone else's devoted affection and through friends.

**Health**

Your biggest problem is weight and you find dieting difficult. You cook like a dream and like to plan your life around your appetite. You can be affected by problems with the spleen, liver, kidneys, and ovaries. Diabetes, sore throats, and tonsilitis are also common complaints. A little bit of care goes a long way with you as it's only constant abuse that threatens your cast-iron constitution.

# *Virgo Sun with Gemini Rising*

Outwardly you are gregarious, sociable and intelligent and therefore rather popular. However, you are at your happiest when entertaining a few old friends at home or spending time with your loved ones. You can hold your own at large gatherings and easily make new friends but your real loyalty and affection are reserved for the select few. In fact, your parents should have encouraged you to spread your wings outside the family circle. You are more intellectual than emotional, and enjoy pitching your wits against others. If the truth be known, you'd rather read a good book than indulge in a poor sexual performance. You are strongly critical and curious, always wanting to know the whys and wherefores and expecting intelligent replies. You have little time for fools.

You live to learn, believing that no one can know too much. While possessing many interests, you tend to settle for superficial understanding as you bore rather easily. You are flexible, honest and kind, easily worried and quickly irritated, though just as quickly calmed. There are many family disputes and it's unlikely that you were terribly close to your father. Generally, you are the cause of your own back luck.

## HORRORSCOPE

You are a nitpicking scatterbrain with the attention span of a flea and the tongue of a viper. Words are your tools, and you use them to cut deeply. Impossible to please, you find fault with anyone and anything. Others tend to flee from your scathing remarks so there are times when you suffer from loneliness. The strange thing is that you simply cannot understand why. Try to consider how you would feel if your tactics were used upon you. Then ask yourself, is it any wonder?

## Love

You want everything at once or nothing at all. When in relationships, you tend to fret more about being entertained than you do about loving. Your life is prone to many changes in luck, usually involving the opposite sex. There are many secrets connected with your relationships and a child is likely to suffer as a direct result. You will marry twice, or have two simultaneous attachments; generally one in a foreign country or to a foreigner. Your own family will be moderate in number and tend towards success in the fine arts. For the most part, they seem to be rather lucky. Your family life tends to be complicated, for the most part by your own actions.

## Career

Possible professions lie in property and allied trades, land, family concerns, law, literature, the arts, science and travel. You are inventive and original, and clever in legal matters, negotiations and trade. You will probably experience great success and great failure in life, finding it difficult to maintain a happy medium. You are sure to hold a good position or follow two occupations at the same time. There is danger in taking on too many things and not giving sufficient attention to any of them. This weakness needs to be recognized at an early age. Providing you are careful, success eventually comes.

## Health

You are something of a nervous wreck, with a fragile but active mind that overshadows your physical needs. Depression, when it occurs, can usually be traced to sleepless nights. Areas to watch are bladder infections, poisoning of the system, fevers, nervous infections and lung complaints (especially if you are the darker type of Gemini). Basically the rules for a healthy life are to cut down smoking, exercise well, eat wisely and get as much sleep as you can.

## *Virgo Sun with Cancer Rising*

Despite your love of people, you are not very adept at dealing with them. You are motivated when you have a goal in sight, but lapse into inactivity when objectives appear elusive. You are hypersensitive, but don't always show your hurt, hugging it resentfully to you instead. This tends to mystify others and only when you lapse into one of your martyred moods do they realize you have been hurt at all. You can be soft, yielding, kind and gentle but when hurt, retire deep into your shell.

You possess a fertile imagination, love strange scenes and adventures, and are able to adapt to other people and absorb their ideas and opinions. Your life will be full of ups and downs and a certain degree of notoriety and power is expected. You may be an only child and if not, your brothers and sisters are extremely unlucky. You usually become close to a second family, perhaps after marriage.

### HORRORSCOPE

You have absolutely no sense of proportion and take offence at the slightest criticism. However, you don't think twice about hurling cruel remarks at people and are quick to accuse others of a lack of consideration while totally ignoring their feelings. At best you are a pain in the neck, at worst boring and cruel. You relish in making others miserable and conjuring up imaginary hurts. You don't deserve to be loved but then it can't be long before you drive anyone away. When you sulk, you close all doors to inform the accused that they have been offensive. One day, when you open them again, no one will be there.

## Love

To you love rejuvenates your soul and gives you vitality and greater confidence. You are fairly sentimental and treasure little mementoes. Even though unhappiness may follow each new relationship, the imperative need for attachment draws you continually towards new relationships. Care should be taken with marriage as happiness within this institution can be elusive for you. Your offspring may bring a certain amount of trouble into your life, though your eldest will be successful in the medical, military or chemical professions. In advanced years, your children are often your best source of protection.

## Career

You have a talent as a copyist and are extremely good at reworking old material and making money out of it. You possess a love of position and wealth but will have difficulty in acquiring money. Losses come through relatives, speculations, children or romance. Although you experience certain dangers, later years are on the whole more successful and prosperous. Success comes through enterprise and daring, though before the age of thirty five your position in life is somewhat uncertain. You would make an excellent salesman, journalist or freelance worker and many short journeys are likely in connection with your occupation. You are also good in negotiations and public movements.

## Health

Your sweet tooth, together with your emotions, tend to be the greatest threat to your health. Repressed anger can have a damaging effect and compulsive eating or drinking could wreak havoc. Areas to watch are infections of the chest, the stomach, rheumatism and sciatica. There is a slight danger from falls and illnesses whilst travelling or when abroad. A little bit of common sense could go a long way to increasing your chances of a very long life.

# *Virgo Sun with Leo Rising*

You are much warmer and more formidable than the usual Virgoan. You like to be in the forefront of life and don't suffer from the usual lack of confidence. You are materialistic and inquisitive, and quite likely to be a collector of some description. You possess flair, showmanship and business sense and success is undoubted. In you, that Virgo criticism is constructive. You are excessively sociable and possess a real sense of fun. While you enjoy getting someone else to foot the bill, you are quite capable of making the grand gesture yourself. You yearn for appreciation and gratitude, and they are usually forthcoming.

Leo rising sensitizes your ego and so you are particularly susceptible to flattery which can lead to a complicated lovelife. You are proud, self-possessed and loathe any kind of pettiness. You love all that is big and beautiful in life. Your father is extremely important to your position and may have died or suffered some great reversal whilst you were young. He seems to be a source of trouble to you. There may also be some legal dispute in connection with an inheritance or a long trip. In the main, this is a perfectly delightful combination.

## HORRORSCOPE

You are so mean you wouldn't give your sour milk to a starving child. You forget your cash when out with friends, and are reluctant to throw anything away in case it might be worth something one day. Others joke about your stinginess. You begrudgingly purchase the obligatory gifts at Christmas and birthdays, hunt for a bargain, and make quite certain that the recipient knows precisely how much you paid and how grateful they should be. Other people know there is a huge price to be paid for any kind of generosity from you. But don't worry, you soon won't have any friends left to have to give presents to. Only your poor family will be left to suffer but as soon as your children are old enough, they will hotfoot it away from home.

**Love**

Love is important to you, and without it, life isn't worth living. The person you finally choose to marry has to make you look good and provide an emotional foundation that makes you feel secure, needed and deeply loved. You are likely to have two marriages and children by both partners. Offspring will be numerous and there's a certain danger attached to the eldest. There may also be twins, especially if you are married to an Aquarian. You are constant and try to love truly. When things go wrong it is usually due to the intervention of fate, rather than to direct action on your part.

**Career**

You are likely to be hard, highly gifted and patient. You achieve your ends through solid endurance. You have many talents but often are attracted to the fine arts and public office. Your poetical instinct is strong and you have a love of drama. Whatever you do, you try to do well and will gain from rich patrons, though losses come through bad health or family problems. There are many short journeys which bring financial success. Your occupation will be honourable, profitable and generally changeable. Jobs in finance, banking, accountancy or collecting may also appeal to you.

**Health**

The frantic rate at which you live can bring illness and exhaustion. Moderation must be developed. Problems associated with this combination are connected with the heart, back, rheumatism, ailments of the bones and the blood. More than others, you are literally what you eat or drink, so the choice is yours.

# Libra
*(24 September – 23 October)*

## *Libra Sun with Libra Rising*

You are attractive and happy-go-lucky, charmingly impossible and impossibly charming. Argument with you can be somewhat tough as you are liable to argue for both sides at once and then vanish. You have difficulty making up your mind, but not when it comes to beauty. You'll go for the best every time. You need a definite sense of purpose to counteract that indecisiveness over professional matters, otherwise you will never be able to decide which to take. Your progress is erratic as you are either lazy or running around like a dervish. You need peace, harmony and beauty or feel off balance and can become ill. You cannot be pressured but insist on handling all matters at a leisurely pace, be they social, professional or romantic.

Friends are repeatedly kept waiting and vow that it will never happen again. But once you saunter along and apologize with that wonderful smile, their hearts soon melt. You are a boon to any gathering and come alive in good company, especially when there is fine food, drink and the opposite sex. You will have many relatives as you are either adopted by a second family or marry someone with many relatives. Your father is not a happy influence, either because he feels he has failed himself or for reasons beyond his control.

### HORRORSCOPE

You were probably late being born and, if possible, will find a way to be late for your funeral. You are irresponsible, inconsistent and possess little common sense. You never stand when you can sit, never sit when you can lie down. Financially you are a disaster. Your love of beauty becomes a craving for luxury and you blow your cash on constant unnecessary luxuries.

Life is a game in which everyone must follow your rules. The only problem is that you rarely divulge exactly what these are. Whenever unpleasantness threatens, you disappear or escape into drugs or booze. Eventually those ample charms of yours are lost behind a sea of blubber and you quickly discover that your romantic popularity is somewhat diminished. You escape this by disappearing even further inside yourself.

## Love

Libra is the sign of relationships, marriage, equality and justice. It symbolizes the need of one human being for another: one with whom to share all that life has to offer. In order to keep your interest, your partner must be intelligent as well as attractive. This is really the married sign of the zodiac, and if single you probably live with someone or have a longstanding partner. You are easily attracted to outward charms so life can prove difficult and there is likely to be a separation. Your mate is usually well off and you will gain unexpected legacies from his or her family. Your own offspring will be few in number but will be lucky and give satisfaction. It's quite likely that your children will be your best supporters in later life.

## Career

You possess an inventive mind and show ability in constructive and decorative work. You are quick to learn and have a taste for the arts, law, and business affairs. However, you take a hobby to extremes but are likely to change your mind at any moment and take up something new. Generally speaking, success is the result of some occupation in connection with fluids and you could be a spirit merchant, chemist, doctor, surgeon or sailor. Professional partnerships will also appeal for someone needs to keep an eye on you. Your work will have much to do with the public, and will involve many changes of residence and long trips. Your position is unstable, and honours may be impermanent. Lastly, success is shown, not only in your native land but also in your native town.

**Health**
Librans are either obsessed with diet or suffering from obesity. The first can suffer from malnutrition and vitamin deficiency and the latter from diabetes, low blood sugar, and a battle with the bulge and the appetite. Areas that need watching are the liver, kidneys, veins, feet and intestines. A little bit of common sense goes a long way to keeping you healthy.

## *Libra Sun with Scorpio Rising*

Underneath the suspicious and determined façade lies a charming, loving softie dying to get out. However, you prefer to keep your vulnerability well under wraps and easily intimidate others with your persistence, intensity and magnetism. Furthermore, you have no desire to alter your image. Most Librans are indecisive, but not you. Life is very clear cut and opinions are fixed. You have a very private and secretive side and find solitude extremely restorative. You like to play the critic and can be sarcastic and severe. Your imagination is fertile and your temper uncertain, fiery, but often shortlived. Your loves and hates are absorbing. Both Libra and Scorpio are sensual signs, attracted to food and the opposite sex. You do tend to go to extremes on occasion.

Your father is expected to be friendly to you but may not have been particularly lucky. It's likely that you are an only child but if you have brothers and sisters, they may have a hard time in life. You have many friends who come from good families, or the artistic or dramatic worlds. Your relatives are concerned with your interests and welfare but there are likely to be many domestic problems around your thirtieth year.

### HORRORSCOPE

You are a rampant "greedy pig" and throw food and drink down your gullet in record time. You recognize the fact that this is probably some form of compensation, but what for? In your case, everything. If life is going relatively smoothly, then you can always invent a problem, and go off on another binge. When drunk, you'll pick a fight with anyone and will possibly be arrested at some point. Friends and relatives may get to the stage when they make arrangements about whose turn it is to pick you up and bail you out. You repent at the time, but the next time life deals you a blow . . . off you go again. Wise up, before your loved ones abandon you to stew in your own juice.

### Love

You like to keep the opposite sex guessing but one thing is for sure: this is not the sign for a casual fling. You are possessive, jealous and vengeful but all that intensity is worth it. You never do anything by halves. You are likely to marry more than once and will have many secret love affairs. You will have many children, sometimes including twins. Offspring marry early and there may be some secret trouble in connection with them. You will gain financially through married relatives and also directly through marriage. You are very exclusive when it comes to romance, but when you fall in love you do so totally, although your passions don't always last forever.

### Career

Your critical facilities often lead to a career in occult research, chemistry, philosophy or even detection. You are also attracted to maritime pursuits, government and leadership. Finances are uncertain, especially during your early years but later life is frequently very prosperous and you will gain in matters related to abroad. There may be two distinct sources of income, from two different occupations. You are particularly good at beavering away behind the scenes and this can provide you with a source of income.

### Health

Given to excesses and extremes, you occasionally over-indulge in drink, food, drugs, smoking, and sex. You get too little sleep and all this is ageing and worrying. You end up driving yourself and everyone around you crazy. You need to develop some sense of moderation and are acutely prone to infections of the bladder, poisonous complaints, migraine and fevers. Bear a healthy respect for hot or sharp objects. Your right arm and eyes are in danger of accidents. You are mainly the cause of your own illness.

## *Libra Sun with Sagittarius Rising*

You brim over with vitality, warmth, friendliness and love. A likeable character, you are appreciative and generous. You can be likened to a playful kitten: one who loves the world with a certain innocence and charm. Sensitive in ways, you are not particularly emotional. Your surroundings must be spacious, light and friendly and you are easily thrown off-balance by a dreary or tense atmosphere, becoming particularly uptight when you are restricted in any way. You possess a strong sense of freedom and justice, and are prepared to fight on others' behalves. You are rarely ruffled, unless stirred to self-defence.

The Libran laziness is well under control in this combination, and you harbour a love of the great outdoors and are interested in a certain amount of gentle sport or exercise. You travel well, quickly adapting to different ways of life and possessing a gift for languages. You have many friends and acquaintances, for others are attracted to your adventurous but easy-going nature. Your early life is not very lucky, probably due to some reversal in the lives of your parents. There is likely to be some secret trouble in connection with the parent, probably your father or father-in-law. This in turn will lead to some kind of restraint. You have few brothers or sisters, and there will be some trouble in connection with them. Nevertheless, your relatives are generally friendly.

### HORRORSCOPE

Your desire for freedom is taken to ridiculous extremes. You think it is an imposition to be expected to do a fair day's work for a fair day's pay, preferring to sit and dream. Committing yourself to doing anything is unbearable, as is giving equal importance to the needs of others. You feel special and think you should be free to follow the mood of the moment. Not surprisingly, your relationships are disastrous. You need to recognise other people's feelings if you don't want to end up very lonely.

## Love

You have the original roving eye and a lover in every city. Sex for you is fun. You are a light-hearted lover, and so in order to build a lasting relationship, you need to choose a mate who shares your interests. When you find a true companion, your chances of it lasting are excellent. For the most part, your passions are numerous and ardent but controlled by reason. It's likely that you will have two or more marriages and one will affect your position in life to a great extent. You will have a small family and there won't be much sympathy between you and your children. It's even likely that you will be separated from at least one of them. Family and home life will be at the mercy of irritating enemies, so much care is needed here.

## Career

You are good at working in a team and sure to succeed through personal application—which may also lead to an inheritance. Your sporting interests may provide an income. Early years will contain many obstacles but you will be lucky in later years. Usually, your career is long and useful, and of a double nature.

## Health

You stay active and are usually physically fit. You seldom relax and are invariably in a hurry. You are somewhat accident prone and should try to slow down on occasions. You may suffer infections of the ears, throat, and bronchial tubes. You are also susceptible to varicose veins, swellings in the legs and perhaps rheumatism. But in general, your health is good and you will live to a ripe old age, provided you use some common sense.

# *Libra Sun with Capricorn Rising*

Your Libran sun sign suggests that you are easy-going, lazy and lacking in ambition. So what happened? You ask yourself. The answer is that Capricorn introduces a tougher side to your character. You are ambitious, determined, capable of enduring great hardship, and relentlessly persistent. You see things through to the bitter end, often leading to great achievements, though sometimes at the expense of your personal life.

You cannot resist combining business with pleasure, always with an eye for the main chance. You are cautious, reliable and responsible, but often take on too much and end up tense, worried and seeking solace in drink. You are often reticent in the presence of strangers but eloquent amongst friends. You forgive but rarely forget, making a good friend and a formidable enemy. Rivalries and secret troubles occur among relatives and your family are generally hostile and may cause problems, especially in connection with marriage.

## HORRORSCOPE

You are fiercely ambitious, but generally unsure as to where success can be found. You just expect it to materialize at some point and when it fails to do so due to your lack of talent or lack of energy, you are a sorry sight. You demand to know where you are going wrong, but remain undeterred and make the same mistakes again. Eventually, friends pretend to be out when you call. You don't seem to realize that only you can possibly know where you are at fault; only you can do something about it. So get your act together.

### Love

You are particularly interested in members of the opposite sex who are able to further your career. But you size up your mates carefully and take into account their family position, prestige and bank balance before committing yourself. You may marry a flamboyant personality, who is not a great social asset. Your marital relationship is very uncertain and greatly affects your life.

Many born under this combination are opposed to marriage while others marry early, enthusiastically and more than once. In all cases, romance is liable to sudden changes. If married more than once, one mate is likely to leave and another will bring wealth. Your partner will greatly affect your ambitions and will influence your career in very important ways. Your own family will be small and your ambitions are likely to be closely connected with your first born. This is not necessarily a good thing. Family problems are caused through neglect as you prefer to channel your energies into your work.

## Career

Your ambition and courage frequently result in tremendous achievements, although you often feel your life is unhappy. You strongly desire power. Wealth will be due to personal merit, the assistance of friends and the support of the family; although speculations may also boost the coffers. Furthermore, you gain from your own enterprise. Your dominant side makes you a very good executive and you work well in a professional partnership or as a manager. Basically, you seek success but are not that worried about where it will be achieved.

## Health

Your state of mind is intrinsically linked with your health, so make sure that you optimize your energy. Sometimes, you should close your eyes and learn how to really relax. There may be problems connected with cold or obstructions, rheumatism in the knees or hands, nervous problems with the stomach, dental problems, and falls. Accidents whilst travelling are another possibility.

# *Libra Sun with Aquarius Rising*

You are more logical and more scientific than the usual Libran, and not as wildly sociable as others might expect. You are concerned with social justice and love to gather knowledge. Also, you are a born traveller and will spend a lot of time abroad, maybe even emigrating. You are idealistic and possess ideas way beyond the scope of other people. So much so that they may decide that you are quite eccentric. While indifferent to the way others see you, you are devastated when they find it hard to live up to your ideals. Your Libran indecisiveness is completely overshadowed by Aquarius rising and you are rarely in doubt as to where you stand. In fact, you can be stubborn and even fanatical. You make a good, enduring friend and for the most part are kind and sweet. Your temper is forceful but shortlived. You like to keep on the move and take trips for little reason.

Your father is likely to have been engaged in farming, speculative buying and selling, or stock rearing. He may also have disappeared early in your life and may have ended up abroad. Relatives, especially a brother, have great influence on your position in life. Capable of commanding great respect, you will secure a great many friends.

## HORRORSCOPE

You are not a horror but you certainly are crazy. You go out of your way to be different which may result in a bizarre appearance or you could be forever inventing things. You may occasionally come up with something of worth, but in general you are far too preoccupied with being different and practicable ideas seem too simple and straightforward. Loved ones despair at the confusion and chaos you create. Your home looks like a major road accident.

Not surprisingly, your friends are sorely tempted to leave you to wallow in your own mess, and often they do.

## Love

You make a fascinating lover as a meeting of minds is just as important to you as sexual compatibility. You are often attracted to an outgoing conformist but sometimes you find it difficult to locate that combination of brains and beauty. When you do, you settle down to make a loyal, devoted partner. You have strong affections under the right circumstances, and are extremely constant well into old age. Your own family will be small but you may have twins. You will experience problems with your children, the first born in particular being accident prone and needing protection. You will be involved in a lot of travel on account of your family.

## Career

Your success is due to personal talent and effort, but even so life can be complicated by enemies and deaths in business circles. There will be much travelling for financial reasons. Friends and lawyers promise to be of real value to you. Two sources of income are likely and there may be somethng secretive about your work. You would make a good teacher or scientist, and can gain from any occupation connected with foreign affairs and travel. You are a perpetual student—a characteristic which will serve you well.

## Health

Your dramatic nature and emotional instability can be eased by rest and meditation. Prolonged stress can drive you towards a breakdown when you least expect it. This combination tends to create illnesses, such as blood infections, eczema, spasmodic action, indigestion, stomach complaints, neuralgia, and circulatory problems. A course in deep breathing can ultimately slow down your heart beat and prolong your life.

# *Libra Sun with Pisces Rising*

I am afraid you are extremely indecisive but can usually locate someone to give you a hearty shove on occasions. You are sympathetic, artistic, changeable and gentle; more so than most. Socially and romantically, you are always in great demand. Others tend to believe you are far too nice and therefore vulnerable. They become protective towards you and for the most part, you are happy to let this happen. You are emotional, sensitive, and easily identify with the suffering of others. You are the first to volunteer help. You love animals, children, and nature. Whilst you occasionally need time alone, you are not a solitary person and love social life. You need to be in contact with others at a very deep level. You've a fertile imagination and are sure to be creative. You like the good things in life and need to enjoy yourself. However, your generous nature will not allow others to be hurt at the expense of your pleasure. Parents are not particularly lucky for your welfare and you may well be parted from one of them prematurely. There's also a tendency for your mother to marry more than once.

## HORRORSCOPE

It's difficult to imagine that you will ever get round to reading this, as your chronic indecision defeats the smallest action. It's hard for you to decide each day whether to get up or not. You vacillate, fret and labour over every tiny decision and it's highly likely that you won't get very far up the ladder of success, for this would entail making many decisions. Not that this is likely to worry you, for you are hardly ambitious. Furthermore, you don't have that much energy to spare. You do have an abundance of emotion and romance, and live on a high, taking your energy from others like a vampire. Hardly a true horror, you are wet, weak-willed, whimsical and relatively harmless.

### Love

You are mysterious, sensuous and love being in love. You agree with others out of politeness but often change your mind later on. Your passions are strong and changeable and you may well have two marriages. A good deal of trouble comes from the marital state, especially from in-laws. However, there is a legacy in connection with a partner. Your children will be numerous and fortunate. They will travel a lot and their lives will be prone to a great deal of change.

### Career

You succeed by your own merits, generally in literature, art, or science. Restless and creative, you are always searching for ideas. Wealth comes from your own effort, travelling, writing, and the good will of relatives. You are likely to follow a double occupation and have many talents. Influential friends may help to advance your position. This is a combination that often brings considerable wealth.

### Health

As a youngster, you may have been prone to illness, although this can be later overcome by diet, exercise and vitamins. Stick to foods that are rich in protein to give you the energy you need to take on the world. Obsessive drinking will leave you listless and feeling a little hopeless. You are prone to problems with the feet, the eyes, the ankles, colic, and dangers from sharp and hot objects. If a woman, you may suffer some kidney or ovarian irregularity. You need to look after yourself more than most, so make sure you do.

## *Libra Sun with Aries Rising*

Outwardly, you are enthusiastic, enterprising, assertive and even quite pushy. However, you are not nearly as confident or as positive as you appear and your contradictory behaviour will initially confuse those with whom you are professionally involved. On better acquaintance, others soon discover that you excel at partnership but are not nearly so independent as you would have them believe. Whilst it is true that you need a partner, you will invariably try to be the dominant one. You are courteous and charming though your temper is easily roused by injustice, and you'll fight furiously for the underdog. You are very sure of your opinions—while they last—and always enthusiastic in the pursuit of prevailing ideas.

It is likely that you are an only child or will become so after the death of a brother or sister. In extreme youth, there are many obstacles due to the affairs of your parents. Your father may die early or his influence will be destructive in some way. Your relatives are not useful to you and family ties are somewhat strained.

## HORRORSCOPE

Basically you lack confidence in yourself, your talents and your decisions. You are not about to admit this and over-compensate by becoming aggressive, arrogant and bombastic. When you sense doubt or weaknesses in others, you can become an overbearing bully. Bad judgements means you often bite off more than you can chew. Your victims occasionally strike back and, when they do, you beat a hasty retreat, covered in embarrassment. This is no more than a dictator like you deserves. Romantically, you are a disaster and fall in love dramatically. When the object of your affections doesn't come up to scratch, you change your mind equally as fast. You simply cannot cope with complications. This happens time and time again, leaving a path strewn with broken marriages and relationships behind you.

### Love

You fall in love with a resounding crash. You can expect an on-and-off pattern in your early relationships and may have to play that game indefinitely. Your luck in life, money and property are greatly affected by the opposite sex. You marry early, in a hurry and this tends to end in separation or divorce. You may have one child or none at all. Your offspring tend to rebel against you in later life.

### Career

Whether you like to admit it or not, you need other people and you work exceptionally well in professional partnerships, even if you must be the dominant one. You'll have many difficulties to face and these will need a good deal of courage and will. Many changes of residence are expected. You may move a lot and go on long trips. You may be an overseas agent or have some commission abroad. Your position in life will be honourable though unstable. You are essentially a pioneer, in the intellectual, civil or military worlds, and may gain celebrity by your daring or adventures abroad. You also have an inclination towards mining, exploration, the military and law. Friends give plenty of support and help you reach a high position. They are numerous and faithful.

### Health

You hate to be ill and it makes you irritable and unbearable. This is because you are afraid you might miss something so, the longer the illness, the more unbearable you become. Deep down you are just a baby wanting attention. Your health is usually excellent although you are prone to headaches, flatulence, colic, and internal disorders of an inflammatory nature. Also, you may have accidents involving the hands, feet and eyes.

## *Libra Sun with Taurus Rising*

As both signs are ruled by Venus, this is a very sensual and artistic combination. Music, nature, social life and romance are high priorities. You need to be creative though not necessarily professionally so. You may be an excellent cook, an amateur musician or enthusiastic gardener. Energetic pastimes hold little appeal and what matters is beautiful results. Generally tolerant, it takes a lot to rouse you but once you explode, others tend to flee. You are affectionate and affect no pretences about living the solitary life. Your sensual nature is strongly attracted to physical pleasures so that when you do find yourself without a mate, you are invariably on one of your infernal diets or bingeing at every opportunity. A sense of proportion and moderation is difficult for you to achieve and your opinions are very fixed but prone to sudden changes.

Taurus usually means good parentage, particularly on your father's side. It's likely that he was a man of some consequence. Your brothers and sisters bring problems but on the whole life is calm and peaceful, the only trouble being due to your misguided resistance to obstacles and change.

## HORRORSCOPE

You are a stubborn, bigoted, lazy slob! Once your mind is made up, nothing will shift you. You pursue the object of your affections until they are ensnared, and when you realize that you have obviously made a mistake, you will deliberately ignore the fact. You cannot possibly admit that you have erred in any way. So you cling to your partner and everyone else is made positively miserable. This behaviour is encouraged by your extreme laziness. You would rather loll around, stuffing your face, getting fatter and fatter, often contemplating change but never doing anything about it. You're not really ambitious and opt for the easy life at work. You avoid responsibility and attracting attention, and so make little progress. But you've got a comfortable life so what do you care?

### Love

This Venus-ruled combination is constant and guided more by emotion than by reason. Determined and possessive, once you have acquired what you want, no one can pry you loose from what you feel is rightfully yours. Enemies dog your married life and interfere with its happiness. Your mate prefers a quiet life and your eldest child, especially if a boy, needs nurturing. All of your children become stronger once past the age of two. Your offspring will be a source of gain and satisfaction to you and are usually successful at both academic and artistic studies. Naturally there will be some quarrelling from time to time.

**Career**

You could do particularly well in the service industries, such as catering, health and hygiene. You are fond of natural history, gardening, horticulture, and are a patient, precise worker. A degree of wealth is shown, although loss comes through legal disputes, unemployment or attachments after marriage. Nevertheless, some unforeseen windfalls come your way and you also gain through someone else's affection. Your position in life is insecure during youth, but is more assured later on. This is aided through fortunate assocations, your devotions, and your talent for government.

**Health**

In general, you are as strong as a bull and if you watch your diet and take some exercise, you will increase your chances for a happy, healthy life. Areas to watch are the spleen, kidneys, liver and ovaries. You are also prone to diabetes, sore throats, and tonsilitis.

## *Libra Sun with Gemini Rising*

Life should be fun, fun, fun. It generally is, for you manage to take your pleasures without harming other people. Your top priorities are love, the arts, socializing, animals and children. Any of these may supply you with a source of income. You are better at spending money than saving it. Occasionally, you take chances which shock loved ones but have a happy knack of paying off. You are popular and people are drawn to your easy laughter, sense of humour and intelligent personality. Furthermore, you possess the ability to minimize problems. You are a joy to have as a friend, though not particularly reliable. However, others readily forgive your absentmindedness and inconsistency. You possess a keen sense of justice and are happy to fight for the underdog. You do not like being taken for granted. You are flexible, kind and humane; easily worried and quickly calmed. There are many causes for family argument and you don't altogether agree with your father. You are the cause of your own bad luck.

## HORRORSCOPE

Whether nineteen or ninety, you are nothing more than a spoilt child. You grab your pleasures when and wherever you want, regardless of others. Ordinary rules and morals do not seem to apply to you, so you frequently land in the mire up to your neck. You run up horrendous debts and are not above fraud. None of this worries you, provided your appetites are satisfied. If someone takes your fancy, you don't stop to consider whether or not they are married. *You* want them *now*, and this is all that counts. You are commonly found in the divorce courts—as co-respondent. None of this bothers you of course, for isn't everyone there for your own amusement?

### Love

Your quicksilver head needs constant stimulation. You love parties, telephones, anything that enables you to communicate with the outside world. You have an insatiable hunger for human exchange and are geared to enjoy life to the full through self-expression. There are secrets connected with a love affair. Losses occur through offspring and are connected with your intrigues. You may well marry twice or have two simultaneous attachments—generally one abroad or to a foreigner. Financial problems are caused by the opposite sex, although you are providentially protected from any real harm. Your family are well-favoured, moderate in number, and inclined to success in the fine arts.

### Career

Your income is likely to come from sport, art, speculation, entertainment or children. You are inventive, well-informed and original, fond of literature and art, and clever at legal matters and negotiation. Your luck is prone to many changes, usually affected by the opposite sex. You are sure to experience great affluence as well as deprivation. You will hold a good position and follow two occupations at the same time. Although there are many difficulties in your past, you should be successful in the end. Most of your problems are caused through lawyers but there's a tendency to take on too much. This sign also favours the legal and clerical professions and you must always take care not to ruin your hard work.

**Health**

You can no doubt benefit from meditation as mental breakdowns are far more prevalent in your sign than any other. Prevention is better and less costly than a cure. Apart from those delicate nerves, your lungs also need to be protected. This is the sign of the chainsmoker, especially if you happen to be dark. There is also a danger of bladder infections, fevers and poisoning. Rest, diet and exercise go a long way to keeping you well.

## *Libra Sun with Cancer Rising*

Librans are rarely described as domesticated, but in your case this is fairly true. Your family are a high priority and while you like to socialize, your greatest happiness is found at home. Much time, money and patience goes into your surroundings. They must be beautiful, bright and, above all, comfortable. You make a great display of your feelings, although more for the love of performance than any great depth. Therefore, those emotions of yours are not as deep as you would have the rest of us believe.

Your appetites are well-developed and a liking for rich food, fine wines and a sweet tooth can make healthy eating difficult. Do try on occasions. Your temper is changeable and capricious. You are independent and capable but have a high degree of nervous irritability. You are generally cautious and prudent, but quite suddenly move towards gaiety, inconsistency and fanciful romance. Anger quickly comes and goes. There's a premature parting from a brother or sister and trouble from relatives with whom you disagree. It's likely that you'll become very close to a second family and your own parents may disappoint you in some way.

## HORRORSCOPE

As a child, you no doubt clung to your parents, long after others were beginning to exercise their independence. As a parent yourself you fasten onto offspring and they will fight hard to escape. Also you'll do anything to achieve centre stage, especially where loved ones are concerned. You will feign illness or money problems and regularly use emotional blackmail. You spend the major part of your life leaning on other people. Loved ones drop with exhaustion and you can't understand why. Mainly because you don't want to. Your appetites are gross and you could literally eat yourself into debt. You find it extremely difficult to deny yourself anything.

### Love

You hang on to the things you love, be they possessions or people. Not infrequently, you get the two confused. You are sensitive and passionate and make an art of loving. Needless to say you are happier married and have a strong instinct to raise children and build a cosy nest. Choose a mate with domestic qualities who can provide the security and understanding that you need. However, something within you drives you on to new scenes and new loves continually. You must take care in marriage, otherwise it promises little happiness. Inheritance may come through a relationship but only after legal difficulties. Offspring will cause trouble in your life, although the eldest will succeed in the medical, chemical or military professions. In later life, your children are sure to offer a source of protection.

### Career

You could be successful in property and the allied trades, family concerns, and finance. Good at absorbing other people's ideas, you are frequently a copyist and clever at compiling and dishing up old material. You are capable in negotiations and public movement and have a love of position and wealth. Difficulties are shown in acquiring wealth which may be lost through relatives, speculation, children and love affairs. The latter part of life seems to be more secure and prosperous. Success comes through your daring and enterprise so try to be as independent as possible.

**Health**

Depression, anxiety and gastro-intestinal disorders can be disastrous to your well-being. Also, compulsive eating and escape-orientated drinking can wreak havoc and make you gloomy. Other sensitive areas are the chest, the stomach, and a tendency towards rheumatism and sciatica. There is a danger of falls and injury from animals whilst abroad. In the main, you are your own worst enemy.

## *Libra Sun with Leo Rising*

You are a delightful individual: humorous, courteous and charming, with a real sense of enjoyment. Others actively seek your company and respect your opinions and ideas. Your warmth and enthusiasm inspire confidence in both your professional and personal life. However, you don't take life too seriously. You face your problems, but don't let them drag you down being optimistic and enjoying wrestling with setbacks. You have a definite lazy side and are not very interested in sports or strenuous activity. You prefer to take life at a leisurely pace. You are alert and intelligent, with many varied interests and enjoy the ability to communicate with everyone around you. It is likely that you possess a wide circle of assorted friends. You are an excellent and generous host/hostess and are generous with your hospitality. You love everything that is bright and beautiful, and though quicktempered, easily calmed. Your revenge is taken in an open way. Your father is extremely important to your position in life and is likely to die while you are young. He may have caused some adversity for you.

## HORRORSCOPE

You are capable of being an unscrupulous con-artist. You are a convincing liar because you can make yourself believe whatever happens to suit you at the time. This, combined with a compulsion to get what you want regardless of the expense to others, suggests that there are many around who will live to regret your intervention. Not surprisingly, you are capable of mercenary relationships, including marriage. It's only when others get to know you well do they realise that for the most part you are all flash and no cash; and no morals either. What you fail to understand is that when you make your loved ones miserable, it cannot help but rub off on you eventually.

### Love

You love to be loved and are greatly disappointed when things don't work out accordingly to plan. Often, you tolerate a less-than-ideal situation rather than admit defeat. You love passion and intrigue and usually find them, or create enough drama to satisfy your theatrical side. You may well have two marriages and children by both mates. The eldest child needs careful protection whilst very young. There may also be twins, especially if you happen to marry someone born under Aquarius. Differences arise between children as they grow up.

### Career

You've many talents and they frequently favour the fine arts and public office. Your political instinct is strong and you love display and the theatre. Whatever you do, you try to do well so good fortune comes easily. You will make many short trips in connection with your job, and they will bring wealth. Your occupation will be profitable and honourable, and people in good positions are glad to give you any assistance they can. You can succeed in buying, selling, communications, the media, luxury trades and transport.

**Health**

You need to learn to relax. You will never slow down, but do observe regular rest periods. In general you are healthy and have a horror of sickness. Being incapacitated makes you panic as you depend on your ability to move about. Chief complaints you may suffer from involve the heart, the back, rheumatism and all illnesses associated with bones and blood. It is likely there will be times when you will need to go through a good deal of hardship and want of food and comfort. On these occasions, you are particularly prone to illness.

## *Libra Sun with Virgo Rising*

When browsing through astrological books you will read of your charm, sociability and affection . . . but also your impractical nature, financial difficulties and indecision. . . . You? Never! You are aware of your potential and expect to be rewarded accordingly. You appreciate beauty but prefer to utilise it as an investment, satisfying your artistic side and the compulsive collector within. You tend to get bogged down in trivia which can make for erratic progress. You are something of a critic and a perfectionist but do not impose your demands on others. Nevertheless, you will not tolerate stupidity or carelessness. You have a cool, clear intellect and a great sense of justice but can be impossibly cold in the way you treat others.

Relatives and neighbours are unlucky for you and there could be the death of an older brother or sister. There isn't much sympathy between members of your family and there's likely to be some family secrets. Your father will marry twice or there will be some illicit attachment in your background.

## HORRORSCOPE

You judge everyone and everything from a materialistic standpoint. A tremendous snob and an awful social climber, you drop so-called friends the moment they suffer any kind of setback, just in case it could prove to be contagious. You spend enthusiastically on keeping up with the Joneses and entertain frequently in an effort to display your success. You grossly exaggerate any triumphs you may have, undeterred by the fact that those who know you well, also know better. What you basically need is a kick in the rear and a reshuffle of priorities. You might then achieve a greater closeness with loved ones and sleep easier at night.

### Love

You can be very mysterious about your emotional life but make a loyal, helpful and devoted mate for the right person. You have sincerity, discipline and devotion and though you may fantasise about that perfect someone, this is not often the type you choose in real life. You are difficult to know but confiding where trust is given. Disappointments in emotional affairs are likely and you may well marry twice or have a second attachment during the life of your mate. Problems occur in marriage and there's likely to be some secret in connection with your partner which can lead to seclusion. Your own family is small and difficult to manage; your children do not marry early or readily. The first pregnancy needs extra care. It's likely that some hatred will be borne against you on account of a love affair, in which a child is sure to suffer.

### Career

You possess a love of the arts, history, drama and literature. You are also attracted to gardening and the land, capable of mastering the practical sciences, and inclined to studies. There may also be some success in connection with an art and wealth may be acquired abroad. You make a successful financier, collector or business person, although there is danger in speculation. You'll have many changes in occupation and travel a lot on business. It is likely that you'll own two properties in different places at the end of life.

## Health

You are probably a vegetarian who would rather have some tomato juice spiked with brewers' yeast than a dry martini. You take care of your health, so much so that you could end up with a nervous rash due to worry. Further areas to watch are colic, flatulence, dyspepsia, skin tone and blood impurity. You are prone to many allergies and will be wise to try and discover exactly what they are.

# Scorpio

*(24 October – 22 November)*

## *Scorpio Sun with Scorpio Rising*

You're a true Scorpion: intense, magnetic, powerfully passionate and forceful. Your dramatic personality makes you impossible to ignore and other people find you compelling and fascinating. Stern, but kindly, you possess unassailable integrity and devotion. You are high-minded and tend to dominate people and situations, not only for personal gain but also for the universal good. You are indefatigable in pursuit of a realistic goal or ideal and can be outstandingly successful. Often, though, it will be uphill all the way. You go to extremes both in work and pleasure, bringing problems and sometimes sickness. It's unlikely that you come from a large family and could well be an only child. Your father was no doubt friendly to you but will have suffered a lot of bad luck in life. Your family and relatives are friendly and interested in your welfare, though it's likely there will be a loss of friends around your thirtieth year.

### HORRORSCOPE

In Scorpio, if it's bad, there are no half measures. You are like a volcano constantly about to erupt and others tread very carefully when you're around. They are fully aware of how vindictive you can be and keep well out of your ruthless path. Other people may cultivate you but it's doubtful that you will ever possess a true friend. Whilst you enjoy a perverse kind of power, might it be nicer to be liked, or even loved?

Romantically, others flee from your company as they can only tolerate so much domination. You cannot understand this and will experience failed relationships—even divorce. So enjoy your reign of terror while it lasts. You are certain to end up alone and it's no more than you deserve.

## Love

You are romantic, passionate, sensual and have a large capacity for love. Generally speaking, these good qualities are not wasted on just anyone, but only given to those who have won your love and respect. Jealousy is an inescapable part of your personality and whoever you marry will discover that no matter how much reassurance is given, it is never enough. You will probably marry more than once and your first relationship will have complications. You should have many children, sometimes even twins. They marry early, though there's likely to be some secret trouble in connection with them. You will have many love intrigues as you find it difficult to resist attraction. Financially, you gain directly through marriage and also through in-laws. You are not the type who could survive for too long without a mate.

## Career

You possess highly developed critical faculties and an insatiable thirst for discovering the secret nature of things. This makes you an excellent occult researcher, chemist, philosopher or even detective. Other professions that may well appeal are medicine, the uniformed professions, especially the police, work connected with minerals and any kind of freelance work which appeals to your independent side. You also lean towards maritime pursuits, government and leadership. Your finances are unstable and while your early life is not fortunate, later years are frequently very prosperous. You will gain through matters related to abroad and legal affairs. You may well have two distinct sources of income and two quite dissimilar occupations. A series of difficulties will eventually lead to a good position and success will crown all your hard work.

## Health

You work hard and play hard, so generally cause your own illnesses. Problems to watch for are bladder infections, inflammations, poisoning, and fevers. When accidents occur they are sure to be associated with hot or sharp objects. Your right arm is very vulnerable and your head seems to suffer an unending flow of cuts and bruises. Your eyes may also be affected by accident and infection. If you could bring yourself to curb your excesses there's no reason why you shouldn't remain extremely healthy.

## *Scorpio Sun with Sagittarius Rising*

You are freedom-loving and independent. Though at times you may appear rather flip and cool, underneath you are profoundly deep. This is something other people only discover when they get to know you very well. Despite a certain level of indifference, those all-pervading Scorpion emotions are there. You simply prefer to keep them hidden unless you feel that trust and love are given. This does not happen often as you are watchful and suspicious of other people (as well as yourself). This tends to lead to deception whilst you are trying hard to avoid it.

You are a purely instinctive animal and providing you listen to your intuition, success is yours. You are contradictory, believing in independence for all, except those that you care about. Here, your jealousy comes to the fore and although you realize that you are being possessive, you simply cannot help yourself. Your early life is not very lucky and there are problems connected with your parents. You have few brothers and sisters, and they bring some trouble. Nevertheless your relatives are usually friendly. There is some secret trouble with a parent, probably your father or father-in-law and this restrains you in some way, which you find difficult to bear. Your position is more stable after your thirtieth year, probably when you come to terms with your own character.

### HORRORSCOPE

You have absolutely no idea how to handle other people. You are detached and cool when you should be concerned and caring. You are unbelievably jealous and possessive when you've no right to be either. You seem to be continually out of touch with others and have no sense of timing. You should listen to your intuition, but don't believe that this is a practical way of approaching life. You constantly misinterpret other people, confusing both yourself and them. After a while, you could become an embittered recluse, taking any opportunity to wreak your revenge. You may become dangerous and heartless but fail to understand that in hurting others, you also hurt yourself.

## Love

Your outspoken manner can cause a lot of trouble. You admit to having loved before and claim that you will love again. Your ideal partner will share your temperament and character but you tend to be attracted to glamour instead. Disappointed, you can react by forming relationships with those who cannot threaten your freedom and married lovers can become a hard habit to break. You are likely to have two or more marriages, one of which will greatly affect your welfare and position. Your own family will be small and there doesn't appear to be much sympathy between you and them. It's likely that you'll be separated from at least one of your offspring. Enemies affect your family and marriage though such complications are usually your own fault.

## Career

You are good at beavering away in the background, so would make an excellent research scientist, for example. You are frequently reclusive and devoted to study and research. Success comes through personal application to your profession but you may well come into an inheritance as well. There are many obstacles during early life but good luck comes in the end. Your occupation is likely to be of a double nature. Friends are useful and their support influences your life. It's likely that your career will be long and useful.

## Health

You stay so active and are usually physically fit. Your body makes the most of every minute in life and you seldom give it a chance to rest. Bar accidents you can expect to live to a ripe old age. Areas to watch are the throat, ears, bronchial tubes, sciatica, rheumatism, varicose veins and swellings in the leg. None of these are likely to be overly serious. Use your common sense and all will be well.

## *Scorpio Sun with Capricorn Rising*

This a tough, uncompromising and determined combination. Others crumble, sensing that you invariably get your own way. You are not unpleasant and do not set out to be ruthless, though you are well capable of it. Once set on something, you are unstoppable and relentless. You never consider the possibility of failure and when confronted with setbacks, your pride is badly hurt and you can become ill.

You are popular and friendship means a lot to you. You fight to protect those you care about, refuse to give in when life gets tough, and even enjoy conflict. Your desire for power is strong and though reticent in the presence of strangers, you are eloquent amongst friends. You forgive but never forget an injury, making an excellent friend, but a formidable enemy. You may have many brothers and sisters and they will cause a good deal of trouble for you. There are secret problems in connection with other relations. Your father is generally hostile and may cause obstacles, especially in connection with marriage. You are a slow developer and because of this it will never be too late for you to take up a new interest or occupation. You should live to a ripe old age.

### HORRORSCOPE

You are completely amoral and sweep opposition aside, often trampling over others. You invariably use force rather than persuasion. Courtesy, to you, is a weakness. You are convinced that you are a tower of strength. When other people, or life, refuse to buckle under, you ignore the fact you may be wrong in some way and seek solace in alcohol. This could become your answer to every problem and you will ignore the warnings of friends and loved ones.

## Love

Love intrigues you, your own romances and also the affairs of others. You can find it difficult to relax in the presence of the opposite sex. You excel at clearing up misunderstandings and, as a rule, make an excellent parent and a reliable spouse, if a somewhat serious one. Beneath your façade there's a person capable of giving much love, though not to just anyone. You could well be opposed to marriage, though may marry early or more than once. Your romantic affairs are prone to complications, rivals and great, sudden changes and one partner may be an obstacle to your main ambition. You will have few children and your ambitions will be closely tied up with them. This is likely to be harmful for both your offspring and yourself. Lastly, in-laws cause many complications in your life.

## Career

You need a definite goal to aim for and are particularly good at working in a team. You possess tremendous ambition and courage which will result in great achievements. Even so you may feel that your life is unhappy. Your wealth is due to personal merit, the assistance of friends, the support of the family, and maybe speculations. You always gain from your own enterprise and energy. Your ambitions and position are greatly influenced by a spouse. Try to remember that it's never too late to make a change.

## Health

Those depressions of yours can be most detrimental, for they directly affect your health. Find a way of stepping outside your problems in an attempt to control this. You are prone to illnesses involving cold, obstructions, rheumatism of the hands, arms and knees, a nervous stomach, colic, mental problems and maybe falls. It's also likely that you will become ill whilst travelling. Fight hard to control your hypochondriac inclinations.

## *Scorpio Sun with Aquarius Rising*

You are complex and deceptive. Although you appear very aloof, underneath this coolness seethes a veritable volcano just waiting for a chance to explode—sexually or emotionally. You are positive and have strong opinions on just about every topic and facet of life. You do not take kindly to having your beliefs questioned or undermined. You are obsessively single-minded and impossible to deflect. Unadaptable, there are times when a different approach would serve your purposes. You are ingenious, humane, and make an excellent friend. Though you possess a forceful temper, you do not bear malice and are generally sweet. You may gain an inheritance or receive assistance from a family though this is likely to be more of a hindrance than a help. A relation, perhaps a brother, could be the cause of trouble in business and there is not much agreement between siblings. Your father is likely to be engaged in farming, buying, selling or stock-rearing, and is in danger of an early death. You are sure to have access to the most influential of circles but are capable of being your own worst enemy, possibly through secret associations.

### HORRORSCOPE

It must be comforting to believe that you are always right. Temporarily at least, you are sure to feel smug in your certainty. However, at times you are proved hideously wrong and crash to the ground with a resounding thud. You lack resilience and never learn from past mistakes. You are a workaholic and your personal life is invariably sacrificed to your insatiable ambitions. However, you're too single-minded to achieve success easily. Take a good look at the real world and accept that you can't always have your own way.

## Love

Interested in the opposite sex, you like to point out assets but you also ferret out their weaknesses and suggest improvements. People may decide that you are cold, for you tend to listen, analyse and then try to reform loved ones. Those who have failed to understand you may believe that you are unemotional. You are capable of strong affections and can love constantly and well into old age. You are likely to have a small family (and perhaps twins). There are many problems associated with them, especially the first born, who needs great protection under the age of two.Your family will lead to a lot of travel and, if male, your wife is likely to be artistic and from a good family. Marital life is happy and enduring.

## Career

You are sure to have some literary or artistic abilities. You may be attracted to occult research or the secret methods of experimental science. You make a good writer and are attracted to philosophy, music and drama. Achievement comes through personal merit, though your financial affairs are prone to great changes and serious obstacles, chiefly due to hidden enemies. You will have two or more sources of income and a secretive occupation. It may be in chemical research, or military, government or even detective work. Constant travelling is indicated in connection with property business, finance, the family, or the father who lives abroad. It's most likely that you will end your days on foreign soil.

## Health

Your health is basically sound and your habits temperate but you may have obscure nervous disorders. This combination also affects the blood often giving a sluggish circulation which manifests itself in cold hands and feet. Any impurity is likely to be in this area and should be watched carefully. Spasmodic action in the calves and legs are expected; also stomach complaints, neuralgia and infections of the head.

# *Scorpio Sun with Pisces Rising*

Both signs are associated with the water element so, like the tide, your moods and emotions ebb and flow. You are imaginative, artistic and affectionate but underneath those calm seas lurks great passion. Much trouble is expected for you find it difficult to stay still, mentally or physically. You continually search for knowledge and may very well emigrate, perhaps due to marriage. Your career could well lie abroad. You are romantic and idealistic; others find it hard to cope with your excessively high standards. You have a strong imagination and easily torment yourself with strange ideas. Your mind is just, kind, benevolent and powerful and your spirit is contemplative, studious and poetical.

You like the good things in life but rarely take your pleasures at the expense of other people. You possibly come from a large family and your relatives will be of much assistance to you, though there may be a premature loss of a brother or sister. Your parents are not conducive to your welfare and your father may have died prematurely. Bad luck seems to dog your parents. The family estate may become split up and will not benefit you greatly. Your mother will probably marry twice.

## HORRORSCOPE

You are completely ruled by your emotions and imagination. Being pessimistic, you expect disappointment and are rarely disappointed. For you court disaster in unwise relationships and unrealistic ambitions. You do not accept basic rules in life or ease up on lesser souls. Despite your belief to the contrary, you are not as special as you believe and the only hope for you is that you can accept this and turn your attention to realistic goals. If not, you will escape into drugs or drink, and lessen your chances of success even more.

**Love**

You possess a strong inner being and inexhaustable love for all creatures. You need a mate who will provide you with a steady background, and be as loving and romantic as you desire. You are likely to have two marriages and a good deal of trouble from the marital state. One partner will be troubled in some way and your relatives are detrimental. However, you will probably come into an inheritance. Your own children will be numerous and lucky, and will travel considerably. In general they will be subjected to many changes in life.

**Career**

You can do extremely well in all overseas matters: travel, import and export etc. The law or teaching may attract as well. You can find fame and fortune in the arts, sciences or literature. You make an excellent writer, your mind being extremely creative and restless. You have many interests in which success can mostly be achieved. Your wealth will be largely due to your own efforts, and you will follow a double occupation. One way or the other, you should find great success.

**Health**

You can be somewhat frail, but if careful then good health can be enjoyed. Areas to watch are the feet, colic, injuries from hot or sharp objects, and infections of the eyes. Women may also have trouble with the ovaries and reproductive system. Your physical wellbeing is for the most part in your own hands.

## *Scorpio Sun with Aries Rising*

Both these signs are ruled by Mars so you tend to be a pioneer and warmonger. This is a very aggressive combination, but it's also impulsive and warm-heated. Your abundant energy means there is much you can achieve, providing it is channelled constructively. You can be loving, generous and protective to those you care about, though friends and loved ones tend to belong to a rather exclusive set. You don't give your best to just anyone.

You are a powerful debater and it takes a brave person to stand up to you. In your opinion, conflict makes life interesting. You are well-informed, active and ingenious, though lacking in human understanding. You are also extremely free and fixed with your opinions. You may change your views but are very certain of them while they last. You can be extremely violent in your expression of feeling, but it is only a fiery outburst, soon over and leaving no sign of resentment. It's likely that you are an only child or may become so after the death of a brother or sister. During childhood, there are many obstacles arising through the affairs of parents. Your father may have died early or been extremely unlucky in some way. Relatives are not favourable and family ties are somewhat strained.

## HORRORSCOPE

You become a horror the moment you meet any opposition. You crush other people's thoughts and ideas as you would an insect. You lack all concern for their feelings as long as you get your own way. You are egotistical, arrogant, bombastic and thoroughly unpleasant. You rule your family with a rod of iron and are merciless when one of them steps out of line. Loved ones live in fear and if they lack the courage to break away, they may be driven to escape in drugs or alcohol. If they develop such a habit, you cannot understand it and refuse to believe it is anything to do with you.

### Love

Love and friendship are a large part of your life. No one is more warm or frank in showing affection, although this often leads you into trouble. Many problems follow rash engagements and impudent marriages. You probably marry early and in a hurry. Not surprisingly, there's often reason to repent. Legal action is likely, leading to divorce or separation. On it's own, this combination is not particularly fruitful and gives few children, or frequently none at all. Friends support you and are extremely helpful in your career. They are numerous, faithful, humane and kind.

### Career

Work connected with banking, research, insurance, or a uniformed occupation are all likely to attract. Military and legal professions are favoured and there's also an inclination towards mining and exploration. You are ambitious but will have to face difficulties which will need all of your courage and will to overcome. Your fortunes are changeable, though you may gain through property and marriage. Legal action is likely in connection with money or property, and in this the opposite sex is very much involved. For the most part, you are the cause of your own problems.

### Health

You enjoy good health, though your excess and vitality need control. You should try to delegate some of your work instead of wearing yourself out by taking on too much. Areas to watch are internal inflammatory disorders and accidents to the eyes, hands and feet. Headaches come with stress or perhaps as the result of an allergy. You can do much to improve your phsyical fitness so it's up to you.

## *Scorpio Sun with Taurus Rising*

You are practical, fixed and stubborn, which might suggest an independent nature. However in order to succeed in life you need a partner. This is something you must recognize, though are likely to secretly resent. You fight to dominate all relationships. You work and play hard and have a full sense of the luxuries in life. You are rarely plagued by doubts, knowing exactly what you want. For the most part you get it as well. You are a practical soul and insist on paying your way in life. You are stubborn, slow to anger and equally hard to calm, for you harbour ill-feeling and resentment. You are quiet-tempered but capable of strong passions. You are careful with your possessions and extremely ambitious. You should have excellent parentage, especially on the father's side. He may well be a man of considerable importance. Problems exist through relatives, especially through brothers or sisters. On the whole though life is calm and peaceful, trouble being mostly due to your misguided resistance and stubborn views.

## HORRORSCOPE

You are so perverse, obstinate and stubborn that you don't just simply dig your heels in the ground, but incarcerate yourself right up to your neck. Coaxing and persuasion are a complete waste of time. When life gets tough, you tend to eat and pig out on anything you can lay your hands on. Happy mediums are just not your style and, not surprisingly, you are often the cause of your own ill health. In love, you are impossible. You would imprison loved ones if you thought you could get away with it. As it is, you keep them on as short a lead as possible, and given the chance, they cut and run. And who can blame them?

### Love

You are exceptionally capable of faithful and enduring affection and your loyalty can survive rebuff or neglect. Love for you begins early and goes on late into life. You need to see a lot of your loved one and will use any pretext to do so. Enemies affect your married life and interfere with your happiness. It's likely that your mate will be of a reclusive nature and seclusion may be necessary, so that you rarely appear in public together.

You gain financially through your children though the eldest is in need of your protection, especially if a boy and during the first couple of years of life. Your children will be a source of satisfaction to you and will do well in academic and artistic studies. There will be quarrels and complications from time to time.

### Career

You would make a good agent, manager or professional partner. You are fond of natural history, farming, horticulture and are a patient worker who gives great attention to small details. You will achieve a degree of financial success, though losses come through legal disputes, unemployment or attachments after marriage.

Unforeseen windfalls come your way, and you also gain through someone's affection, and through friends. In youth, your position is insecure, but this improves through fortunate associations and relationships. You may also be attracted to science, the arts, literature or academia.

**Health**

Illness is likely to be due to excessive work and pleasure. Your natural vitality should be used constructively or it may consume itself. Further dangers are laziness, self-indulgence, gluttony and drunkenness. Problems are likely to involve the liver, kidneys, ovaries, throat and often diabetes.

## *Scorpio Sun with Gemini Rising*

You are a bundle of contradictions. You appear to be flexible, superficial and humane, though when others become better acquainted with you, they realize that you are far more complex than they had first thought. Not that this makes you any easier to understand. You make a big production about something or someone, then quite unexpectedly change your mind and decide you couldn't care less. You possess a myriad of interests and want to know about everything. You are communicative, especially when drawn out on a favourite topic, though self-contained and nervous if called upon to act or speak. There are many family secrets and problems, though your relatives are usually well-connected and quite wealthy. A brother or sister will do extremely well in life. You find it difficult to get on with your father. You, however, are the cause of your own bad luck.

### HORRORSCOPE

Your feelings are strong and positive but do not last long. Other people are completely taken aback by your apparent about-faces and soon learn not to take you too seriously, which upsets you. You are capable of debating fiercely on one side of an argument and then suddenly changing sides. This is hardly a recipe for success. Your energy is also erratic. You are a grasshopper, mentally and physically, always jumping first this way and then that. If you don't wise up, you will become a joke among your friends.

### Love

You need a partner who can share your interests, who is never tied to the home, and who is willing to change their environment at a moment's notice. There's a contrast of mild affection and passionate romance. As a lover, you are teasing and flirtatious, but seldom serious. Even when deeply interested, a bigger challenge can soon charm you away. Your affections are ruled for the most part by your mind, so that you are capable of calculated action. You are lucky in life but will experience many changes which are greatly affected by the opposite sex. There are many secrets connected with your love intrigues: losses and troubles through your fruitfulness outside marriage. This placing favours marriages and generally one involves a foreigner or takes place abroad. Your own family will be lucky, of moderate number and attracted to the fine arts. Complications are expected through secret love affairs, but you can invariably talk your way out of a situation.

### Career

You're inventive and original, and attracted to literature, science and the arts. You are adept at legal affairs, trade and negotiations. It is expected that you will hold a good position and perhaps follow two occupations at the same time. Your energies need to be channelled or you could lose out through a want of decision or due to having too many irons in the fire. This placing promises success which may however be ruined by your own thoughts or actions. You are intelligent and will have much power in professional circles. You could also do extremely well in the service industries or careers related to health and animals.

**Health**
Nervous exhaustion frequently follows tremendous outbursts of activity. You need plenty of fresh air, sleep and a sensible diet. There may be bladder infections, fevers and poisoning of the system. Nervous problems and lung complaints are likely, especially if you're dark. You need to take care when travelling as cold may lead to illness.

# *Scorpio Sun with Cancer Rising*

This is a highly charged combination. They don't come much more intense, for you feel everything deeply and tend to be hooked on those powerful feelings. Furthermore you are artistic, sociable and friendly. Romance, children, animals and socializing are top priorities. You are gregarious and have a keen sense of fun. As far as you are concerned, the more people around the merrier. Financially you are generally practical but then quite suddenly blow your pay cheque on a three-legged horse that took your fancy. It seemed like a good idea at the time. Your temper is changeable and capricious. You are independent, adaptable and your talents are varied. However, a high degree of nervous irritability results from your extreme sensitivity. You can be courageous or timid: generally timid in the face of physical danger but brave in your mental or moral outlook. It is likely that there will be a premature loss of a brother or sister and trouble through relatives with whom you disagree. You will become closer to a second family, possibly through marriage. Before thirty-five, your position in life is uncertain, but it becomes more stable.

## HORRORSCOPE

You clearly love a good time, and insist on indulging yourself even at the expense of your health, other people or your bank manager. If something isn't fun, then you're not interested. Naturally, responsibility is something you avoid wherever possible. You like to keep yourself free and available in all senses. You would make a hopeless spouse, for you would make no attempt to be faithful. You live for today and tomorrow can go hang. This attitude may be all very well whilst young, fit and healthy but fun and romance may eventually become hard to find. Then it's likely that you will drown your sorrows in drink and regret that you have neglected to make at least one or two close friends.

### Love

For you, affections are deep and lasting and neither time nor distance lessen them. However, this combination is not fortunate in marriage and children tend to cause many problems in life. However, the eldest child is likely to succeed in the military, chemical or medical worlds and will achieve a good position. Also, your children will be your greatest source of protection in later life. You seem to deliberately create a complicated emotional life and so tend to lose out where your attachments are concerned. Nevertheless, an inheritance may come through marriage, though only after great legal difficulties.

### Career

You are gifted with a fertile imagination and are clever at compiling and dishing up old material. You are capable in public movements and have a love of position and wealth. Any travelling you do should be prosperous and successful. Your position in life will be acquired by a good deal of strife and you may experience slander. Success comes through your own enterprise and daring, though before the age of thirty-five, life is somewhat uncertain. Friends are a great help and give financial aid. You would make an excellent artist, teacher or speculator and success can be found in the entertainment industry.

### Health

Worry can result in indigestion, leading to defective circulation. An overactive imagination inclines you to vivid nightmares and you tend to fear the worst. Other likely illnesses are infections of the chest and stomach, rheumatism and sciatica. Clumsiness results in a constant stream of bruises and falls. Furthermore, you are plagued with hypochondria which drives those closest to you round the bend. Control that imagination and you will stay fit and healthy.

## *Scorpio Sun with Leo Rising*

Although you are ambitious, your career and the stress it involves often take second place to your personal life. You rightly recognize that success is an empty vessel without a drinking companion. Socially, you prefer to gather people around you at home and are reluctant to travel far in search of entertainment. As a child, your parents would have been wise to encourage you to spread your wings. Furthermore, you have a sensitive ego coupled with great pride. A wrong look or word cut deeply and whilst you may prefer to hide your hurt, it's unlikely that you will forget or forego your revenge.

In the main, you are sociable and lovable, and make a generous, devoted friend. When things get tough, you are the first to rally round. At times you may be proud but you are always self possessed and masterful. You love everything that is bright and beautiful in life. You possess a quick temper when provoked but your anger does not last long. Your opinions are fixed and dogmatic, and everything you tackle is carried through to the logical conclusion, no matter how great the risk. Your father is extremely important to your position in life and may have produced a reversal of luck in some way. He is the source of some antagonism. Secret enemies are found amongst women in good positions, though they tend to overestimate their power to hurt you.

### HORRORSCOPE

You are lazy and lackadaisical, uninterested in making the effort necessary for any kind of accomplishment and always taking the path of least resistance. Nevertheless, you cling tenaciously to what you already have. You require adulation and approval. If you don't find them in the world at large, you settle for being a big fish in a little pool. If your ambitions outside the home are thwarted you can react by lording it over your family.

You possess implicit faith in your own judgement despite it being proved wrong again and again. Your social life is practically non-existent for you will not shift from that comfortable armchair in front of the television. You are also incredibly untidy and so you and that precious throne of yours could slowly disappear under a sea of rubbish.

## Love

Your sexual appetite is well-developed and you abandon yourself heart and soul to each experience. Anyone involved with you should remember that flattery will get them everywhere. It's likely that there will be two marriages and children by both partners. Your offspring will be numerous although the first pregnancy is an extremely unlucky one. There may be twins, especially if you marry an Aquarian. Differences arise between your children when they grow up. Legacies are likely to come to both you and your offspring.

## Career

You could do well in sales, transport, communication, the media or maybe even medicine. You are patient in your work and succeed through solid endurance. You have many talents which often favour the arts and public office. Your poetical instinct is strong and there is an attraction to the theatrical world. Wealth comes through personal effort and also relations in good positions. Losses occur through family trouble. You may also gain by trading commodities such as good and clothing. Whatever your occupation, it will involve a certain amount of travelling.

## Health

You are either radiating vitality all around you or forever on the sicklist. Discord and unharmonious environments, hurt pride and unrequited love can all affect your health. Your best medicine is peace, love and harmony. The chief problems associated with this combination involve the heart, the back, rheumatism, and illness connected with the blood and bones. A little bit of care goes a long way with you.

## *Scorpio Sun with Virgo Rising*

You are wonderfully perceptive and always know what needs to be done. You possess a good eye for detail and there are many occasions when this can make the difference between success and failure. You are a born critic and this can make life tough both on you and your loved ones. You can be impassively cold and make a good friend but an unrelenting enemy. There is a certain lack of proportion and you tend to give undue importance to small things. For the most part though you are kind, modest, retiring and agreeable in company. You are very confiding where affection and trust are given, but otherwise rather difficult to know.

As a youngster, you suffered a certain amount of sickness or accidents. Relatives and neighbours are not lucky for you and there may be a death of an elder brother or sister. In general, there is little or no sympathy between members of your family. There are some family secrets and your father may marry twice. There may be some illicit attachment behind your life.

### HORRORSCOPE

You are constantly on the go and can always find someone or something to fret about. When problems don't present themselves, then you are quite capable of inventing them. Not surprisingly, your health often suffers from stress. You are a professional hypochondriac and your cabinets and drawers are stuffed full to bursting with preventive medicines and vitamins. Friends and workmates are greatly amused at the colourful range of tablets in your possession, but you take the whole thing extremely seriously. There's nothing wrong with being fit and healthy but is it necessary to impose your routine on all and sundry? Haven't you realized that they are bored rigid with your constant attempts to impose your way of life on them? No, of course you haven't.

### Love

You possess a strong desire to serve other people and need a partner who is kind and understanding. Sex is not a high priority and you find it difficult to express your love in words. Love affairs bring disappointments and you are sure to marry twice or have a second attachment during the life of your spouse. Problems and arguments occur in marriage and there's likely to be some secret touching your partner. There may be some trouble with your first child and pregnancy. Your family will be small and difficult to manage, and your children will not marry early or readily. Furthermore, it's also likely that some love affair will bring a lasting hatred and a child will also suffer.

### Career

Since perfection is your goal, you are something of a workaholic. You have more systems than a computer programme and take great pleasure in creating new ones. However, sometimes you get so bogged down in details that you don't find the time to collect the credit you deserve. You tend to a love of the land, gardening, the liberal arts, literature, history, and drama. You are eloquent and persuasive, and also capable of learning in the theoretical and practical sciences. Your wealth will not be considerable and will be acquired through hard work. The earlier part of life is unlucky and fortune comes in later years. You could do well in sales, travelling, communications, transport or advertising.

### Health

This is a strong sign. When illness comes, it is often due to overwork and too much concentration on practical matters. But serious illness is rare, for you exercise regularly and are fussy about your food. When problems do occur, they are likely to involve colic, flatulence, the bowels, dyspepsia, eczema, and allergies. You would be well-advised to try to find out which foods or substances upset that highly sensitive system of yours.

# *Scorpio Sun with Libra Rising*

Peace, for you, is a deep-seated need. You love companionship and are usually courteous, pleasant and agreeable. While very quick to anger, you are generally easily calmed. You are extremely diplomatic and try to please everyone at the same time. Not quite knowing which way to go in life, you are frequently observed sitting on the fence attempting to sense which way the wind is blowing. Then you jump on the nearest bandwagon. You enjoy variety, especially in the arts and literature. You are also fairly materialistic and value your talents and are anxious to be rewarded for all efforts. This, together with your love of beauty, makes you an extremely successful collector. You are extremely optimistic or extremely pessimistic, and are liable to extremes of mood.

Brothers and sisters are generally numerous or become so after marriage into a large family. There will be disputes with relatives and legal action may follow. Your father is probably a source of trouble or loss to you and may have suffered considerable bad luck. Possibly, he died when you were quite young. If not, there would have been disputes and restraints brought about by him. Success is shown in your native country and also in your native town.

## HORRORSCOPE

You are sexy but heartless, however old. A legend of sexual exploits surrounds you but, in truth, you are a fickle and inconstant lover. The fact is that you care more about yourself than anyone else. Even at your most charming, you are a promiscuous philanderer who is adept at taking far more than you ever leave behind. You are about as solid and reliable as a paper tissue and highly self-serving. You marry for lust and continue your philandering ways as soon as the honeymoon is over. Financially, you make Scrooge look generous. Why spend your own money when you can beg or borrow? Not surprisingly you have a wide range of acquaintances but few real friends. For once others get to know you, they tend to make a sudden exit and who can blame them?

### Love

Love is extremely important to you and even in old age you rarely lose interest. Danger lies in your tendency to become involved with the first attractive person that comes along. Sex plays an important part in your life, though it is the chase and the challenge that really stimulate. Anyone who takes you on permanently will be forever controlling your wandering eye and may wonder whether all the effort is worth it. Your appetites are keen but whilst your passions are all-consuming and sincere, they are generally shortlived. Troubles threaten your married life and there may be a separation. Your mate is likely to be well off and you gain from unexpected legacies. Few offspring are expected, but those that exist are lucky and give you plenty of satisfaction. It's likely that your children will be your best supporters in old age.

### Career

Because of your inquisitive nature, you may be attracted to financial professions such as accountancy and banking. You would also make a fine collector. You are inventive and show ability to constructive and decorative work. You are also a quick learner and attracted to the arts and business affairs. A profession is likely to bring you success in connection with fluid. Many wine merchants, chemists, doctors and sailors are born under this combination. There will be a loss due to a disagreement or death of a business partner. Be very careful with contracts. You will have much to do with the public in connection with your job and may move often and go on long trips. Instability plagues your position in life, so honour and success are impermanent. Friends and supporters tend to come from those of good families and unexpectedly include artists and professional people.

### Health

You are strong, but when upset, your nerves and constitution suffer. When run down you should rest, watch your diet and develop your appreciative qualities of poetry, music or art. Other areas which need care are the liver, kidneys, veins, infections of the feet, and intestinal complaints. With a little bit of care and thought, you can remain a very healthy specimen.

# Sagittarius

*(23 November – 21 December)*

## *Sagittarius Sun with Sagittarius Rising*

You're open and generous. People are attracted to your optimistic spirit and things happen when you are around. Others admire your adventurous impulses. It is likely that you are the most popular character around for miles, always ready for light-hearted fun and a party. You have a well-developed sense of justice, and are capable of fighting fiercely for your beliefs as well as for the underdog. One of your strongest Sagittarian traits is your independence and love of freedom. Those not well-acquainted with you can be taken aback by your aggressive reactions when they make any attempt to pin you down. The more clinging and intense types are sure to conclude that you are something of a lightweight. You are unimpressed by their tantrums; all you care about is protecting your free spirit. Although a great friend, you are not the most successful lover. You are more likely to need a chum who can share your interests and adventures without becoming too demanding. This is not always easy to achieve and you may resort to relationships with those committed elsewhere, i.e. the married. This could become a hard habit to break.

You are the physical type and are sure to be preoccupied with a variety of sports. Your early life is not particularly lucky, due to some reversal in the fortunes or affections of your parents. You have few brothers or sisters, and there is sure to be some trouble with them. In general, relations are friendly. There is some secret trouble in connection with a parent, probably your father or father-in-law, and this may lead to some restraint, which you very much resent.

## HORRORSCOPE

You've the emotions of a gadfly, the maternal instincts of an alleycat. You live in the present, have no use for the past, and tomorrow never comes. The only reliable thing about you is your inconsistency. You casually offer to help your friends but if they take you up on your offer, you soon disappear. Your personal relationships are a disaster. You stagger from one lover to the next, no wonder your head spins. You watch for those little signs that indicate to you that others may be about to ensnare you, and keep your running shoes under the bed. However, you are so conceited that you frequently imagine that every member of the opposite sex wants to settle down with you. It never occurs to you that you would make the world's lousiest spouse. "Ah!" you argue. "But I'm in such great demand!" Sure, but then you don't understand that others are as capable of using you, as you are of using them. It's about time you woke up.

### Love

As you demand an imaginative and active sex life, you are interested in your lover's mind as well as their body. It's not easy for you to settle into any kind of emotional commitment in which you may have to make allowances. In addition, you need to retain some of your freedom and a jealous or possessive partner would quickly kill your affection. So, whilst your passions are numerous, for the most part they are controlled. You may well have two marriages and one of them will greatly affect your position and welfare. You will have a small family and there doesn't seem to be much sympathy between you and your children. It's quite likely that you will become separated from your offspring, or at least from one of them. Your domestic life, as well as your marriage, seem to be at the mercy of snipers, although this is something you can control if you have a mind.

### Career

You very much like to do your own thing and would make a marvellous freelance worker. Sports, law and social work may also appeal. You are versatile and able to master many branches of learning. You will succeed through personal application and may come into an inheritance. There are many problems during your early life, although good luck comes in the end. Your occupation is likely to be of a dual nature. Usually, your working life is long and useful.

### Health

You are physically strong, mainly due to your love of activity and sports. Generally you can expect to live to a ripe old age but there are certain areas which need to be watched and protected: your throat, ears and bronchial tubes. In old age you may be prone to sciatica, rheumatism, varicose veins and swelling of the legs. Assuming you follow a sensible diet and take the exercise you enjoy so much, there should be little problem.

## *Sagittarius Sun with Capricorn rising*

Whilst it is true that Capricorn exercises a sobering influence, it can never totally obscure that totally crazy, gregarious Sagittarian sun of yours. However, it's likely that others will need to get to know you very well before breaking through that cool façade. There is clearly a secretive and reserved side to your nature and times when you enjoy being alone. You are far too sociable and adventurous to actively seek solitude, but it is very restorative for you.

The outdoor life and sports greatly appeal, making you an excellent athlete or explorer for instance. You like to pit your wits against nature and test your ability to the extreme. To achieve maximum progress you need an objective. Once this is established, there's no holding you back and you are capable of enormous effort towards attaining your chosen goal.

You are strong and forceful but can be suspicious and melancholic. So in spite of great ambition and courage, bringing success, you often feel that your life is unhappy. You will forgive but never forget so make an excellent friend but an unrelenting enemy. Brothers and sisters are likely to be numerous, but frequently cause great stress in your life with rivalries and secret troubles. Your father may be somewhat hostile and a cause of trouble, especially in connection with marriage. As a youngster, you may have been prone to illness and accident, but you become stronger in adult life.

## HORRORSCOPE

It is hard for you to maintain a happy medium and you veer from madcap optimism to black depression. Compromise remains elusive. You set yourself impossible goals and when you fail, you retreat so far inside yourself that friends fear for your sanity. Alternatively, you throw yourself into an alcoholic binge, only emerging when motivated by yet another crazy idea. Romantically, you are decidely accident-prone, forever about to walk up the aisle or resigned to life alone. You may not realize it but you leave a trail of confusion in your wake. You persistently misinterpret other people and don't usually hang around long enough to realize that you have made a mistake. It is time to throw away your rose-coloured spectacles and take an objective look at yourself and your life.

### Love

You can find relationships extremely trying, and the more intimate they are the more difficulties you encounter. This is often due to a lack of communication, perhaps as a result of shyness, or more likely because you find it difficult to deal with intense relationships, preferring to keep others at a friendly but comfortable distance. You often suffer from loneliness but can make a cherishing and protective spouse. This combination can be very much opposed to marriage, or marry early and more than once. In all cases, romance is prone to great, sudden changes. In the case of plural marriages, you may be parted from one spouse whilst the other will bring material wealth. Your ambitions are greatly affected by your mate, who influences your career to a great extent. You will have few children and your ambitions are closely tied up with them. This can cause a lot of trouble, for they may not be able to live up to your expectations.

**Career**

You are a great adventurer and capable of excelling in both science and business. Your financial success will be due to personal merit, the assistance of friends and the support of your family. Speculations may also swell the coffers. For the most part, you gain through your own enterprise and work. Enemies are found abroad or amongst foreigners. Your relatives exercise tremendous influence over your success and position in life.

**Health**

Despite a tendency to hypochondria, you are basically very healthy. The areas which you need to watch are infections due to cold or obstructions, rheumatism in the arms, hands and knees, a nervous stomach, colic, flatulence, mental problems and falls. With a little bit of common sense, you could have a very long life.

## *Sagittarius Sun with Aquarius Rising*

You are everyone's chum, from the great blue whale to the little old lady down the road. Few are as humane and as concerned as you. You embrace causes enthusiastically and like to improve the quality of life, for the individual or the entire planet. You are generous, impulsive, kind and concerned although others find it hard to achieve an intimate relationship with you. You hide your deeper feelings, only giving your all when you are convinced that this is the mate you have been waiting for. You are an active character both physically and mentally. You are constantly finding ways to test your mental abilities. With leisure activities, you are attracted to sports and nature, and anything that affords you the chance to escape the polluted atmosphere and the human race.

You make a good, enduring friend but have a strong forceful temper. However, you do not bear malice and for the most part, are kind and sweet. Your will though is inflexible, and persists in spite of all obstacles. You are fond of movement and frequently travel back and forth for the hell of it. Your father was probably engaged in buying and selling, or perhaps stock-rearing. He may have departed from your life at an early stage, perhaps to distant lands. Relatives, especially a brother, have much affect on your position and a death will seriously influence your career prospects.

## HORRORSCOPE

You have as much tact as a bulldozer. True, you are open and honest and yes, others invariably know where they stand with you; but this is because you do not hesitate to tell them. You bandy your opinions and criticisms around with tremendous zeal. It doesn't occur to you to consider the feelings of others, or to use a little diplomacy. However, you are totally unprepared when you find yourself on the receiving end of the same treatment. You feel a complete fool and are quick to dismiss the truth if it doesn't agree with you. Others can cope with you, at a distance. Therefore, most relationships tend to be shortlived and whilst you are not a true horror, you certainly are a self-opinionated bore.

### Love

It is likely that you feel more at ease when living alone. When in a relationship, you need to retain a considerable amount of freedom, despite the fact that you may have young children. This demands a tremendous amount of understanding and tolerance on your partner's side as it is unwise to make someone like you feel trapped. Despite this, your marriage is usually stable although your dispassionate nature can lead to problems at times. For the most part, though, you are wary of emotional involvement and only reluctantly take the plunge. But once the commitment is made, you make a faithful and loyal partner. Your family will be small but may include twins. There will be many problems with your children. The firstborn needs particular protection both before birth and for the first couple of years of life. It is likely that you will do much travelling on account oof your family.

**Career**

You would be good working in a team, striving towards a common goal or for the common good. You are interested in the liberal arts and scientific research, and often become involved in the secret methods of experimental science. You make a good writer and speaker, having a taste for the philosophy of speech and drama. There are many long trips taken for financial reasons and in connection with your occupation. Two sources of income are likely and usually your occupation is somewhat secretive. It may be chemical research, or military, government or detective work.

**Health**

You are generally robust and when under par, fresh air seems to be particularly beneficial. Areas likely to give trouble are blood infections, eczema, spasmodic action of the muscles, indigestion, stomach complains, neuralgia and sometimes accidents to feet and ankles. It takes a lot to damage you physically, so for the most part there's not much to worry about.

## *Sagittarius Sun with Pisces Rising*

You are an ambitious individual who tends to complicate life through a want of decision in professional matters. You desperately need recognition and success, although it is important that you accept that such things also bring responsibility. Other people are attracted to your gentle and courteous nature. Furthermore, you are gifted with a fruitful and intense imagination which needs definite expression. Otherwise, it could deteriorate into exaggeration and sensationalism. You display great concern for the plight of the less fortunate and lend your support whenever possible. You are restless, active and highly-strung, and must find time to relax in order to stay healthy. You are impressionable and imaginative, and easily torment yourself with strange ideas and fancies. Because of this, you are somewhat difficult to know. Your mind is benevolent and just; your spirit is meditative, studious and poetic. You have great ideas on how to enjoy yourself and indulge in the good things of life but you do not take pleasure at other people's expense.

You may well have many brothers and sisters, and relatives are able to be of much help. In some cases, there will be the premature loss of a sibling. Your parents were not particularly supportive and your father may die prematurely. The family estate could become split up and will not enrich you to any great extent. Your mother is likely to marry twice.

## HORRORSCOPE

You are about as decisive as an autumn leaf floating on a river. You vacillate and fret when positive action is called for and, because of this, failure dogs your every step. The reason for this behaviour is that you fear making a wrong move. You prefer to remain firmly on the fence, bemoaning your lack of achievement. Cowardly, you hang back hoping that others will mobilise you, which they frequently do. If the end result is failure, however, you are quick to accuse others of interfering in your life. You may lose many friends and lovers this way.

### Love

You need to take care in your approach to relationships. You chase romance and get carried away only to discover, when it is too late, that the marvellous things you first saw in your lover do not really exist. You find it hard to cope with the practical aspects of marriage and can be surprisingly critical. This combination usually means two marriages and a good deal of trouble in the marital state. Relatives seem to interfere a lot in this side of life. It's likely that you'll gain property and a legacy through marriage. You can expect a large family and your offspring will travel and their own lives will be prone to frequent changes.

### Career

In general, your occupation is connected with the arts, government, sport or health. You are capable of obtaining a good position in life. Your mind is restless and creative, always in search of new ideas. Wealth is largely due to your own enterprise and efforts, although often writing is successful. You may also gain through travel and the good will of relatives. You have a capacity for many things and much trouble is taken in connection with your job. Two distinct professions may be followed at the same time. You are very active and have many pursuits in which success is achieved in two out of three.

### Health

You are highly-strung and nervous which affects your physical well-being. If you can learn to relax, exercise and control excesses, you will stay healthy. The areas that need watching are the feet, and eyes, weak ankles, colic, and danger of accidents through hot or sharp objects. There may be some problems with the ovaries and reproductive system if you are female. Common sense goes a long way to keeping you healthy.

## *Sagittarius Sun with Aries Rising*

Both these signs are ruled by fire so this is a heart and hand-warming combination. There's fire in your eyes and in your blood. You are positive, aggressive and vital—a hot-headed individual. You've a great big generous heart which brims over with confidence and optimism, but you also possess a hyper-sensitive ego and are easily hurt by rejection. Even a difference of opinion or approach to life can be mistaken as a personal slight. You are energetic, adventurous, pioneering and sporting. You need physical activity in order to channel your robust personality. There's no lack of popularity as others are drawn to your warmth and are happy to be organized and led by you.

You'll benefit from time spent in further education and in long-distance travel. It's likely that you will spend time abroad, maybe due to marrying a foreigner. You are probably an only child, or may become so after the death of a brother or sister. During childhood, there are many obstacles arising through the affairs of your parents and your father may disappear, leaving you unprovided for. Your relatives are not favourable and family ties are strained. There's a love of high position which may reveal itself in an attraction to mountain climbing.

## HORRORSCOPE

Although full of enthusiasm, you lack the ability to stick to anything for long. You are a jack of all trades and master of none; an initiator, not a finisher. You don't dwell on mistakes and can hardly be expected to learn from experience. Your ego is like a see-saw, veering from self-depreciation to exaggerated, boastful, overbearing arrogance. Others find you impossibly unstable and cannot tolerate your need for aggression. You thrive on constant strife and when you've driven friends and lovers away, will no doubt start haranguing strangers. Heaven help you if you pick on someone like yourself.

### Love

You need to express your sexuality more than most although your urgency is frequently tempered by a truly romantic streak. At the same time, your selfishness is emphasized and your childishness comes to the fore especially when things go wrong in love. You are sure to marry early and in a hurry. You will be repenting at leisure and will experience divorce or separation. On its own, this is not a particularly fruitful combination. Your family is likely to be small and you may have no children at all. There will be plenty of travel connected with family affairs and health problems, or perhaps in order to avoid trouble.

### Career

Travel, politics, the military, education or sport are all areas where you can be successful. You are ambitious but will have plenty of difficulties to overcome, which will take most of your determination. Your fortunes are changeable. You gain through property and industry, and sometimes by marriage. There are many changes of residence and you will go on long trips in order to fulfil some commission. You'll be a pioneer in the intellectual, civic or military worlds. You'll gain through success and daring and on account of travel. There may also be an inclination to mining and exploration.

### Health

In temperament you are hot and dry, prone to flatulence, colic and internal inflammatory disorders. Accidents are likely to the eyes, hands and feet. As Aries rules the head, it's quite likely that you may suffer from migraine. Nevertheless, some sort of allergy may be at the root of this and could bear some investigation.

## *Sagittarius Sun with Taurus Rising*

You possess the idealism of the Sagittarian plus the practical approach of the careful Taurean. Because of this, you are capable of realizing most of your dreams. You are not as physically active as the usual Sagittarian, preferring to take your exercise in a more leisurely way—walking or gardening. Nevertheless, you enjoy the fresh air. You don't mind indulging in a half-mile walk to your favourite restaurant, but the gymnasium or jogging are simply not your style.

You are sociable and have a wide circle of friends, comprising a variety of interesting individuals. You love to exchange ideas, although there are occasions when you are a little too emphatic in putting your opinions across. However those of long acquaintance dismiss this as your way and happily partake in a rowdy exchange of views. You rarely lose your temper but when you do, others had better watch out. This sign rising generally means a father from a good family who is a man of some importance. Problems arise through relatives, especially brothers and sisters. On the whole your life is peaceful, though there can be problems through your misguided resistance to obstacles.

## HORRORSCOPE

Combine Sagittarian tactlessness and the opinionated Taurean and what you have is a formidable pain in the rear. You are in love with the sound of your own voice. You would probably make a great politician for you never listen to other people. When confronted with an eloquent intellectual, you don your blinkers, lower your head and turn up your volume. This drives others to seek more amenable, intelligent company. You are so wrapped up in yourself that you probably fail to notice your solitude. Loved ones often refuse to argue with you, realizing that this is a complete waste of time. They tend to withdraw instead, making it virtually impossible for you to develop a meaningful relationship. You remain undeterred. After all, it's only you that counts isn't it?

### Love

Your possessiveness extends all too often to your partner, as though he or she were a new set of saucepans or a brand new car. Although charming and affectionate, you suffer deeply if you discover that your lover does not belong utterly and completely to you—no doubt so will they. Trouble is expected in marriage and there may be a separation. There may also be problems due to attachments after marriage. Care needs to be taken of your children whilst they are young. The eldest, in particular, must be protected during pregnancy and the first two years—especially if a boy.

### Career

You could do very well in research, banking, finance, insurance and any big company of this kind. Furthermore, you are fond of natural history, gardening and horticulture. You are a patient worker and pay tedious attention to detail. A certain degree of success is shown although losses may come through legal disputes, unemployment or love intrigues. You can expect unforeseen windfalls and will gain through someone's affection and also through friends. Your position in life is insecure in youth but is later helped by fortunate associations and dedication to your vocation.

**Health**
You enjoy life's luxuries and are likely to study diet and hygiene. There is very rarely anything wrong with you. Nevertheless, the areas to watch are infections, the spleen, the liver, the kidneys, diabetes, sore throats, and tonsillitis (a frequent problem when under stress or run down). You are likely to face many problems in life.

## *Sagittarius Sun with Gemini Rising*

You are eloquent and happily chatter to anyone who will listen. Being bright and intelligent you are rarely short of an audience. Also, you are kind and courteous, with an insatiable appetite for life and its experiences. There's nothing you enjoy as much as intelligent discussion, finding it infinitely preferable to indifferent sex. It is difficult to imagine you alone as you love company and are comfortable and relaxed with either sex. Romance is something of a game for you and can make for an interesting but complicated existence. You are a good friend and can be relied upon to find intelligent solutions to other people's problems. You need movement, stimulation and change, possibly in order to stave off boredom. Your luck is prone to many changes and you can be greatly affected by the influence of the opposite sex. You are going to experience both affluence and hard times, and there are many family secrets and problems. Your relatives are usually well-connected and prosperous. A brother or sister will do extremely well for themselves but you do not altogether agree with your father. In general though, you are the cause of your own bad luck.

## HORRORSCOPE

You are diverse, complicated and greatly confused. You are so devious and cunning that your left hand hasn't seen your right hand for years and friends long ago gave up expecting you to fulfil your promises or obligations. Your superficial charms attract the opposite sex, and regardless of age, you cannot resist a new face, body or challenge. You are confident that you can grow old with dignity, but usually do so quite disgracefully, breaking many hearts along the way. The longer someone holds out against you, the more strenuous your efforts. If they are married or have children—all the more fun. You are pathetic and insecure, deserving most of the heartache and problems you experience. Regrettably, your loved ones are frequently made to suffer also, but hopefully they will eventually wake up, pack their bags and leave you to wallow in your own perversity.

### Love

You are not overly emotional but you express yourself well in your romantic adventures. Your love letters are certainly worth keeping. A tendency to flirt may well contribute a liveliness to an affair or marriage; so may the occasional need for more than one relationship. Your luck is greatly affected by the opposite sex and there are many secrets connected with your love intrigues and attachments. In some cases, a child may suffer as a consequence. It's likely that you'll marry at least twice, or have two simultaneous attachments—generally one in a foreign country or marriage to a foreigner. Members of your own family will be well-favoured, of moderate number, and inclined to the fine arts.

### Career

You can excel in professional partnerships, as an agent, a manager or in connection with the law. You are capable of finding success also in assocation with the arts, sciences or perhaps travel. You are inventive and have original ideas over legal matters, negotiations and trade. You will hold a good position in life and are likely to follow two professions at the same time. There are many obstacles and problems in connection with success and these are largely associated with lawyers. You are in danger of diversifying too greatly or spreading your interests over too wide a field. Inheritance of land or houses is likely for you.

### Health

Be careful not to overstrain your highly-strung and sensitive nervous system, which can break down under stress. But at least your body appears to be on your side, for this is an extremely youthful combination. Areas that need watching are the lungs (which are susceptible to illness, especially if you are dark), cold which may strike whilst travelling, infections of the bladder, fevers, and poisoning. Fresh air, a good diet and exercise will keep you hale and hearty.

## *Sagittarius Sun with Cancer Rising*

No doubt you have often wondered why you do not fit conveniently into your astrological stereotype. You pride yourself on your sensitivity, imagination and artistic talents—characteristics foreign to the Sagittarian nature. However, these traits do not run as deeply as you would have us believe. They are a convenient façade with which you face the world. Although interested in your own feelings, you can be extremely cavalier with the sensitive emotions of others.

Neither are you as domesticated as you would like to think and family feelings are discarded whenever the mood takes you. There's no doubt that you are a complicated personality, and one who is attracted to strange scenes and adventures. According to circumstances you can be brave or timid: generally shy as to physical danger but courageous in your mental and moral attitude. It's likely that you'll inherit property though only after a good deal of complication. The premature death of a brother or sister is likely and there will be trouble from relatives with whom you disagree.

You may well become close to a second family, although not in the adopted sense.

## HORRORSCOPE

You are insecure and mixed-up but not a true horror. You have no idea what you want from life and so always shy away from making important commitments. You have many sides and although you throw yourself wholeheartedly into the mood of the moment, other impulses later take over and you withdraw. You mystify yourself and others who often decide that you are somewhat unbalanced and may prefer only superficial contact. If you seriously wish to succeed in life, you need to recognize the fact that you must take a chance and see it through to the bitter end.

### Love

You can be easily bogged down by domesticity, refusing the chance to have fun even when the opportunity arises. You are moody and should be careful this does not mar your relationships. Disillusion spoils many of your attachments and drives you continually towards other people. This combination is not fortunate for marriage and such happiness is difficult to acquire. You can gain by inheritance but only after legal difficulties. Your offspring cause many problems in your life, although the eldest is likely to succeed in a medical, chemical or artistic profession. In advanced years, it is likely that your children will be your best source of protection.

### Career

Life will have many ups and downs but a certain amount of success and notoriety will be attained. You are good at re-working old material and so would make a great copyist. You are capable in negotiations and have a love of position and wealth. Although your path is strewn with problems, later life is generally successful and prosperous. Friends, especially women, support you and give financial help. However, one friend will be the cause of a reversal of some description. You need to take care for it's likely that you'll fall victim to slander.

**Health**

You are a great worrier and keep your anxiety to yourself. The resulting tension upsets that sensitive digestive system and may bring on an ulcer. Other areas to watch are chest infections, rheumatism and sciatica. There is also a certain danger from falls, especially whilst abroad. Healthy emotions go a long way to keeping you in top condition.

## *Sagittarius Sun with Leo Rising*

This is a highly active, creative and sporting combination. You possess a tremendous sense of pleasure and fun. Your warmth, generosity and optimism attract many people and you are always in great demand. You possess a great rapport with animals and children, and there is something about you which will be forever childlike. You need a creative outlet, if not professionally then in your spare time. However, your sensitivity mars expression. In love, you are forever romantic and helpful. Regardless of disappointments, you retain your faith in other people. You are essentially sociable and in your element surrounded by hoards of people, especially if occupying centre-stage. Your ego is your Achilles heel and needs constant nourishment and protection, It doesn't take much to bruise those tender feelings of yours.

Your father is important to your position in life but you may have become separated, bringing a reversal in your luck. He will be a source of problems to you. There are some disputes in connection with an inheritance, or associated with long trips and life abroad.

### HORRORSCOPE

You make Elizabeth I and Henry VIII look like pussycats. Like them, you prefer to surround yourself with sycophants and flatterers, and friends and lovers are chosen for their ability to fulfil this need. Anyone who criticizes or disagrees is exiled from your court and dismissed from your mind. Your conceit is beyond belief but how you concluded that there was something special about you is difficult to imagine. You are selfish, patronizing and an exaggerating fool. You may possess a certain charm, but it doesn't fool people for long.

## Love

Emotional relationships are not easy for you, and you need to be cautious when forming a permanent attachment. You have to respect and admire your loved one. You are faithful and affectionate, and express your feelings and loyalty in a positive fashion. Nevertheless, this doesn't prevent you from indulging in cat-and-mouse games in your sex life.

This combination tends towards two marriages with children by both partners. You will have many offspring and there is a certain danger in the first pregnancy. Extra protection is needed. There may be twins, especially if you are female or your mate is an Aquarian. Regrettably, differences arise between children in adult life.

## Career

Arts, sport, children, animals and theatre are all possibilities when it comes to choosing a career. Your capabilities are diverse and often favour the arts or public office. Your poetic instinct and love of drama are strong. Wealth usually comes through your own efforts but also through relations in good positions. Losses occur through health or family problems. Another area of gain could be in trading in commodities such as food or clothing. Your occupation will be profitable and will necessitate many short trips.

## Health

Although you rarely give in to depression, you can really disintegrate when it finally strikes as it can affect your health. In general though, this is a healthy combination. When problems arise, they are likely to involve the back, the heart, rheumatism, the bones and the blood. In the main, though, you are resilient where illness is concerned.

# *Sagittarius Sun with Virgo Rising*

The Virgo critical faculties are combined with the Sagittarian tactlessness making it difficult to get on intimate terms. However, you have obvious concern for others and so they tend to forgive you pointing out their weaknesses. Your domestic instincts are well-developed and you take pride in your environment. Hopefully, your parents encouraged you to spread your wings outside the family circle. Otherwise, there is a danger that you may have become too much of a home body. You can become incredibly wound up about the small things in life, expecting the major issues to take care of themselves. Sometimes they do, but when they don't the result is drama, chaos and panic.

You've a cool, clear intellect and a strong sense of justice. You make a good friend, but a difficult enemy being slow to anger but slow to forgive. You can be persuaded to apologize when handled correctly. Relatives and neighbours are not lucky for you and the death of an older brother or sister is likely. There is generally little sympathy between you and your family. There are sure to be some family secrets and your father may marry twice. There may be some illicit attachment in your background. Friends will be impermanent or changes will result in breaks with them. However, new associations are easily formed.

## HORRORSCOPE

You are excessively talented when it comes to deciding why something will not work and so people find you somewhat intimidating. There are times when you want to take advice, but are usually afraid to do so. Opportunity makes you squirm with discomfort until you can find a reason not to take the chance. Later, you complain that you never get any breaks. You are your own worst enemy, although this is the last thing you would admit. When life deals you the smallest blow, you retreat into your family, hoping that they will protect you from the world. It doesn't occur to you to stand on your own two feet. You are a parasite and a leech, and one day loved ones will run out of patience and then you will be forced to face your inadequacies, like it or not.

**Love**

It is not always easy for you to express yourself as fully or passionately as you would like to. This is mainly due to a basic mistrust of other people. Disappointment is likely and you'll probably marry twice or have a second attachment during the life of your spouse. Problems occur in marital affairs and there may be some secret in connection with your mate, which tends to make him or her somewhat reclusive. The first child or pregnancy needs special protection. You will have a small family who will be difficult to manage. Your children will not marry early or readily. It is likely that you will experience some permanent animostiy on account of a love affair in which a child will be involved.

**Career**

You have a love of horticulture, gardening, and farming and will be particularly able to master the practical side of these and other studies. You will achieve moderate wealth but only after hard work. Even then, a loss may occur, especially during the early part of your life. You make a good banker or business person, although there is a certain danger in speculation. Property and its allied trades will also provide a source of income. Guard against scattering your interests over too large an area, for this could cause unnecessary complications. After a series of difficulties, you are likely to be successful in achieving a reasonable position in life. There will be many changes of occupation and you will travel a lot on business.

**Health**

You tend to be a great worrier but repress your anxiety, making you nervous and highly-strung. Tension can lead to intestinal upsets, skin eruptions, allergies, and ulcers. Hypochondria is also fairly common.

## *Sagittarius Sun with Libra Rising*

This is a perfectly delightful combination which charms the birds off the trees. You are forever on the go, ambitious for doing and achieving. You've a large circle of friends and a diary full of invites. Unlikely to be interested in sports, Libra tends to make you somewhat lazy. You have a sweet and gentle nature; one that is adaptable, sensitive and easily influenced by environment. You are open and honest, sometimes hopeful and sometimes very melancholic. When engrossed in anything you are extremely intense, although your hobbies and fads are shortlived.

Your brothers and sisters are generally numerous or become so after marriage into a large family. There are disagreements amongst relatives and on one occasion legal action will follow. Your father may be a source of trouble or loss to you. Perhaps he died whilst you were young or was prone to more than his fair share of bad luck. In all cases, there are hindrances and restraint brought about through him. Among your relatives, there is sure to be a double tie, either through adopted parents or a second marriage on the side of one of your parents.

### HORRORSCOPE

When asked the way by a perfect stranger, you immediately begin to assess the possibility of a romantic encounter. You have a lot of needs, so let no opportunity be wasted. Security is of paramount importance, next to being totally provided for. Once you find a meal ticket you stick to it like a limpet and no measure of cruelty will make you consider leaving. You have absolutely no depth and living with you is like cohabitating with the latest electronic toy. It's not long before others become bored and think of wandering. When it comes to communication you babble, digress, and never get to the point. Others find you painful to be around as you like to talk but rarely listen. Even if the house caught fire whilst you were in midflow, not even the smoke and flames would deflect you from your pearls of wisdom. You may not be a horror, but you are a real bore!

## Love

The one big problem is that you fall in love with love. So keen are you to find a partner that you rush into relationships before you are ready. A partner will find it all too easy to take advantage of your pleasantly casual qualities. There will be plenty of marital problems such as separation but your mate is likely to be wealthy and you gain from unexpected legacies, especially through women. Your children will be lucky and give plenty of satisfaction. It's likely that they will be your best supporters in old age.

## Career

Advertising, communications, the media, and transport are all possible sources of income for you. Your mind is inventive and shows talent in constructive and decorative work. There is also a liking for maritime arts and wherever liquid is apparent, you may find success. Those born under this combination make good spirit merchants, chemists, doctors, surgeons, and sailors. You'll have much to do with the public and in connection with your work will move many times. Be warned, instability dogs your footsteps so you are wise to put something away for a rainy day. Dealing with property is likely to lead to profit.

## Health

For the most part, you are a cheerful optimist but you cannot bear loneliness. This can deflate your natural spirits and lead to illness. The areas that need particular care are the liver, kidneys and veins, infections of the feet, and intestinal complaints. Provided you can maintain peaceful and harmonious surroundings, you'll continue to flourish.

## *Sagittarius Sun with Scorpio Rising*

It's unlikely that you recognize yourself in astrological books as a Sagittarian. Scorpio rising makes you more passionate, tense and war-like than would normally be the case. You are also acquisitive and materialistic. Financial security is important and you have a deep horror of debt. You are aware of your talents and when it comes to your work, you are anxious to be rewarded for them. You go to extremes both in work and pleasure, and your nature is excessive. There's a strong critical streak in you, which makes you sarcastic and hard on opponents. Your imagination is fertile and resourceful and, though petulant and fiery, your temper is short-lived. You are strong-willed, rarely give in and have definite loves and hates. Few brothers and sisters are likely and you may be an only child. If others were born, then they will be unlucky and may even die at an early age. Your father is friendly enough but in danger of bad luck, which will rub off on you. Your relations are generally interested in your welfare and do all they can to help.

### HORRORSCOPE

You have few problems when it comes to gaining success as you have many secret weapons, so secret that even you fail to recognize them. You take great pride in any power you manage to attain and probably destroyed several people to get where you are. You are sarcastic, cutting, selfish. You also possess an unnerving ability to penetrate other people's minds whilst remaining aloof and inscrutible yourself. But then it's just as well that you managed to stay an enigma as to know your mental makeup would be extremely nervewracking. You play games and have to win. Your fiendish mind is capable of unbelievable manoeuvres and it would be easier to deflect a juggernaut than to talk you down. Emotionally, you are dishonest and will use intimidation where seduction fails. You don't just unnerve other people. You also are frightened of yourself and your unbridled emotions. As a lover, you are incapable of flattery, quick to criticize, possessive, jealous and manipulative. You could easily move a mild-mannered mouse to consider murdering you in your sleep. When it comes to something you want you can always find a way, but you never quite manage to keep it.

**Love**

Your emotions find an outlet through sex. In relationships, you suffer from uncontrollable jealousy though you love passionately and enduringly. Should your sex life prove to be unsatisfactory, you would find it extremely hard to fill this gap in your life. You are likely to marry more than once and this combination produces many children, sometimes including twins. Your offspring marry early and there is likely to be some secret problem in connection with one of them. Many loving pleasures enter your life and you wouldn't have it any other way.

**Career**

You are ambitious and sure to gain a good position eventually. Your early life is not that fortunate but you will prosper in later years. You gain through travel, relatives, legal affairs, and marriage. There are likely to be two sources of income and two quite dissimilar occupations. You are inclined to the military, maritime pursuits, government and leadership, accountancy, and banking. No matter which road you choose, you are sure to be a great success.

**Health**

You go to extremes in both work and pleasure so many of your sicknesses are of your own making. Areas that need particular care are infections of the bladder, inflammatory and poisonous complaints, fevers, and accidents through hot or sharp objects. Your right arm is particularly vulnerable and your eyes may suffer disease or accident. For the most part your physical wellbeing is in your own hands, so it is up to you to develop some sense of moderation.

# Capricorn

*(22 December – 20 January)*

## *Capricorn Sun with Capricorn Rising*

Anyone as single-minded, determined and as dedicated as you certainly deserves to be extremely successful. Even so, other aspects of life will at times be a complete shambles as it's likely that you will devote little time to your personal life. Money seems to be your god, though eventually you will realize that there is more to life. For what's the point of being a millionaire if you have no one to share it with? If only you wouldn't repress your softer side. You need friends and can be excellent company, but must you always mix business with pleasure? No wonder you get depressed on occasions. Caution is your watchword and when a course is decided on, you are extremely persistent.

Your brothers and sisters are usually numerous and frequently cause many complications and sorrows in your life. There are secret troubles and rivalries amongst relatives. Your father and family may be hostile and create obstacles, especially in connection with marriage. During infancy you may not have been particularly healthy but this combination becomes stronger with age.

### HORRORSCOPE

You are the type who could stroll on to a beach in Barbados and create a chill. Your emotions are repressed; though perhaps through no fault of your own. You carry the worries of the world on your shoulders, though your hang-dog expression is sometimes the result of a hangover. You should sort out your own problems before you start meddling in the affairs of others. They don't really need your help or your useless advice. Make a point of occasionally getting out and having some *fun*. You view every social occasion as an opportunity to further your interests, or as a chance to become completely legless at someone else's expense. While not a complete horror, you are a doomladen, social-climbing snob.

## Love

Underneath that reserved façade, there lurks a person capable of giving much love, though not to just anyone. You need a partner who can offer reassurance when life goes against you, and who can show you the funnier side of things, and understand your driving ambition. Some born under this combination are much opposed to marriage, while others marry early and more than once. In all instances, romantic affairs are prone to sudden, fateful changes. In the case of more than one marriage, one partner is likely to become separated from you in some way and another will bring wealth. Your ambitions and position are largely tied up with the opposite sex, who influence your career to a great extent. Your children are few and you have high hopes of them which they may find oppressive. You should recognize the fact that your children are not an extension of you.

## Career

You are attracted to power which may lead you into politics or business. You make a good executive and a determined freelancer. Your desire for success is all-consuming but despite the fact that you will find tremendous achievement, you may feel that your life is unhappy. You proceed a step at a time and eventually surpass the flashier types. Although success is all-important to you, do remember to give some of your attention to other things.

## Health

Your tendency to worry and get depressed can make you ill. You probably have a nervous stomach and should treat it with great respect. Though a goat is notorious for eating everything and anything, you refrain from acting in such a foolish way. Other areas that need watching are infections brought on by cold, obstruction, rheumatism (especially in the knees, arms and hands), colic, and flatulence. You are not generally accident-prone, but when minor mishaps occur, they will involve those sensitive knees of yours. However, you should have an extremely long and full life.

## *Capricorn Sun with Aquarius Rising*

On first acquaintance, you appear to be humane, concerned and intellectual. Whilst there's no denying this, it's also true that when others look for warmth and concern on a personal level, they are usually disappointed. Your heart belongs to the world and is not easily won by any single character. It takes time and a very special person to cut through your reserved and cool exterior. You are prepared to put yourself out for friends though in an unemotional fashion. You logically deduce what needs to be done and go to work. You don't stick around to mop up the tears as emotional displays make you uncomfortable. The sun in this position suggests you need time alone, which is restorative for you. Furthermore, solitude appeals to your secretive side. Do try not to be so aloof. Your father may be involved in executive buying, selling, farming, or stock-rearing. He is in danger of dying early or becoming separated from your mother and living abroad.

### HORRORSCOPE

Although you loudly declare your great concern with the problems of the world, you won't lift a finger to help friends or neighbours. In the main, you wait, fatalistically, for the world to starve, annihilate itself or be overwhelmed by some plague. On the rare occasions that you tire of bad news, you scour the paper for a new gloom-ridden topic to pursue. Other people flee from your presence and you simply cannot understand why. In the unlikely event that you become bored with the end of the world, you could always turn upon yourself and drown your sorrows in a bottle in an effort to appease your stressed nervous system. Your heart may possibly be in the right place, but nevertheless, you are an almighty bore.

**Love**

Your relationships are founded in friendship and companionship. You tend to choose a pal as well as a lover, and a mate free from pettiness will be the one to attract you. You are extremely fussy and will veer away from marriage for as long as possible. Once committed though, your affections are strong and you love constantly. You are likely to remain ardent well into old age. Your partner may well be from a good family and follow some artistic occupation. Your family will be small; twins may be born and they could bring many complications and some danger. The first born needs to be protected before and after birth, until the age of about two. You will do much travelling on behalf of your family.

**Career,**

You do well working behind the scenes or in occult reserach or the secret methods of experimental science. You may also have a talent for music, drama and writing. Though some inheritance is likely, it will probably be more trouble than it's worth. Long trips are taken on account of money, business, property, your father, or possibly a commission.

There could well be something secretive about your work. It could involve chemical research, or government or detective work.

**Health**

Fresh air is extremely good for you, especially when under the weather. The areas that need watching are impurities of the blood, sluggish circulation, and accidents affecting the ankles and the calves. In the main, though, you are a pretty healthy specimen.

## *Capricorn Sun with Pisces Rising*

You appear kind, gentle, sympathetic and affectionate. But as anyone will know who has attempted to manipulate you or your family, your true nature is that of the iron fist in the velvet glove. You are popular but only a fool would believe that just because you prefer to be courteous and charming, you cannot stand up for yourself and your rights. Friendship is all-important and you are loyal, caring and sympathetic. Furthermore, whilst you appear to avoid decision-making, where important issues are concerned you deliberate carefully and have little hesitation in knowing the correct way to go. Where everyday matters are concerned, you prefer to procrastinate as such trivia are really beneath your attention.

Your brothers and sisters will be numerous and of great assistance to you. There may be the premature loss of one of them. Your parents are not generally conducive to your welfare and you may become separated from your father in some way. The family estate will possibly be split up and will not enrich you in any way. It's likely that your mother will marry twice.

## HORRORSCOPE

You are a dedicated boozer. If you put as much effort into your personal or professional life, then you'd achieve enormous success. Furthermore, you are an amusing drunk and when others tentatively suggest that you have a drinking problem, you glibly deny it. If you could just ease up a little, you'd soon discover that there is quite a lot of enjoyment to be had other than that found in a bottle. No doubt you are a horror as far as loved ones are concerned, and regretfully an amusing one for other people. However, when your physical strength begins to break down, you'll realize it's not quite so funny any more.

### Love

You need a partner who can provide a stable background, plenty of love, be romantic when you desire, and who can resist nagging you about your responsibilities. You appreciate the good things of life and have a great sense of fun, though you do not willingly allow your pleasures to hurt other people. This combination suggests two marriages and there may be a good deal of trouble with this side of life. Your partner or partners may be lucky in some way but in-laws have a detrimental effect. Legacies come through the opposite sex. Your many children will be lucky, sure to travel a good deal, and experience many unexpected changes.

**Career**

You make a very effective member of the team, working with a small group towards a common goal. You are also able to obtain a good position and celebrity through the arts, science or literature. You are very active and have many interests in which success can be achieved two out of three times. Your wealth is due to your own efforts, your writings are successful and you gain through travel and the good will of relatives. You will follow a double occupation and possess a capacity for many things. You will travel far on business and your health needs watching when abroad.

**Health**

Your desire to escape can result in too much drinking. Worry about lack of funds also affects your wellbeing. Infections, when they occur, are likely to be of the kidneys, ovaries or feet. Accidents concern your ankles, eyes, and sharp or hot objects. A little bit of common sense could make it relatively easy for you to lead a healthy life.

## *Capricorn Sun with Aries Rising*

Pioneering Aries's love of a challenge coupled with Capricorn's persistent ambition can lead to great achievements. You are a leader and certainly court success, and the only obstacle to it is your tendency to begin new projects but not always to follow them through. With this temptation overcome, you are sure to find yourself at the pinnacle of your chosen profession. You can be tremendously tolerant and patient, especially where day-to-day problems are concerned. When life is going according to plan you are warm, hospitable and vital. Others then are frequently taken aback with how severe you can become when you are crossed or have failed. Although you change your opinions, you are very certain of them while they last. It is likely that you are an only child, or may become so after the death of a brother or sister. In early life, there are many problems connected with the affairs of your parents. Your father may have died early and left you unprovided for. Relatives are not particularly lucky for you and the family ties are somewhat strained.

## HORRORSCOPE

You spend your life looking for fresh challenges. Each one is excitedly taken up but when problems arise, you drop out just as dramatically as you dropped in. Your biggest problem is that whilst you want everything out of life, you also expect everything to be easy and straightforward. You cannot conceive that life needs care, understanding and a degree of fortitude. You have the staying power of a snowflake, the enthusiasm of a toddler, and the cynicism of a five-hundred-year-old man. Unless you can manage to drag up some common sense from somewhere, you are destined to make not only yourself, but others as well, extremely unhappy.

### Love

Friendship and love have a large place in your life and much impetuosity and ardour go into them. No one is warmer or more candid when it comes to showing affection, though this can lead you into trouble. You are sure to marry early and in a hurry and there will be cause to repent. Legal action, such as divorce or separation, is likely. On its own, this combination is generally unfruitful. Few children are likely and there may well be none at all. You prefer to channel your energies into the professional side of life.

### Career

You are a good leader, pioneer, executive or boss. You are ambitious for success but will have plenty of difficulties to combat on the way. Your fortunes are changeable, though there's gain through property and, perhaps, marriage. There are many changes of residence as you find it hard to stay in one place for any length of time. Long trips will perhaps be taken, perhaps in order to fulfil some commission abroad. Bear in mind that though a high position is likely, it could be followed by a quick reversal unless you are extremely careful. You could do well in the civic or military worlds, and could gain celebrity through some daring deed or on account of travel. Friends help you a great deal and they are numerous and faithful.

### Health

You are pretty robust but excessive vitality can be a danger and needs control. You work very hard but should develop some faith in those around you and delegate instead of taking on too much. Areas to watch are internal inflammatory disorders, accidents to the hands, eyes and feet, and headaches or migraine that could be traced to some kind of allergy.

## *Capricorn Sun with Taurus Rising*

This is a positive, strong and determined combination. You tackle everything practically and honestly and so find it hard to tolerate irresponsible or foolish behaviour. You are confident and dependable, though somewhat fixed in your ideas. You never tire of learning and are attracted to travel. A good deal of your time will be spent abroad, due to marriage to a foreigner or in the line of professional duty. You possess the happy knack of being able to make your home almost anywhere and can adapt to other ways of life. Ideally, you would prefer to be settled in one place, but life continually uproots you. It takes a lot to make you lose your temper but when you do, others had better watch out. You are extremely hard to appease and cling to ill-feeling and resentment.

Your father is sure to come from a good family and will be very successful in his own field. Complications arise through relatives, especially brothers and sisters. On the whole, life is fairly calm and problems only come due to your resistance to obstacles and fixed opinions.

## HORRORSCOPE

There's a big difference between being careful with money and being downright mean. You probably have your hard-earned cash stuffed under the mattress, mainly because you don't trust banks and are completely out of touch with reality. It doesn't occur to you that your money could be earning. You are not very popular as others are sick to death of your cadging and tight-fisted ways. You could be a professional freeloader, though it's doubtful you've any friends left to use.

Romantically, you expect to be pampered and spoiled but if it's your treat, you are inclined to pop into the cheapest hamburger joint you find. Try to be a little more generous, not only with your cash but, more importantly, with your feelings.

### Love

You are exceptionally capable of faithful and enduring affection. Your loyalty can survive rebuff or neglect. The earth in you evokes a strong craving for the physical presence of your loved one and any pretext will be taken for bringing you into contact with the object of your affections. Your possessiveness causes a great deal of trouble and enemies interfere with your married life. Your partner may prefer seclusion and it's possible that you may go your separate ways. Where offspring are concerned, there seem to be problems surrounding the first pregnancy, but all children need protecting during the early part of their life. However, they will be a source of gain and satisfaction to you and are likely to make great progress in artistic and academic studies. There will, of course, be arguments from time to time.

### Career

You will do extremely well in education or work overseas such as imports or exports. You have a love of history, gardening or horticulture and are a patient, precise worker, attentive to small details. Problems come through legal troubles, unemployment or attachments after marriage. But there will be unexpected windfalls and you may also gain through somebody's devoted affection, and through friends. Your position seems to be insecure during youth, but is later advanced through lucky associations.

**Health**

Over-indulgence and worry are the main things that affect you, though this is a particularly robust combination. Areas to watch are infections of the spleen, liver and kidneys, ovaries, and even diabetes. Throat troubles are a common complaint, especially when you are run down. Look after this vulnerable area as it needs more than the average amount of care.

## *Capricorn Sun with Gemini Rising*

Astrological books will invariably bang on about how determined, practical and strong you are. Whilst there is a certain amount of truth in this, Gemini makes you more resilient and sociable than would normally be the case. You've also got abundant energy and are forever on the go. Mentally too, you are restless: always chatting and exchanging ideas. Communication is of the utmost importance to you. You are curious and inquisitive, always wanting to know the whys and wherefores. Whilst you may enjoy your own company, for the most part you love being among other people, especially old friends.

Your flirtatiousness can lead to a complicated lovelife; but that's just the way you like it. To you, anything is better than being bored. Though you can be bad-tempered, you readily seek forgiveness. You are very communicative, especially on favourite topics, but don't impose your ideas on other people. There are many causes for family disputes and you do not altogether agree with your father. For the most part, you are the cause of your own bad luck. Your fortunes are prone to many changes and are usually greatly influenced by the opposite sex.

## HORRORSCOPE

You loathe routine and have an obsessional fear of boredom. This leads you to constantly seek novelty and your interests encompass *everything*. Your concentration is that of a two-year-old, so you learn a little of this and a little of that, enough to get by on. Where you are deficient, you are not above inventing information. You demand success, but it will invariably be elusive. By the time you realize where you are going, it's likely to be too late. When this occurs, loved ones will bear the brunt of your frustration and you often end up drowning your sorrows in a bottle. It's time for you to climb out of your high-chair and grow up.

### Love

You need a mate who can share your interests; one who is never tied to the home and who is willing to change environment at a moment's notice. There are also your flirtations to be taken into consideration. Your demands are such that finding the right mate is not an easy task. There are many secrets connected with your intrigues and attachments, and trouble in connection with a child. You may well marry more than once, possibly to a foreigner or whilst abroad. Many troubles are caused by the opposite sex but are basically through your preference for a complicated life. Your offspring will be lucky, of moderate number and inclined to success in the fine arts.

### Career

You could do extremely well in big business, insurance, on the stock exchange, or in occupations connected with crime. Your position in life is prone to many changes and you are likely to experience both affluence and deprivation. There's a tendency to follow two occupations at the same time, though too many interests could spread your concentration too thinly. The legal and clerical professions provide you with a source of success but you need to take care in all instances that you don't ruin your own achievements.

**Health**

Your nervous energy can carry you through most things but will desert you if things become dull. Your health needs to be treated much the same way as a child's: plenty of sleep, fresh air, and a sensible diet. Problems are likely when travelling, especially if you are dark. Incessant smoking results in lung problems. Other areas to watch are infections of the bladder, fevers, poisoning, and nervous troubles. But there's nothing that a sensible diet and moderation cannot overcome.

## *Capricorn Sun with Cancer Rising*

This is a highly protective and cherishing combination. Your love tends to be paternal/maternal rather than anything else. You are well-suited to the necessary give and take of any relationship and success may very well come if you are working in harness. The past is very real to you and your tastes are more traditional than modern. You are determined and tenacious: heaven help anyone attempting to take what is yours. You are practical, with bags of common sense that guides your every action. But when your emotions become involved, sense has little say in the matter. You are a complicated individual and one who shouldn't be upset when other people seem mystified by something you have said or done.

You are gifted with a fertile imagination that enjoys unusual scenes and adventures. Also, your ability to adapt to others is extremely strong. According to the circumstances, you can be brave or timid: generally timid when faced with physical danger, but courageous in your moral or mental outlook. Where you family is concerned, there's likely to be a premature death of a brother or sister and trouble with relatives with whom you disagree. You will become close to a second family, probably because you find your own unsatisfactory.

## HORRORSCOPE

You are an overly-sensitive dreamer, living very much in the past. You view life in terms of how it once was or how you would like it to be, not how it *is*. You are an accomplished hoarder, collecting anything, no matter how useless. Even old train tickets are lovingly preserved. After all, you must have kept them for a reason; if only you could remember what. Loved ones need to pick their way through the debris and if there's a Virgo in the home, they must be a nervous wreck. Nor can you discard ideas or adapt to changing circumstances. You do care about your family but are in danger of sending them round the bend and out of your life. But then again, it's quite likely you'll be so engrossed in your old school-pictures that you won't even notice.

### Love

You are very sensitive and overly domesticated. So much so that your family claims can impede your progress. Though disillusion follows each new association, your need for friendship and attachment continually drives you towards other relationships. Marriage will give little happiness, so care is needed. Children bring problems, though the eldest will succeed in the medical, chemical or artistic professions, achieving a certain amount of honour. It's likely that in advanced years, your offspring will be your best source of protection.

### Career

You do extremely well in professional partnership: also as an agent or manager. There's a dramatic side to your character which though sometimes original, is more likely to make you a proficient copyist. You are good at reworking old material. You are capable in public movements and negotiations and have a love of position and wealth. It's likely that you will inherit money and property. Though your early life is somewhat unfortunate, success comes with maturity. Friends, especially women, support you and financial help comes from them. You had better prepare yourself for a changeable life, with many ups and downs in fortune and position. Also, be on your guard against slander.

**Health**

Most of your problems come through over-indulgence, a sweet tooth, and an inclination towards fine wines. Attention needs to be given to your diet. Infections of the chest and stomach are likely, and you may also suffer from rheumatism and sciatica at a later date. Worry can result in indigestion, which may in turn produce defective circulation. The tendency to always fear the worst doesn't help you at all.

## *Capricorn Sun with Leo Rising*

Leo certainly helps to lighten the responsible Capricorn's heavy load. It brings warmth, generosity and an occasional flash of optimism which manages to break through your black depressions. It also enriches your personality and gives you a full, interesting and social life. There are times when you fall prey to reclusive moods, but everyone needs a day off occasionally. You are magnanimous, popular, kind and hospitable. However, you are also fiercely ambitious and competitive, and possess a sensitive ego which is easily bruised. You have the determination to succeed and the staying power to sustain your achievement.

You are not afraid of hard work but are too fastidious to dirty your hands. You work erractically: enthusiastically for days on end and then suddenly lapsing into unbelievable laziness. You can be presumptuous and proud, but loathe any kind of pettiness. On the family side, it's likely that your father is important to your position and he may die while you are young, leading to some difficult years. If he lives he is likely to be a source of problems to you. Friends seem to be literary and artistic people, and you are very much in demand.

## HORRORSCOPE

You have an inflated idea of your own talents and importance and can't take any form of criticism. You are plagued by a superiority complex and are a dreadful snob. You strut around, sure of your own opinions and supposed sex appeal. You can't pass a mirror without admiring yourself, and seem totally oblivious to the stifled giggles of those around. You always provide a good excuse for failing to live up to your great expectations of yourself; usually bad luck or someone else's jealousy. For heaven's sake, take a good objective look at yourself, both mentally and physically.

### Love

Your sexual and sensual sides are well-developed. Much thought goes into your affairs and you abandon yourself heart and soul to each experience. There will probably be two marriages and children by both partners. Offspring are numerous and there's some problem connected with the eldest. There may be twins, especially if you marry an Aquarian. Differences arise between your children in adulthood. Legacies are expected both for you and your children. Generally, the emotional side of your life is extremely complicated.

### Career

You make a capable freelancer, especially in work connected with health or a service. You have capabilities in the arts and in public office. Your poetical instinct is strong as is your love of drama. Wealth comes through your own efforts but also through relations in good positions. You can gain through trading in the commodities of life. Your occupation should be profitable and will necessitate much travel. In the main, this is a successful combination.

### Health

You are either exceptionally strong or forever unwell. Unharmonious environments, hurt pride and unrequited love can all affect your health. Other areas to watch are the heart, the back and perhaps later in life, rheumatism and impurities of the blood. Generally though, Capricorn gives you an excellent constitution.

## *Capricorn Sun with Virgo Rising*

You are wonderfully practical and enduring, and tend to use these talents in an artistic or sporting fashion. Though you do take the occasional risk, it will always be well-calculated. Social life, animals and children are of the utmost importance and often act as a spur to your ambitions. You are an excellent friend, you possess an innate wisdom which others seek in times of trouble. But do not take on too much responsibility or you could end up resenting impositions which are partly your own fault. Even a tower of strength needs a day off occasionally.

Although an excellent combination, you do of course have your faults. The main one, in this instance, is hypochondria as you are a perennial worrier. You fret about loved ones, friends, and yourself and mollycoddle them all. Fortunately your full social life ensures you get to relax and you will probably enjoy an extremely long and active life. There will probably be some family secrets and your father may marry twice or there may be some illicit attachment in the background of your life.

### HORRORSCOPE

You could be a compulsive gambler, a boozer, a professional invalid, or all three. You are a sucker for a get-rich-quick scheme and won't hesitate to put all your savings into it. When this scheme falls flat, as they invariably do, you either take to your bed or a bottle. You strive for success but prefer to take short cuts. You possess a positive library of medical books and identify every twinge or ache with some incurable illness. However, you always make a miraculous recovery and take the chance to sink further money into obvious non-starters. You are a trial to loved ones and it is they who need a couple of days in bed, not you.

**Love**

You are a cool character and avoid the flighty types. Despite this detachment, your romantic and marital life threaten to be complicated. You have disappointments in connection with love intrigues and will amost certainly marry twice or have a second attachment during the life of your spouse. Problems occur in marriage and there's some secret touching the partner which makes seclusion necessary. Also, there is some permanent animosity harboured against you on account of some love affair, in which a child is involved. As for your offspring, the first child needs protecting. Your family will be small, difficult to manage and your children will not marry early or readily. A great deal of care needs to be taken with this side of life.

**Career,**

You could do well in sports, arts, entertainment, teaching, or in some business associated with these. You have a love of the outdoors and perhaps gardening or farming appeal. You are capable of learning in practical science and are inclined to study. Your wealth will not be very considerable and is only acquired after a great deal of hard work. Even then, there remains a chance of loss. This applies especially to the earlier part of your life. Wealth can be acquired abroad. You'd make a good banker or business person, though there's a certain danger for you in speculation. Take care not to scatter your interests too wide for this is likely to lead to failure. New homes are expected towards the end of your life.

**Health**

You are pretty robust and so when illness does strike, it is mostly brought on by overwork and being overly absorbed in practical matters. You help yourself by the exercise you regularly take and your fastidiousness over food. Areas to watch are colic, flatulence, dyspepsia and eczema. This combination is particularly prone to allergies and you could benefit if you could discover exactly what they are. Wheat is a possibility.

# *Capricorn Sun with Libra Rising*

You are gentle, artistic and courteous. Perhaps a little lacking in self-confidence, you are deeply attached to your home which needs to be harmonious and beautiful as you are extremely sensitive to your environment. As a youngster your parents should have encouraged you to develop friends outside the family circle; otherwise you may have become overly domesticated. You are refined although your tastes favour the traditional rather than the modern. You are sensual, with a love of fine wines and good food. You do, however, possess an unusual attitude to money. You work and save, save and work, and then quite unexpectedly have an extravagant or generous impulse and blow the whole lot. Having exorcized this mood, you revert to your more sensible self leaving others completely confused.

You have a lazy side and your work pattern is erratic. In the midst of hectic activity, you suddenly switch off and no one can get you started again. You are fairly open, sometimes optimistic and sometimes melancholic. You are liable to extremes of temper and mood, easily irritated but just as readily calmed. Your brothers and sisters are either numerous or become so after marriage into a large family. There are problems in connection with relatives and at some point, legal action will follow. Your father is likely to be a source of trouble and loss; he may have fallen from a good position in life or died when you were quite young. In any event, his influence produces hindrance and restraints.

## HORRORSCOPE

Couple a Capricorn's pessimism and depression with the Libran laziness and you get a character so laid back it's a wonder you've the energy to breathe. Presumably, you manage to survive but you are a real wet blanket. You rarely acquire success because you can invariably find a reason why something will not work, and so don't bother to try. You fatalistically wait for snags to reveal themselves and then are perversely pleased. There are some things in life that one must take on trust. Otherwise, you might as well retire to bed and stay there.

## Love

Relationships play an important part in your life, though it is the chase that really stimulates. You begin your pursuit early in life and anyone who takes you on permanently will be forever trying to control your wandering eye. That special someone will need to be glamorous, imaginative and witty at all times or your interest could fade. There will be complications in your married life and perhaps a separation. Your partner will be well off and you gain unexpected legacies from in-laws. Your own family will be small but lucky and will give you much happiness. It's probable that your children will be your best supporters in old age.

## Career

Your mind is fertile and shows ability in decorative or constructive work. Being a spirit merchant, chemist, doctor or sailor could appeal. Wherever water is the motive power, there's a prospect of success. There is sure to be a loss at some point, caused by the death of or disagreement with a business partner. Contracts need particular care. Whatever you do will be connected with the public and involve many long trips. Be warned that instability dogs your every step and so put something away for a rainy day. Lastly, success is shown in your native land or even your native town.

## Health

You remain healthy providing your sense of balance is undisturbed. But when upset, your nerves and constitution suffer indirectly. When run down you should rest, watch your diet and develop your appreciative qualities through music or painting for instance. Other areas to watch are infections of the kidneys, veins and the liver, humid infections of the feet and intestinal complaints. In the main though, you've little to worry about.

# *Capricorn Sun with Scorpio Rising*

This is a highly ambitious combination. You want success not just for yourself, but also for those you care about and can be relied upon to supply a helpful shove up the ladder. Try to remember that other people's idea of success may not be the same as yours, and refrain from pushing them where they do not wish to go. Your mind is extremely active and you thrive on communication, be it a long phone call, a letter, or physical contact. You will often travel just for the sake of keeping in touch. You are a fighter and get involved in quarrels which bring bad luck. You go to extremes in both work and pleasure. You can be extremely severe, and are sarcastic and strong-minded with people who displease you. Your imagination is fertile, making you resourceful. Your temper is fiery but shortlived although your loves and hates are keen and absorbing. Your father is friendly to you, though dogged by bad luck. You have few brothers and sisters and could well be an only child. If siblings exist, they may not be very fortunate in life.

## HORRORSCOPE

You seem passionate and sensitive, and attract people in droves. Woe betide them when they fail to live up to your high expectations for when thwarted or disappointed, you go out of your way to wreak revenge. On these occasions, those close to you find it difficult to forgive or understand your cruelty. Unless you can adopt a more philosophical attitude to life, you may drive loved ones away and be devoured by your own powerful emotions.

### Love

You can be very passionate but when hurt or displeased, become impassively cold and vengeful. Intensely exclusive, you are prone to sudden attachments and equally sudden separations. It's impossible for you to feel indifferent about anyone or anything—it's either love or hate. You may well marry more than once and a premature separation from your first partner is likely. You gain financially through marriage. Your own family is likely to be fairly large and sometimes twins are born. Your offspring marry early and there's some secret trouble in connection with them. Many love intrigues enter your life, creating complications.

**Career**

You have a gift for buying and selling, advertising, transport, communication and trading in the commodities in life. With your insatiable thirst for finding out secrets, occult research, chemistry, philosophy or detective work may appeal. You also have a taste for government and leadership. Your financial affairs tend to be uncertain. Wealth is probable and you gain from matters related to abroad, married relatives and legal affairs. There are likely to be two distinct sources of income and two quite dissimilar occupations. Though there are many difficulties in your early life, status, honour and success will crown all your efforts.

**Health**

You are the sort who takes pride in how long you can go without rest and mostly you get away with it. But when you finally do fall ill, no patient is more trying, for you refuse to put your faith in anyone other than yourself. Areas to watch are infections of the bladder, poisonous complaints of the reproductive system, fevers, headaches, and accidents involving sharp or hot objects. Your right arm is also vulnerable. You are frequently the cause of your own illness, due to excess in many directions.

## *Capricorn Sun with Sagittarius Rising*

Although more gregarious, adventurous and sociable than the usual Capricorn, this sign's materialistic attitude is very evident in you. You are acquisitive and insecure where finances are concerned. You possess an excellent idea of your true worth and expect to be paid accordingly. It's difficult to imagine you not being a collector of some description, for you have a strong hoarding instinct. You are fiercely independent and have a strong sense of justice and freedom. This is not confined to yourself, for you will gladly fight on other people's behalf. You are sure to be attracted to some kind of sport, preferably one that tests your endurance. You are fiercely competitive and like to win. Your manners are gentle, only becoming defiant in the presence of enemies or when you feel stirred to self-defence.

You are optimistic and youthful, even in advanced years. Your early life is not very lucky, owing to a reversal in the fortunes or affections of your parents. There are few brothers and sisters, and trouble comes from those you have. Relations are generally friendly though there is some secret trouble in connection with your father or father-in-law which leads to restraint in some way.

## HORRORSCOPE

No matter what you do or how much you earn, you are an incurable snob. Friends are cultivated, not made. You are even capable of marrying for comfort rather than for love. Your mind is like a computer, calculating everyone's worth. When their deficiencies outweigh their credits, that particular individual is dropped—instantly. When socializing you are a boring, repetitious name-dropper and fail to notice the frozen look on the faces of those you trap in conversation. You are so puffed up with your own importance that you are oblivious to the affect you have on others. With any luck, you will be caught out one day whilst relating one of your distorted anecdotes and maybe then you'll consider putting a sock in it.

### Love

No member of the opposite sex can trap you. You may appear to succumb, but will be looking for the first opportunity to escape. You need someone who understands your desire to communicate and flirt; someone who is as wide awake mentally as you are. You can expect two marriages or long associations, and one will be extremely important to your position in life. Marriage is not easy for you and so think twice before making commitments. Your own family will be small and there's not much sympathy between you and your children. It's likely that you may be separated from them, or at least one of them. Married life seems to be at the mercy of enemies and you need to be very watchful.

### Career

You would make an excellent collector of objets d'art and antiques. You are also good anywhere you can observe and deal with money—such as banking or accountancy. You are quick at understanding things and take on many new ideas. You are versatile and will master many branches of learning. You are fond of theology and frequently devote much time to study and research. There are many obstacles early in life, but good luck comes in the end. Your occupation is likely to be of a dual nature. Friends are useful and give effective support. At some point, a woman in a good position will intervene on your behalf and this will prove both timely and fortunate. Usually, your career is long and useful.

### Health

Your health is generally good, but over-activity affects your nerves. Your sporting life keeps you in good shape and the only danger exists once you give up your energetic pastimes. Areas to watch are the throat, ears and bronchial tubes. In later life, sciatica, rheumatism, varicose veins and swellings of the legs could be problems. You can expect to live to a ripe old age, barring accidents which you can minimize by exercising the utmost caution.

# Aquarius
*(21 January – 19 February)*

## *Aquarius Sun with Aquarius Rising*

You cannot help but be a true Aquarian: humane, idealistic, and incredibly detached. Your emotions are kept strictly under control and your actions are generally based on logic. Nevertheless, you are kind-hearted and will help anyone at any time. Being practical, you work out what has to be done and act accordingly. You are opinionated and strongly attached to your beliefs which you do not surrender without a fight. Often, you mistakenly decide that those who do not agree with you are either mad, stupid, or both.

You've a wide circle of friends and prefer to avoid becoming involved in any kind of clique. The same old faces on every occasion would bore you rigid as you insist on fresh stimulation. You are ingenious, completely candid, and somewhat eccentric. You make a good friend though you possess a forceful temper. However, you bear no malice and are generally kind and sweet. You are likely to gain an inheritance or receive assistance from your family, although this could be a source of trouble to you. You are likely to have few brothers and sisters and there is little agreement between those who do exist. You could well be an only child. This is not a good placing for the father who may be separated from you early in life. He may have died or emigrated. You, too, are likely to end your days abroad.

### HORRORSCOPE

You are a pontificating, self-opinionated dreamer. You go out of your way to be different and this frequently takes a perverse form. With you, this is a conscious effort to be bizarre rather than genuine eccentricity. Emotionally, you are an iceberg. Far too self-conscious to ever surrender to anything which would make you vulnerable. You are happy to discuss emotion although it's doubtful that you have felt anything since you cut your last tooth. Nor do you possess any sense of timing. You operate according to your own inner clock which has no consideration for other people. Hardly surprisingly, you find it difficult to keep friends. Not that this will worry you, for you would rather have acquaintances than close friends who might expect some kind of consideration.

## Love

For the most part, your motto is "absence makes the heart grow fonder". You strenuously avoid those who attempt to possess you and curtail your freedom. A romantic dinner doesn't move you half as much as an intelligent discussion. You avoid marriage more than most but once you do find your ideal, you are capable of strong affection and constancy well into old age. Your partner is likely to come from a good family and be involved in the arts. Marital life is enduring and happy. You'll have a small family, sometimes including twins, and experience a lot of trouble through them. The eldest needs great protection during the first couple of years of life. You'll travel a good deal on family matters.

## Career

You are a free spirit and so more contented running your own business or working freelance. You possess a scientific mind and anything from computers to nuclear physics should appeal. Jobs in science or electronics are likely to offer the kind of mental stimulation you need. Achievements comes through your talents and personal efforts. Financial success tends to be somewhat unstable; prone to obstacles and change. Long trips are shown in relation to earning money. Two or more sources of income are likely and your occupation will have something of a secret nature about it. It may be in chemical research, or government or military commission. Detective work may very well appeal. You are capable of commanding much public respect and securing very many friends.

**Health**

You possess an extremely active mind that just won't switch off and therefore are likely to suffer from insomnia, leading to fatigue and sometimes depression. Areas to watch are your blood, eczema, muscular spasm, indigestion and stomach complaints, neuralgia, and problems with the calves and ankles. However you are logical and do realize that you have it within your power to improve your physical wellbeing.

# *Aquarius Sun with Pisces Rising*

This is a highly intuitive, imaginative and secret combination. You would be hard put to discover the real you in most astrological books for gentle, artistic, romantic and impressionable are hardly usual Aquarian adjectives. But they are certainly applicable in your case. Logic does come to your rescue on occasion but you are usually most successful when your decisions are based on intuition. You are shy, modest and reserved, although more outgoing when relaxed and comfortable with those who know you well. Your imagination is vivid and needs a constructive outlet, professionally or not. You would be unfulfilled without artistic self-expression.

You often appear to be indecisive, although often you are simply playing for time, in order to make absolutely certain that you reach the right decision. You do not like to make mistakes. You will agree with other people in order to keep them happy and then quietly go off and do your own thing. You may suffer the premature loss of a brother or sister. Your parents are not lucky and you may be separated from one of them. It is likely that your mother will marry more than once.

## HORRORSCOPE

You consciously adopt images. One of your favourite roles is the frustrated and self-sacrificing artist, despite the fact that you probably do not possess the slightest bit of talent. You are one big pseud and a sore trial to your friends and loved ones. You are against having anything as mundane as a job and have the enviable talent of being able to ignore mounting bills. That is, unless your liquor supply is under threat; for this is your escape and one you lean on heavily. You are an incurable romantic and your emotional life is nothing short of a disaster. You want to live on a permanent high and because this cannot last indefinitely, you are forever beginning and ending relationships.

## Love

You are a dreamy-eyed idealist, devoted to the art of love. When romance goes wrong, you cut yourself off from the world, fall into bed and feel sorry for yourself. There is a certain amount of masochism involved in this behaviour for you are impressionable and imaginative, and torture yourself with weird fantasies. It is likely that you'll marry more than once and will experience trouble in the matrimonial state. A partner could have great problems and in-laws affect your relationship badly. Your children will be numerous and, for the most part, lucky. They will be well-travelled and their lives will be prone to many changes. Life promises to be anything but dull in this direction.

## Career

The answer to your restlessness lies in the arts or mysticism. Because of your fertile imagination and a tendency to escape life's pressures, writing or acting would be satisfactory outlets. Film-making is also a fruitful possibility. You are an active person and follow many interests in which success is usually achieved. Your wealth is due to your own efforts, and also through travel and relatives. You have a capacity for many things and, if the quieter type, may be attracted to work behind the scenes, such as research.

## Health

Negative emotions lead to depression and present the biggest threat to your wellbeing. When low, you prefer to escape rather than face up to problems, and resort to drugs or alcohol. You need an excellent diet, plenty of sun and regular exercise. Other areas to watch are accidents to the feet and ankles, colic, problems with the eyes, and mishaps with hot or sharp objects. There may be some kidney problems if you are female, leading to irregularities of the system. With you, healthy emotions lead to a healthy body.

## *Aquarius Sun with Aries Rising*

This is a warm, sunny and generous combination. People are attracted to the optimistic and vital way you lead your life and so you are very popular. However, staying power and consistency are not your strong points and you tend to escape when life gets tough. Sometimes this proves timely, but often will later prove to have been premature; for there are many occasions when you miss out by refusing to see something through to its conclusion. But as you live in the present, you have little interest in the past or future. Socially, you are invariably in demand and are particularly attracted to clubs, sporting and otherwise. Impulsive and impatient, you tend to quickly dismiss other people's efforts. Although your temper is quite deadly it is shortlived, and you are quick to apologize for those fiery outbursts. You are frank, outspoken and good at originating ideas. You are adventurous, generous, even extravagant, and you'll be tricked into giving to undeserving charities.

It's likely that you are an only child or become so after the death of a brother or sister. During childhood, there are many problems and complications arising through the affairs of your parents. Your father may have died early and left you unprovided for. In any event, his influence is not a fortunate one for you.

### HORRORSCOPE

Although you are enthusiastic and vital, you tend to scatter your efforts over too large a field. It is good to have varied interests but more can be achieved if they last longer than a few hours. Your short attention span is also adopted in your sexual and emotional life and although you appear to hold much promise, lovers soon realize they have been taken in. When they discover the real you, they quickly understand that there is nothing worth hanging onto.

## Love

You are daring, romantic, and dramatic. Frequently given to love at first sight, on a second glance you may find your passion fading fast. You need someone who boosts your ego, flatters you and respects all your accomplishments. You will marry early and in a hurry, only to repent at leisure and then marry again. This combination on its own is unfruitful when it comes to children so you should consider your prospective mate. It is likely that you will have a small family and possibly no children at all. You tend to seek that grand passion which often leads to disappointment. A little bit of common sense would take you a long way.

## Career

Professional success is intrinsic to your happiness and you strive relentlessly towards achievement. However, it's likely that there will be many difficulties which will need most of your courage and will to overcome. Your luck is changeable and you may gain through property or marriage. Many changes of residence are likely, for you will not stay in the same place long. Work abroad is a possibility. With your adventurous spirit you could be a pioneer, an intellectual, or an engineer. There is also an attraction to mining, exploration, law and the military. You may be attracted to small companies where you can be a big fish in a small pond.

## Health

Your energy level is high and you use every ounce of it. However, you tend to overstretch yourself and are averse to relaxation, which can affect your wellbeing. Other areas to watch are flatulence, internal disorders (especially of an inflammatory nature), and accidents to the eyes, hands and feet. You are the type who will wear out rather than rust away.

# *Aquarius Sun with Taurus Rising*

You are determined, strong and ambitious. Once you choose a path in life, you will not be deflected and so are likely to achieve at least professional success. However, your personal life could benefit from increased attention as loved ones are sure to be pining for your company. You are a possessive type, with people and ideas. Whilst you may not spend much time with those you care about, nevertheless you insist that they hang around awaiting your pleasure. Otherwise there's big trouble. Your self-control is excellent but once those powerful emotions blow, they blow. Not surprisingly other people have a certain amount of respect for you—mostly born out of fear. You hold your opinions with great stubbornness and tenacity and change of any kind unnerves you. Wherever possible, you fight to maintain the status quo.

Taurus rising gives good parentage, especially on your father's side. He may well be a man of some importance in his field. Sorrows come through relatives, especially brothers and sisters. However, most of the problems you experience are your own fault and result from your excesses both in work and pleasure.

## HORRORSCOPE

Hopefully, you are relatively successful in some way for you do not accept failure. You decide on your course in life and persist with it, oblivious to all else. Occasionally this approach pays off, but when it fails the resounding crash is felt in the next town. You tackle romance the same way, compelling the object of your affections to run when they see you coming. Adaptability and flexibility are not your strong points and instead of bending under strain the only thing you can do is snap.

## Love

You are an earthy romantic: sensual, pragmatic, and lost when not in love. Nevertheless it is difficult for you to express your deep feelings, mainly due to a fear of rejection which can become an obsession. You insist on knowing exactly where you stand and cannot tolerate insecurity. Maybe you are wise to be cautious for when you do finally marry, other people may well attempt to interfere with your happiness. There may also be some problem in connection with your mate which suggests a rather secluded life. You will need to be extra-protective of your children, both before their birth and up until their second year. But they will be a source of gain and satisfaction to you and will do extremely well academically and artistically.

## Career

You are fond of history and the land. You have many talents and are creative and practical, with a flair for business and a great eye for detail. You frequently shine in work that others might consider dull and boring. You are fiercely ambitious and a certain degree of wealth is likely, although loss comes through legal affairs, unemployment or relationships after marriage. Unforeseen windfalls come your way and you may gain from someone's devoted affection. Good luck and position may be insecure whilst young, but improve in later life through lucky associations, the arts, literature, or some scholastic vocation. Friends in good positions will invariably lend a helping hand. You are inclined to overwork.

## Health

You are as tough as old boots and rarely become ill. Providing you scrutinize your diet and take a little exercise, you'll increase your chances of a long and happy life. Overweight could cause varicose veins and heart problems. There may also be problems with your liver, kidneys, and diabetes. Your throat is likely to be extremely sensitive and tonsillitis occurs often, especially when you are under stress or run down.

# *Aquarius Sun with Gemini Rising*

You are more changeable, restless and adaptable than the average Aquarian. Bursting with ideas, you should ideally be followed around by some doting person who can pick them up, dust them off and put them to practical use. Communication and the acquirement of knowledge are of paramount importance and you will benefit from higher education. You are also a born adventurer and traveller. Like a chameleon, you blend beautifully into your current surroundings and have a genuine interest in different ways of life. You will spend much time abroad, due to marriage to a foreigner, emigration, or your work. You are easily worried and irritated; quick-tempered but equally fast to apologize. There are many causes for dispute within your family and you do not altogether agree with your father. You will probably inherit land or a house. All in all, you are the cause of your own bad luck.

## HORRORSCOPE

You are so many-sided that you do not know who you are when you wake up, so spare a thought for loved ones who have a tough time reaching or understanding you. You are totally inconsistent and unreliable. You make commitments willy nilly and then totally forget them. There is something superior in you that leads you to believe that you should be free to do as you desire, regardless of other people. You are incorrigible, amoral, and a flirt. When someone catches your eye, you are undeterred by such things as spouses or offspring, or devasting someone else's life. What's more, you are quite capable of taking to your heels and avoiding the ensuing repercussions. At such times, you become incommunicado—it is a pity you can't do so permanently.

## Love

At least up until your thirties, you are attracted to the thrill of many different relationships, rather than marriage. Ideally, you prefer a playmate to a spouse. When you do feel the need to settle down, you will search for an intelligent, stimulating mate with whom you can share many interests. Your luck is greatly affected by the opposite sex and there are many secrets connected with your love intrigues and problems involving children. You are likely to marry more than once, and will have two simultaneous romances. Generally, one will be in a foreign country or to a foreigner. With your penchant for complication, it is not surprising that there are many troubles caused by the opposite sex. With you, it's the love of the chase rather than the consummation.

## Career

You can make a good career in matters related to travel, law, foreign affairs, teaching or philosophy. You are not a corporate person and while not averse to socializing with power, you don't actively seek it for yourself. It's likely that you'll experience both great success and failure. In general, you are expected to do well and may follow two occupations at the same time. Take care though that you don't scatter yourself, or you could fall flat on your face. Success should come in the end; make sure you don't ruin it.

## Health

You are mental rather than physical, and tend to ignore your physical needs. Many of your problems stem from your nerves, as you are highly-strung. Other areas to watch are infections of the bladder and poisoning. If a smoker, you'll be prone to lung infections. Look after yourself when travelling as illness is likely while en route. Vitamins will be very beneficial in your case.

# *Aquarius Sun with Cancer Rising*

While you may understand yourself, others are confused to say the least. Outwardly you seem sensitive, vulnerable, imaginative and romantic. People approach you accordingly, only to be confronted by the aloof, detached character lurking beneath. You are changeable, restless, and a great traveller. You can invariably find a reason for taking off. You are tenacious and fasten on to people's ideas, making them your private property. You possess a quick, short temper, and can be autocratic and severe. You are discreet and independent in many ways, and your ability to adapt is enormous. However, you suffer a high degree of nervous irritability due to extreme sensitivity and a fertile imagination.

It is likely that you'll inherit money and property after a great deal of problems. There may be the premature death of a brother or sister and trouble from relatives with whom you disagree. You are likely to become close to a second family, perhaps through disillusion with your own.

## HORRORSCOPE

The idealistic Aquarian and the romantic Cancerian combine in someone who is completely out of touch with the world. At times, you are stuck firmly in your sentimental past; at others, you fret a great deal about the distant future. The present tends to be overlooked. You are something of an actor, able to assume the role of martyr in the right situation. On other occasions, you are an adventurer. Those close to you are nauseated by your constant posing and exaggerations. Any attempt to get you to face facts usually falls on deaf ears, so it is hardly surprising that friends tend to give up on you. This affords you the opportunity to adopt the role of injured, true and faithful friend.

## Love

No matter how devastatingly attractive you are, you are not attracted to one-night stands. To you, love means security and you find it difficult to accept one without the other. You desire profound intimacy with someone who is honest and upfront. Romance isn't easy, for your capricious temperament invariably leads to disillusionment. Undeterred, a need for attachment continually impels you towards new relationships. This is not a happy combination for marriage. An inheritance is likely, but only after legal difficulties. Children bring many problems but are successful. In advanced years, they provide you with a tremendous source of protection. Great care is needed in this side of life.

## Career

You are ambitious and possess great tenacity which will help heave you up the ladder of success. You will find success as an executive because you are highly organized and extremely hard-working. You are also attracted to business and may enter a bank or insurance company, or become involved in research. With your imagination, you are particularly good at re-working old material and may become a copyist of some description. In all cases, your life is likely to be changeable, with many dips in fortune and position. You are very capable in public negotiations and movements. Money does not come easily and an inheritance may be lost through relatives, speculation, or affairs connected with children or romance. However, later life is in general more prosperous and successful.

## Health

You have a hearty appetite and the richer the food the better. However, there are occasions when that poor stomach is too sensitive to withstand the onslaught. Ideally, you need to eat sensibly and take regular exercise but you are unlikely to listen to this advice. Beware of infections of the chest and stomach, and later, rheumatism and sciatica. There is also a certain danger from falls or injury from animals whilst travelling or abroad. Control that sweet tooth and it's likely that you'll lead a long life.

# *Aquarius Sun with Leo Rising*

This is an excellent combination of optimism and enthusiasm with a logical approach to life. You are generous, hospitable and extremely self-confident, although this can be mistaken for arrogance. You are also magnanimous, friendly and attracted to people though not blind to their faults. Often, you give your affection in spite of their flaws and are exceptionally gifted in the art of partnership. Success often comes to you whilst working in harness. Your mind is firm, just and masterful. You have a quick temper but it is fiery and shortlived. You are dogmatic and carry things through to a satisfactory conclusion, regardless of any risk. Your father is of paramount importance to your position in life and may have died whilst you were young, producing great problems. If he lives, he is likely to be a source of complication and argument.

## HORRORSCOPE

You are a real know-it-all and generous with your unwanted advice. Although frequently too lazy to actually get involved yourself, you love the sound of your own voice. Communication to you means "I talk, you listen". When it comes to romance, it is invariably accepted that you will be unfaithful, and the monogamy of marriage just won't suffice. Your attitude to others is that if they cannot take the unvarnished truth, then they must be stupid and so deserve all they get. Other people may think it odd that someone who purports to be so in love "with truth" can build their lives on deception and threaten anyone who attempts to give an honest opinion. Hypocrite is your middle name.

**Love**
Your urgent need for partnership often comes from a deep desire to define your ego with another. The initial idea is that your mate

will provide a much-needed audience to whom you can play back the drama of your personal experiences; someone reinforcing your idealized image of yourself. Because you possess much pride, relationships can easily go wrong. You may well marry twice and have children by both unions. Your offspring are generally numerous and there may be some problem in connection with the eldest. Twins are a possibility, especially if you marry an Aquarian. Differences will arise between your children as they grow. It doesn't matter which direction you channel your ambitions, the doorway to success is bound to open on arrival.

### Career

Success is inevitable. You like to lead wherever possible, and while not good at running companies for other people, you are splendid at owning them. Other areas of possible success are in professional partnership, or working as an agent or manager. You are attracted to public office and have a love of drama and display. Wealth comes through hard work and relatives in good positions. Losses may occur through family problems. Your career will be profitable and will involve a lot of travel. Artistic friends will be numerous.

### Health

It is important that you learn to rest but no one will ever get you to slow down. The areas you need to watch are the heart, back, rheumatism, the blood and the bones. Your impatience with human frailty could do much to undermine your own physical wellbeing. Do try to be a little more sensible.

## *Aquarius Sun with Virgo Rising*

Virgo certainly adds a practical side to that idealistic nature of yours. To you, dreams are pointless unless there is a chance of realizing them. You are critical and while you attempt to be positive in this, you do not always succeed. You are a caring and supportive individual, anxious to lend your weight to any *worthy* cause. You'll do much for charity or on behalf of other people. You have a scientific bent and many interests which tend to be in health, hygiene and diet. Whilst more flexible than the usual Aquarian, you are also more inclined to be thrown off-balance by trivia and pettiness. It is important that you keep a sense of proportion.

You have a cool, clear intellect and a great sense of justice, but can be cold towards other people. You make a good friend but a trying enemy. Relatives and neighbours are not particularly lucky for you and there's generally little or no sympathy between you and your family. There may well be some family secret: your father may have been married twice, or some complicated attachment may exist in the background.

## HORRORSCOPE

Health can become an obsession with you and you may suffer from compulsive eating or anorexia nervosa. The family doctor has a difficult time for you are likely to visit the surgery on account of hiccups or because you want to keep abreast of the latest medical breakthroughs. Still, provided your doctor is generous with the placebos, you will go away content. It's doubtful that those close to you can remember a time when you were healthy. Hardly surprisingly, you are unlikely to be very socially active and invitations will continue to elude you because your favourite topic of conversation seems to be your various hypochondriac fancies.

### Love

Often, you are too fixed in your habits and find it hard to make the adjustments needed for a happy marriage. Should you choose an unfaithful partner, you'll become bitter and twisted. Rejection is impossible for you to deal with. Disappointments are likely. You could marry twice or be drawn to a second attachment during the life of your partner. There are many problems in the marital state, and a permanent hatred is experienced due to some love intrigue of yours, in which a child will suffer. Your family will be fairly small and difficult to control. Your offspring will not marry early or readily. Care needs to be taken with the firstborn.

### Career

You possess an eye for detail and could be involved with anything from law to administration. You could do well in the service industries and would make a great nurse, doctor, social worker, secretary or accountant. Your attraction to animals means that the veterinary profession could hold great appeal. A degree of wealth is shown which is attained through hard work, especially in early years. Maturity brings an increase in fortunes. You make a good business person or banker, although you may indulge in speculation. Financial success can be acquired abroad.

### Health

You are a fitness fanatic and, for the most part, disgustingly healthy. However, your tendency to worry can result in all sorts of peculiar ailments. Eventually, you may suffer from colic, diarrhoea, want of tone, blood impurity, eczema and other allergies.

## *Aquarius Sun with Libra Rising*

This is a strongly scientific combination but you are also very artistic. The two may blend happily if you have a talent for some kind of technical art, such as graphics. You are attracted to the less strenuous sports. Social life, romance, children and animals assume a greater than average importance with you. You also possess a great sense of fun and are attracted to the good things in life, especially food and wine. For the most part you are easy-going and need harmony and peace. You actively avoid confrontation and flee from any threatening unpleasantness.

You are sensitive to your environment which needs to be particularly pleasing and artistic. You are not very physical and your energy comes in fits and starts. When you have the green light, you can accomplish more in one day than others can in a week, but at other times you lapse into unbelievable lethargy. You are prone to extremes of mood and temper and while easily roused, you are also easily calmed.

Brothers and sisters are usually numerous or become so after marrying into a large family. There are arguments amongst relatives and, at some point, legal action will follow. Your father seems to be a source of loss or trouble. He may have suffered a great reversal in his professional life or even died whilst you were young. There are restraints that result through him.

## HORRORSCOPE

You are hopelessly devoted to repose (laziness) and a good time (debauchery and gluttony). You find it hard to deny yourself anything, which can lead to sexual deviation, alcoholism and drugs. Your lovelife resembles a casualty ward on a busy night. You cannot resist the opposite sex and whilst you desire conquest, it must not be too difficult. Anything which requires effort leaves you absolutely cold. You hardly have the vitality to harm other people. Nevertheless you prove to be a complete horror in a self-destructive way.

### Love

You are far more in love with the idea of love than the actuality. You want to hear bells ringing and see stars whenever you kiss a new lover. Once these sights and sounds start to dim, I'm afraid you are off, looking for a new emotional high. It's hardly surprising that problems threaten your married life and separation is likely. One partner will be well off and you gain unexpected legacies from in-laws. Your own family will be small, lucky, and will give you much happiness. It is often the case with this combination that your children are your best supporters in old age.

### Career

Children, speculation and animals are only three of the areas in which you can gain success. Your inventive mind shows ability in constructive and decorative work and you have a taste for the arts and business affairs in general. Many born under this combination become wine merchants, chemists, doctors, surgeons, or sailors. Wherever liquid is the motive power, there lies success. Work is likely to involve the public, many changes of residence, and long trips. Instability is likely and success impermanent, so put some money away for that proverbial rainy day.

### Health

Try to observe a balance in your behaviour and you'll have a much better chance of living a long life. However, you are an extremist, one week into gluttony, the next into crash diets. Areas that need particular care are infections of the liver and kidneys, problems with the feet, and intestinal complaints.

## *Aquarius Sun with Scorpio Rising*

Unlike the average Aquarian, you are intense, passionate and jealous. You are a fighter, always rushing into quarrels which don't always have a happy outcome. You have a strong will and fight to the end. Your critical faculties are well-developed and you are happy to tear down other people's theories and beliefs. You have an insatiable thirst for finding out secrets and how people and things work. Your loves and hates are strong and you are watchful of your old interests. Your quarrelsome personality can express itself wonderfully in debate and oratory.

You are very attached to your parents and family and can become over-domesticated unless your parents were wise enough to encourage you to make friends outside the family circle. You will have few siblings or may well be an only child. If you do have brothers or sisters, they may be rather unlucky in life. Your father is sure to be friendly but is in danger of some kind of reversal. You have many friends and supporters amongst those from good families and in the artistic world.

## HORRORSCOPE

You are a hypocrite. You demand absolute freedom but are obsessively possessive with loved ones. You are unbelievably opinionated, sure of what and who you like and quick to impose your ideas on others. You feel that your audience must be enraptured by the pearls of wisdom you force down their throats. In turn, their ideas and thoughts are dismissed as unimportant, impractical or downright foolish. It is unlikely that you possess a single friend, for who would put up with you unless they really had to?

### Love

You are generally shrewd, but when it comes to marriage, the expectations and needs involved tend to overwhelm you. You use marriage as a base from which you can operate on a day-to-day level and this may lead you into choosing partnerships which you later regret. You may well marry more than once and become separated from your first partner in some way. Your emotional affairs are prone to complication and rivals. This combination gives many offspring, sometimes even twins. Your children will marry early and there may be some secret trouble in connection with them. Your interest in love and sex starts early and continues late into life. You will have many secret love affairs and associated intrigues.

### Career

You are ambitious and that ego of yours needs success, not only for wealth but also for recognition. With your critical faculties, you could do well in occult research, chemistry, philosophy or even police work. You are attracted to maritime pursuits, government and leadership. Your early life is not very lucky and financial affairs will be difficult. Later years are more prosperous. You gain through matters related to abroad, property, family, in-laws and marriage. There are likely to be two distinct sources of income and two quite different occupations. Wealth comes in the end, so never give up.

**Health**

Your excessive nature and tendency to both work and play hard will bring on illness. You can only take so much intensity before you, and those around you, are driven completely mad. Drinking can be particularly dangerous since it blurs your emotional control. Other areas to watch are infections of the bladder, poisoning, and accidents to the head, right arm and eyes. Be careful with hot and sharp objects.

## *Aquarius Sun with Sagittarius Rising*

They don't come much more independent, self-sufficient or free-wheeling than you. You possess great enthusiasm for travel, and take any opportunity to set off on a journey, short or long. You are extremely restless and need to get yourself organized if you are to avoid running around in ever-decreasing circles. Communication is important to you and there's nothing you like more than a good debate. You rarely argue and when you do, it may only be for the sake of introducing a little stimulation. Other characteristics are your honesty, generosity, and strong sense of justice. You are always ready to fight for the underdog. Otherwise, you only enter a fight when roused to self-defence.

The early part of your life is not very lucky due to some reversal in the fortunes or affections of your parents. This combination gives few brothers or sisters but relations are generally friendly. Some secret problem is likely in connection with a parent, probably your father or father-in-law. In some way this could lead to restraint, which you find difficult to bear.

### HORRORSCOPE

You are so intent on being rational and logical that you completely overlook emotions and practicalities. Basically you are a windbag, and one who possesses a pet theory on everything. This would be fine if you knew what you were talking about but, invariably, you haven't a clue. This does not deter you from theorizing. You sermonize for hours on end, undeterred by stifled yawns, glazed eyes and flimsy excuses to depart. You are not so much a horror as a bore.

## Love

When it comes to romance, you are a pioneer and an adventurer. This, together with your freedom-loving philosophy, can take you through many relationships. When it comes to marriage, you need a fun-loving friend, as a successful union to you means strong companionship that must be dynamic but unclaustrophobic. You must be free to take an impulsive jaunt without having to face a jealous mate on your return. You are sure to have more than one marriage or long association, one of which affects your position in life very greatly. Your family will be small and there's not much sympathy between you and your offspring. In extreme cases, it is likely that you'll be separated from your children, or at least from one of them. Other people constantly interfere in your married life. Although you are against any kind of discord, you would be wise to put a stop to this immediately.

## Career

Achievement and success are only important to you if you can still be free and your own person. Peace of mind means more to you than any amount of money. You might choose to be a travel agent, philosopher, athlete, writer, or sales person. Possible careers also lie in transport, communications and the media. There are many problems early in life but good luck comes in the end. Your occupation is likely to be of a double nature. Success comes through personal application, although you may gain from an inheritance. A career to you is merely a way of keeping busy.

## Health

What other people see as a fitness regime, you revel in as relaxation. Because of this, you are generally healthy and can be expected to live to a ripe old age. Certain areas do need watching, however.

They are infections of the ears, throat and bronchial tubes; and, in later life, rheumatism, varicose veins and swellings of the leg.

## *Aquarius Sun with Capricorn Rising*

Aquarians are generally materialistic and impractical, but not you. You are very security-conscious and acquisitive. Nothing can undermine your health like financial worries and you burn the midnight oil, attempting to juggle your bills and planning ways to generate more cash. You veer from depression to elation, optimism to pessimism. The one consolation is that other people certainly can't be bored in your presence. You have a retentive memory and whilst you may forgive an injury, you are never going to forget it. You are naturally ambitious and progress is nothing short of spectacular when you are short of funds. You excel in a crisis and there is little you cannot achieve once you have made up your mind. Once you have recovered from a negative reaction, you pick up where you left off. You can be reserved in the presence of strangers, yet eloquent and forceful amongst close friends.

Brothers and sisters are generally numerous and cause many problems in your life. There are also secret troubles and rivalries amongst relatives. Your father is likely to be either hostile or may cause obstacles, particularly in connection with marriage. As a child you may not have been very strong, but your health improves in adult life.

### HORRORSCOPE

Money and possessions mean more to you than people who, for the most part, you believe can be bought and sold. You have a suspicious nature and are sure that others are always after something. On occasion you are proved right and use this as an excuse to surrender to your reclusive and hoarding instincts. Then you become a miserable hermit, without a friend in the world. But your cupboards are full of rubbish, your tins stuffed with money, and empty booze bottles litter the floor.

## Love

Whilst you may marry for financial gain, it's more likely that you will be seeking a kind of emotional neutrality. You are undeniably dependent and need support in order to boost those sagging feelings and increase your self-confidence. However, you will have to learn that a wealth of emotional happiness is far more meaningful than a life based on financial gain. Marriage is difficult for you. You may remain determinedly single or marry early and more than once. In all instances, romance is prone to great, fateful changes. Also, a partner will be an obstacle to one of your main ambitions. In the case of more than one marriage, separation from one mate is likely whilst the other brings material gain. You will have few children and your ambitions will be closely tied in with them. This can lead to a lot of problems and resentment and needs to be controlled. Despite the fact that you are practical and sensible, this side of your life will be an unholy mess unless you are extremely careful.

## Career

You are motivated by the need for recognition which will increase your sense of worth. For the most part, you are efficiently organized and authoritative, making you an excellent administrator. You also do well in work connected with finance and make a successful collector. You are an ambitious but patient worker, prepared to make progress a step at a time rather than through a meteoric rise which is likely to crash to the ground later. Your wealth is due to your talents, the assistance of friends and the support of your family. Speculations can also swell the coffers. Relatives greatly help both you and your partner.

## Health

You need to try and control your anxiety and dispel those gloomy moods. Good company and affection could do much to help. Dental problems are potentially threatening so make sure you have regular check-ups. Other areas to watch are infections due to colds and, in later life, rheumatism in the knees, arms and hands. You may also suffer from a nervous stomach, colic and illness whilst travelling. Those melancholic fantasies of yours often lead to hypochondria but you basically have the ability to live to a great age.

# Pisces

*(20 February – 20 March)*

## *Pisces Sun with Pisces Rising*

This is an incurably romantic, kind, gentle, artistic and impressionable combination. You possess a child-like quality which is both endearing and vulnerable. Friends are especially protective, for they are convinced that you are susceptible to the unscrupulous. Their fears are not without foundation. The materialistic and financial sides of life remain a mystery to you, and that's the way you like it. You tend to be open-handed and ready to give to any worthy cause. You are happy, providing you are free to grow and learn in your own good way and time.

You are almost compulsively secretive which may be your only way of keeping something for yourself. Your worst fault is indecisiveness and you hate to commit yourself for fear of the need to change your mind. However, your virtues far outweigh your vices and though others may tear their hair out attempting to get you to face reality, one glance of those tear-filled Pisces eyes and they will relent.

Brothers and sisters are generally numerous and relatives are of great assistance to you. In some instances, there is a loss of a sibling. Your parents are not particularly helpful and you may become separated from your father in some way. The family estate may be split up. Probably your mother will marry twice.

### HORRORSCOPE

You seek out all the lower forms of life and over-indulge in as many vices as you can cram into your probably short life. You may be a compulsive gambler, drunk, drug addict, masochist or confidence trickster. If someone says it'll make things look better, you'll give it a try. Professionally, you are a mess, rarely bothering to earn anything and totally lacking in ambition. All you want is sufficient money to foot the bills for your bad habits. Your emotional and sexual life is of the paramount importance, but when things go wrong, you use any excuse to escape through drink or drugs. Even Superman couldn't take the abuse you heap on your body and eventually it will break down, so seek help now.

## Love

If you had your way, you would never end a relationship but keep all of your lovers as lifetime friends. A number of friendly dates would suit you down to the ground and would leave you room to take off when the mood arose. Eventually, you will temporarily shelve your visions of romance and marry. You are a natural polygamist, who can expect a certain amount of trouble where matrimony is concerned. Also, your mate may have some kind of problem (health or otherwise) and in-laws may relentlessly undermine your relationship. You will part from your first mate and then be inclined to a second marriage. Financially, you seem to do pretty well out of this side of life. Your children will be numerous and lucky. They will travel a good deal and their own lives will be prone to change. For you, love, sex and marriage are just one big adventure.

## Career

You are probably highly talented and so can be fairly selective. Some of the areas you gain in are the arts, film, ballet, the sea, and minerals. You are restless and creative and always looking for new ideas so would make an excellent writer. You are expansive and extremely busy, with many interests to hand, in which you will be generally successful. Wealth comes through your own efforts, travelling, and the good will and assistance of friends. This combination is capable of achieving a good deal of honour and considerable wealth.

**Health**

It's unlikely that you are as robust as other combinations and could benefit from vitamins, exercise, sunshine and a sensible diet. Over-indulgence can undermine your well-being and needs conscious control. Other areas to watch are accidents and infections of the feet and ankles, the kidneys, the eyes, and mishaps with sharp or hot objects. A sensible lifestyle can go a long way to increasing your chances of living to a ripe old age.

# *Pisces Sun and Aries Rising*

It's likely that you are much more fiery, decisive, ambitious and pushy than the usual Piscean. However, your sun sign encourages a secretive side. So whilst you may be successful, you are unlikely to court centre-stage. You have an underlying timidity which dislikes the idea of too much attention. However, this does not apply to your personal life, where you positively lap up the lime-light and can rarely get enough affection. Nevertheless, love is a two way process; a fact you appreciate and so exercise that great capacity for love and caring. You find it extremely hard to restrain yourself once emotions have been aroused and although you will change your opinions fairly regularly, you are very certain of them whilst they last. Frustrated emotions lead to explosive outbursts which are soon over, leaving no sign of resentment.

It's likely that you are an only child or become so after the death of a brother or sister. During extreme youth, there are many problems connected with your parents and you may be separated from your father and not adequately provided for. Relatives are not favourable and family ties are somewhat strained.

## HORRORSCOPE

There is little horrifying about you, for the harm you do is generally to yourself. You could be likened to a young puppy who bounces up to other people, heart on sleeve and with no thought of restraint. With your lack of defences, you are inclined to attract a good deal of hurt but still you constantly go back for more. If you have been hurt too often, then in later life you may suppress those tender feelings, and turn to drugs or drink. You seem unable to comprehend that all that is needed is a little restraint, at least until you can be sure that your tender heart isn't about to be shattered. But you are totally ruled by your heart and if you have an intellect, it is usually ignored.

### Love

You possess an irrepressible enthusiasm for romance. There are bound to be a few secrets and problems come from you giving too little affection to too many people. You need adventure and excitement far more than you need a mate, though sometimes you take both. You are prone to early romance and possibly marry on impulse and live to regret your haste. Materially, you are likely to gain through matrimony. On its own, this combination does not produce many children but one would need to compare it with that of your prospective spouse. It's unlikely that you will have a large family, there may be no offspring at all. Much travelling will bring complications. You can be fairly certain that this side of life is going to be anything but straightforward.

### Career

You have many choices and could work behind the scenes in research, minerology, poetry, or ballet. You are also a pioneer and may be attracted to the intellectual, civic and military worlds. Whichever path you choose, you will gain a certain amount of celebrity with your dash and enthusiasm, and will travel extensively. Law, mining and exploration are also favourable. Although you are sure to find success, it may be quickly followed by some kind of downfall, so do proceed with a certain amount of caution.

### Health

Impulsive and impatient, you would rather run than walk. This results in you being accident-prone and you should take care with your hands, eyes and feet. Other possible problems are colic, internal inflammatory disorders, and migraine. The latter may be caused by an allergy and it would be wise of you to look into it.

## *Pisces Sun with Taurus Rising*

You appear to be solidly reliable, practical and down to earth. However, underneath that tough and determined façade lies a pussycat. Fortunately it's a well-protected animal, for you are not prepared to show the more sensitive and vulnerable side to your character to just anyone and who can blame you? You also possess a strongly protective streak and nothing will anger you more than the strong taking advantage of the weak. When you explode, you are a formidable sight. Fortunately, you are quickly calmed by your loved ones and often feel embarrassed about having lost control. Whilst ambitious, you sometimes experience difficulty in deciding exactly where you can best employ your talents. But once this problem has been solved, you are unstoppable. Unforeseen windfalls will come your way, and you will also gain from someone's devotion and through friends.

You will have good parentage, particularly on your father's side. He may well be a man of importance in his field. But sorrows arise through relatives, especially siblings. You are expected to live to a ripe old age, despite any difficulties.

### HORRORSCOPE

Although you need friendship, you insist on imposing your opinions and behaviour on others and, naturally, they resent this. You feel that you are advising them while they in turn believe you to be a bully and a meddler. You find it difficult to comprehend why there are so many fools in the world who refuse to listen to you. The truth is that you cannot bear to have your ideas or opinions challenged in any way. Needless to say, loved ones are generally suppressed and are visible nervous wrecks. As your offspring reach maturity and develop equally strong opinions, they may just put you fairly and squarely in your place.

## Love

You are selective and romantic in an old-fashioned way. You also possess a great need for security, so that deep down you are searching for that special someone that you can cuddle up to at night, in the safety of your own home. You have a certain amount of possessiveness and jealousy which can cause trouble from time to time. This is not a lucky side to life and needs a lot of work for enemies may attack your marriage and interfere with your happiness. Your mate is likely to be quiet and retiring, preferring to stay at home whilst you go out and do your own thing. Great care needs to be taken with your children, both before birth and for the first couple of years, especially if the eldest is a boy. In general though, you children will be a source of satisfaction and happiness and will make excellent progress in academic and artistic studies. Naturally, there will be some problems at various times.

## Career

You are attracted to small companies and also to the land, horticulture, nature, and music. You are a patient worker with a good eye for detail. Your position is insecure at first, but becomes more assured in later life through fortunate contacts, the arts, literature, science or some other vocation. A certain degree of wealth is shown, though partial losses may occur through litigation, unemployment or attachments after marriage. You possess a full sense of the comforts of life and are sure to study diet and hygiene at some point.

## Health

You know how you like your food, and desserts in particular. Hardly surprisingly, you have been known to put on the odd pound here and there, and this could affect your well-being. Areas that need special care are the kidneys, liver, and ovaries. There may also be an inclination towards diabetes. Your most irritating ailment is a sore throat and when under the weather or suffering from stress, you develop tonsillitis or a similar complaint. Use this then as a warning to change your lifestyle.

## *Pisces Sun with Gemini Rising*

You positively glow with vitality, personality and charm. Few can resist that silver tongue and you generally wrap others around your little finger. For the most part, you are far too nice to take advantage of this—on a personal level anyway. You are quick to grab professional opportunities, though a sense of justice inclines you to fight fairly. Furthermore, you are restless, adaptable and chameleon-like. Nothing and no one can mentally outscore you, for you possess a quick wit and can think on your feet. Most of your problems are caused through indecision, concentration or overwork. You don't realize you have plenty of energy to spare for play as well. Check that you have your priorities correctly balanced.

On the family side there are some secrets and problems, though relatives are usually well-connected and comfortable. A brother will be particularly successful. There are many reasons for family squabbles and you do not altogether agree with your father. However, it is you yourself who is the cause of your own bad luck.

### HORRORSCOPE

You find it hard to distinguish between fact and fantasy and often don't bother to try. You are proud of your verbal talents and don't hesitate to use them in order to achieve your end. Your one saving grace, of which you are totally unaware, is the fact that you are so transparent that only those who want to be taken in are. You use your abundant sex appeal to further your ambitions. You'll sleep with the boss's spouse without so much as batting an eyelid. You are not totally immoral, but an amoral opportunist. You'd be shocked if anyone accused you of being ruthless as this is not the way you see yourself at all. But if you can deceive anyone, then it is yourself.

**Love**

Relationships don't come easy to you and you need a situation that allows plenty of freedom. While you don't go for a particular type, you need someone you respect. You actually prefer to be intellectually dwarfed, for you are quite happy to take up a line of study in order to broaden your horizons. Your luck in life is greatly affected by the opposite sex. There are many secrets and intrigues in connection with your attachments and one in which a child may suffer. This combination tends to marry more than once and you may be attracted to two simultaneous relationships. One relationship will be in a foreign country, or with a foreigner. Your own family will be lucky, moderate in size and inclined to success in the fine arts. Where this side of life is concerned, you are never going to be bored.

**Career**

You could succeed in sales, or as an executive or writer. You enjoy many interests and so anything is possible. You are inventive, ingenious, and fond of literature, science and the arts. You are clever in legal matters, negotiations and trade. On the financial side, there are many high mountains and deep valleys. You are likely to acquire a good position and enjoy two jobs at the same time. Try to concentrate your energies for there's a tendency to scatter yourself too wide.

**Health**

Monotony can really dissipate your energy and you need constant stimulation. You desperately need change and make sure you get it, even if it only means taking a different route to the shops. The areas you need to watch are infections of the bladder, nervous problems and lung complaints, especially if of dark colouring. There's also a tendency to become ill whilst travelling, perhaps due to catching a cold.

# *Pisces Sun with Cancer Rising*

This is a highly imaginative, romantic and sensitive combination. You are also unbelievably restless and, like the ocean, your moods and opinions shift and flow. It's hardly surprising then that you will spend a good deal of your time abroad, due to emigration, marriage to a foreigner, or your career. You are always on the go and eager to learn. What is more, once you have studied something, it's in that head of yours forever, as your memory is extremely retentive. You have instant recall and can be very sentimental about the past at times. The Piscean indecision exists here, but only at the initial stages of the question. You will labour over a problem for weeks but once your mind is made up, you are tenacious and rarely change your mind. You will have a remarkably changeable life and achieve a certain degree of notoriety or power. Furthermore, you possess a quick, short temper and can be rather severe.

A premature separation from a brother or sister is likely and there is trouble with relatives with whom you disagree. You will become close to a second family, possibly through marriage or simply due to friendship. Before thirty-five, your life is rather unstable but it becomes more assured.

## HORRORSCOPE

You are hypersensitive and stagger from one exaggerated drama to another. Any excuse to wring your hands, cry buckets and throw wild accusations is used, for you need to live on an emotional high. This can be dangerous, for when drama proves unfounded, you tend to look for artificial highs, drugs being one example. In love, you are impossibly demanding and cannot get too much attention. Your lovers tend to be used up, burnt out and then callously rejected. You are sensitive all right, but more to your own feelings than other people's. Hopefully, one day you'll meet your match and suffer some of your own treatment.

## Love

When your emotional life hits the rocks, you are lethargic, depressed and inconsistent. Your deepest wish is to experience the closeness of a give-and-take relationship. There's a great need for security which needs channelling into commitment. When unattached, you feel incomplete, unfulfilled and extremely unhappy. No matter how many times you may be hurt, your need for attachment drives you continually towards new relationships. Even then you may find happiness elusive. Children are going to cause problems in life, though the eldest will be extremely successful, perhaps in the medical, chemical or military worlds. In advanced years, your children are often your best source of security. It's possible that you may have a second family, perhaps through divorce or separation.

## Career

You would make a good teacher, traveller, artist or philosopher. Working with animals would also be extremely enjoyable. Because you are good at re-working old material, you may become a copyist of some kind. You are very capable in negotiations and public movements, and harbour a love of wealth and position. You will experience difficulty in acquiring money and problems come through relatives, speculations, children, and your love life. Despite many losses, your later life is generally prosperous and in the end, success is yours.

## Health

You are strongly attracted to food, the richer and more exotic the better. You don't consider your poor old stomach and the more self-control you can exercise, the healthier you are going to be. Other areas that need watching are infections of the chest, possibly due to cold, and, in later life, sciatica and rheumatism. There's also a possibility of accidents from falls and whilst travelling. You can live to a great age but whether you do or not depends on how you handle your appetites.

# *Pisces Sun with Leo Rising*

This is a wonderful combination and one that adds warmth and sincerity to your emotions. You identify with suffering and have a talent for practical action. Also, you are warm, enterprising and enthusiastic, though somewhat impressionable, gullible and vulnerable. Whilst there's some truth in the accusation that you love money, you are certainly talented when it comes to generating it. But it's almost as though you can't wait to dispose of it. For it slips through your fingers at an alarming rate. But you are unconcerned. Money, to you, is meant to be enjoyed and there are few who can paint the town as red as you do. To be fair, you spend freely on other people in order to help and please them. You possess a quick temper but anger is short lived and you rarely bother to seek revenge.

Your father is extremely important to your fortunes. He may have died whilst you were young, leading to financial hardship. If he lives, it's likely that he will be a source of aggravation to you at all times.

## HORRORSCOPE

You are an incorrigible but talented spendthrift. You could be a millionaire or a shop assistant, but you'd never have enough ready cash and would be forever in debt. Apart from spending on pleasure, you may also be a compulsive gambler. It's almost as if you despise the stuff and can't wait to throw it away. You are unconcerned when the electricity is cut off and amused when the bailiff knocks on your door. This is all right if you've only yourself to consider, but loved ones come in for a great deal of unnecessary suffering. Only when the family reaches crisis point do you attempt a rescue. Generally, your efforts are too late to avert disaster.

**Love**

When you've achieved a greater understanding of love, marriage can be a happy meeting of both hearts and minds. But when you impulsively rush into it because you are lonely and seek gratification rather than growth, marriage can be a great mistake. You need to mature and consider your goals. It is likely that there will be two marriages, and children by both mates. There's a certain amount of trouble with the eldest child who needs extra protection. There may be twins, especially if your partner is an Aquarian. Differences arise between the children when they grow up, but then don't they always?

**Career**

You could do very well in big business—banking or possibly entertaining. Your success is due to your talents, though you possess a large circle of useful contacts. You are attracted to the fine arts and public office and your poetical instinct is strong. Whatever you do, you do try to do well; shoddy workmanship is not for you. Whatever your occupation, it's likely to involve much travelling. You may gain through trading in the commodities of life, such as food and clothing.

**Health**

Your natural impatience and positive attitude will not allow illness to interfere with your life for long. It's not even a consideration and that it why it rarely even occurs. The areas that do need watching though, are the heart, back, rheumatism and blood. Plenty of sunshine and relaxation usually ensure that you remain disgustingly healthy.

## *Pisces Sun with Virgo Rising*

That conscientious, responsible and practical façade of yours often intimidates strangers. Loved ones realize that you are in fact a good deal softer and gentler than you appear. You are undeniably critical but consciously attempt to be scrupulously fair and helpful with your suggestions. That coolness that you emanate is in fact a cover up, which you hope will hide your inner sensitivity. You make an excellent friend and a loving partner, but can be harsh in your treatment of other people. Small problems make you panic, whilst you remain strong and defiant in the face of real difficulty. Clearly then, you need to avoid pettiness or it could ruin an otherwise excellent character. You are modest, kind and eloquent in company though others find you difficult to know. They don't realize that you expect trust and affection before you can be your true self.

There are usually some complications in your background. Your father may marry twice or there may be some illicit attachment behind your life. Neighbours are not lucky for you and the death of an older brother or sister is likely. There really isn't too much sympathy between you and your family.

## HORRORSCOPE

You are a complicated pain in the rear, a restless and inconsistent hypochondriac. Loved ones attempt to understand you and are forever making allowances for the way you behave. You take a secret delight in hiding your true personality and keep the finer qualities to yourself. You are inconsiderate and care only about your own needs and well-being. You are unable to face obstacles or disappointments and take to your bed, leaving your friends or family to cope. You are a lousy parent, mainly because you are still a child yourself. However, there comes a point (probably around your fortieth birthday) when it becomes imperative that you stand on your own two feet. Fate may intervene and you could grow up overnight when a loved one becomes ill, or through a death or other problem. It's going to take a real tragedy to change you, by which time it could be too late.

### Love

Your pet hates are game-playing and being enslaved in a relationship. Because of this, trust is vital in marriage. You are loving, loyal, honest and devoted, so expect in the very least truth and trust from your spouse. It's hardly surprising that you will experience disappointment in love affairs. You will possibly marry twice or have a second attachment during the life of your spouse. There are certainly a lot of complications in the marital state and there may be some secret or problem associated with your partner. Your first child may be sickly and need extra care. You will have few offspring and they will be difficult to manage and are not going to rush early or easily into marriage. There is a danger of you incurring some permanent hatred due to some love affair in which a child was very much involved.

### Career

You can make a great success in professional partnership as a manager, lawyer, agent or in the medical profession. You are attracted to the outdoor life, maybe in the form of horticulture, farming or gardening.

You will acquire a moderate degree of wealth through hard work. In early life, you may lose what you have gained but later years are more fortunate. Despite a series of difficulties, you should achieve a good position though you can expect many changes of occupation and some travel.

### Health

Your physical well-being is greatly affected by your mind. If you can only overcome the tendency to fret, then maybe your physical problems would disappear. You need to find a way to detach yourself and perhaps yoga could be beneficial. Areas that need watching are the intestines, blood impurity, eczema and allergic reactions. You may discover that you are highly sensitive to wheat.

## *Pisces Sun with Libra Rising*

This is a strongly caring and affectionate combination. Usually, you are able to express these feelings healthily, lacking any kind of inhibition. You are charitable, fair-minded and happy to be of assistance to other people. However, their needs will have to be spelled out clearly, for one of your biggest flaws is a tendency to avoid decisions whenever possible. It is imperative that the artistic side to your character manages to find a positive outlet. You are refined and gentle, and so sensitive to environments. Your home must be visually pleasing and filled with works of art that reflect your taste. You are fun-loving but don't take your pleasure at the expense of other people. Your vitality flows unevenly, so that progress in life is erratic. You may be active for twenty-four hours and then suddenly lapse into lethargy. This will be reflected in both your personal and professional lives.

Brothers and sisters are generally numerous or become so after marrying into a large family. There's a certain amount of dispute amongst these relatives and at some point, legal action may follow. Your father is a source of disappointment or trouble to you. He may have fallen from a good position or died when you were young. In either case, he is a cause of hindrance and restraint.

## HORRORSCOPE

This is probably the most indecisive combination in the zodiac. Not only where earth-shattering situations are concerned, but also in trivial matters, such as whether to have coffee or tea in the afternoon. Initially, this behaviour may seem cranky or even amusing, but on closer acquaintance you can become interminably irritating. Furthermore, you are something of a coward and refuse to stand up for yourself, never mind loved ones, no matter how great the injustice. Your over-indulgence in all physical pleasures suggests that those dimpled good looks are sure to be eventually lost under layers of fat.

### Love

You believe in "happy ever after" and are quite likely to sacrifice yourself to a romantic ideal. Somewhere inside, you seek to complete yourself in a relationship, and until you find your other half it's unlikely that you will ever feel totally fulfilled. Many troubles will threaten your married life and it's likely that you are separated from your partner. Your spouse will be comfortably off and you gain unexpected legacies from the opposite sex. Few children are born to you but those that are will be lucky and give you plenty of satisfaction. To your surprise, your offspring will probably be your best supporters in old age.

### Career

You could do well in any occupation connected with health, hygiene or the service industries. The arts are sure to attract because you have an inventive mind and are good at decorative work. You may also be attracted to the maritime arts and anything connected with liquids—you could be a wine merchant, chemist, surgeon, doctor, or sailor. Success will come late in life and your work will include involvement with the public, many changes of residence, and many long trips. Be warned though, instability is likely to dog your steps so put something away for a rainy day.

### Health

You regrettably possess a sweet tooth and it's important that you remember that you eat to live and not the other way round. Conflict can also undermine your health, the main cause of this being your indecisiveness. Life really is what you make of it; your main problem is that first you have to decide what you want it to be. Areas that need watching are the kidneys, liver, infections of the feet, and the intestines. In general, good exercise and a sensible diet can ensure you a long life.

## *Pisces Sun with Scorpio Rising*

You are intensely romantic and passionate, but fortunately also discriminating. In effect, you are protecting your finer instincts. You are sensitive and artistic, qualities that are usually expressed coherently and positively in music, painting, or some other art. Don't imagine that this means you are attracted to sedentary occupations. Sports hold a particular appeal, especially those involving water, and may even provide you with a source of income. Your priorities in life are art, love, children, social life and animals and much attention, enthusiasm and vigour goes into these. You are a fighter, quite warlike in fact, and with an inclination to rush into arguments and disputes which don't always have a happy outcome. Your character is excessive and you are an extremist where both work and pleasure are concerned. Your will is strong and you fight to the end. You find it impossible to be indifferent and your passion is so deep-seated that others find your intensity somewhat disturbing.

You will have few brothers and sisters and could well be an only child. Your father is unlucky in some way, although friendly to you. You are sure to be attached to him.

## HORRORSCOPE

Eat, drink, love and be merry is your credo. You indulge your strongest desire whenever the opportunity strikes. In doing so, you forget your scruples which results in a loosening of morals all round—especially where sex is concerned. You take what you want and when you've had enough, you drop the poor unfortunate. There's a strong possibility that you could wind up a hopeless drunk, as self-restraint is not your forte. You can be unpleasant for you do not take kindly to having your desires thwarted. You never forget those who defy you and will wait endlessly to get revenge. You are a real horror, for the damage you do to yourself is only surpassed by your ability to damage other people.

### Love

You secretly believe that marriage is a necessary evil though your mates frequently conclude that it's a situation to avoid at any cost. The reason for this is your tendency to chain them up, for fear that someone may run off with your prize. You are jealous and possessive, and don't seem to realize that the more you hang on, the more likely you are to lose the one you love. You will marry more than once and will lose your first partner in some way. This combination gives many children and sometimes twins are born.

Your offspring will marry early and there may be some trouble in connection with them. You begin your romantic life early and never really stop. Therefore, many secret love affairs are to be found in your life.

### Career

Whatever road you choose, you will follow it with intensity and great ambition. You can find success in the arts, sports, speculation, or work associated with children or animals. You crave success and are sure to acquire it. You also have a talent for government and leadership. Your financial life is somewhat uncertain during early years, but later life is sure to be prosperous. You gain through travel, in-laws, legal affairs and marriage. There will be more than one source of income and perhaps two quite different occupations. After a series of difficulties, all of your wildest dreams are likely to come true.

### Health

You go to extremes in both work and pleasure. At some point, you will run out of steam and you must accept that now is the time to relax. The areas to watch are infections of the bladder, poisoning, fevers, and accidents through hot or sharp objects. Your right arm is also vulnerable. You are usually the cause of your own illness.

## *Pisces Sun with Sagittarius Rising*

Despite the fact that you actively seek adventure and travel, you are also strongly domestic and reluctant to stray too far or for too long. Hopefully, your parents encouraged you to find friends outside the family circle, or that freedom-loving aspect of you will have been suppressed, leading to great unhappiness and even illness. You must never consider staying with your family out of guilt. You are completely without ego, and must refrain from continually subjugating your desires to those of other people. A little assertion is needed and this is hard for you. You are a warm, friendly and kind individual, but you really must force yourself to be sensible.

A cheerful personality means that you are popular and enjoy a wide circle of friends. You love to entertain, especially if you can do this lavishly at home. Your early life is not that lucky, due to a separation from your father or some break in your parents' relationship There is also some secret in connection with parents: your father or father-in-law could cause some restraint which you find unbearable. Remember that freedom is a natural part of your character and it is certainly worth fighting for.

## HORRORSCOPE

You are a pathetic sight, always falling over yourself to please other people. This is partly due to a lack of confidence but it is also something to do with the fact that you loathe responsibility. You will gladly go along with other people, for fear of having to take the lead. This attitude applies both professionally and personally. Socially, you confine yourself to your base and tremble at the thought of having to deal with strangers. You are overly domesticated, dull and afraid of your own shadow. Fortunately, you rarely hurt other people but merely irritate them. You do irreparable harm to yourself. Dig down and look for that free spirit fighting for survival deep inside.

### Love

Whilst young, you view marriage as a trap, preferring to travel from face to face rather than confine yourself to the same view every day. It's never easy for you to settle down, and you will be prone to marrying many times. One of these unions will be extremely important to your position in life. Enemies attack your relationships and you will spend a good deal of your time fighting them off. You will have a small family and there won't be a great deal of sympathy between you and them. It's quite likely that you may be separated from at least one of your children. At a later date they may accuse you of being uncaring. In all probability there's some truth in this accusation.

**Career**

You've an active and clear head, one that is quick to learn and is ever ready to adopt new ideas. You do extremely well in buying, selling, the media, transport, communications or the business sides of any of these. You have many problems early in life, but good fortune should come eventually. Your occupation will be of a dual nature and you have many illustrious contacts whose intervention proves lucky. Your career is sure to be long and useful.

**Health**

You are physically active and probably involved in at least one sport, which keeps you in tip-top condition. However, there are areas that need watching and they are the throat, ears and bronchial tubes. In later life you may develop sciatica, varicose veins and swellings of the legs. In the main, your health is good and you could well live to a ripe old age.

## *Pisces Sun with Capricorn Rising*

This combination supplies a surface toughness which serves you well on a professional level and also in moments of stress or trouble. You have tremendous determination and are capable of great success. Although the Piscean indecisiveness appears to have been eliminated from your character, this is not so. For where trivial matters are concerned you hesitate and worry. You are sociable and do your best to be a considerate and protective friend. You constantly worry when friends are ill or in trouble and are ever ready to extend a helping hand. Your temper is strong and enduring. Though you tend to be reticent in the presence of strangers, you can be extremely eloquent among those you know well.

You have a cautious side and when a course is decided upon, you are very persistent. You can endure the harshest of conditions and are not put off by obstacles. This is sure to lead to success. On the family side, your father is not lucky and will cause problems, especially where marriage is concerned. In youth, you may not have been that healthy, but you become stronger in adulthood and this is a sign that lives to old age.

## HORRORSCOPE

Many is the night you lie awake worrying about this or that. When a solution is finally found, you quickly latch on to another problem which appears to require your professional fretting skills. Not surprisingly, you find life extremely hard. Social invitations are few and far between as others can't really cope with your dampening spirit on their special occasions. You are a fatalistic pessimist. You consciously wait for life to kick you in the teeth and are rarely disappointed. You fail to understand that it is your negative thinking that invariably leads to failure. Blow that cloud away and relax, otherwise you'll never get to enjoy life.

### Love

Others instinctively know they can trust you and once you commit yourself, you are a dutiful partner, determined to make marriage work. Because of this, you need a partner whose feet are on the ground rather than in the air. It's likely that you'll either be completely against marriage or devoted to it, marrying early and often. In all cases, romance is likely to be full of unexpected, fateful changes. Partners may be an obstacle to your main ambitions. In the case of plural relationships, you will be separated from one partner whilst you will gain materially from another. You will have few children and will be extremely ambitious for them. This attitude may not be particularly healthy or helpful and could cause them difficulty. Try to keep a sense of proportion and remember that they are not extensions of you.

### Career

You could do well in the media, communications, transport, buying, selling, or the business side of any of these occupations. You possess great determination and are able to muster up enormous effort towards your desired objective. Your wealth will be due to your talent, the assistance of friends and the support of relatives. Speculations may swell the coffers from time to time. Your ambitions are greatly influenced by your partner. Success is likely to come late in life.

### Health

Although you are a formidable professional adversary, you must learn to lie back and relax at times. Shrug off your responsibilities occasionally and you will have a long life and better health. The areas that need to be watched are infections due to cold, obstruction, rheumatism (especially in the knees, arms and the hands) and a nervous stomach. Depression undermines your physical well-being and you have a tendency to hypochondria.

## *Pisces Sun with Aquarius Rising*

Although you are caring, humane and deeply emotional, you are also surprisingly materialistic which belies the image you present to the world. You appear disorganized and too unworldly for practical considerations but this is a totally false impression. You are inquisitive, a great collector and quick to calculate your worth. On a professional level, you expect to be justly recompensed for your efforts and talents. However, this does not prevent you from being concerned for other people and you will offer assistance wherever you think it is required. You make an extremely good friend. You possess a strong temper though totally without malice and, for the most part, your disposition is kind and sweet. Your will is firm and fixed and others are hard put to change your attitudes. You are buoyant, cheerful and extremely sociable.

This combination gives few brothers or sisters and there's not much agreement between those that do exist. Your father may have been involved in the land, speculative buying and selling, or stock-rearing. It's likely that you will become parted from him through death or divorce. He may very well move abroad.

## HORRORSCOPE

You possess a certain charm which hides a strong, opportunist heart. You are basically concerned with swelling your bank balance and are none too scrupulous in the methods you use. This can lead to trouble, though you are unlikely to realize it, for you find it hard to distinguish between right and wrong. Amoral behaviour can eventually lead to confinement. You are certainly a problem for those that care about you. When they are not attempting to keep you on the straight and narrow, they are trying to extract money out of you for necessities. You prefer to hoard your cash, even if there's not enough food on the table. A reshuffle of your priorities could be well overdue.

### Love

Marriage to you should be based on companionship, communication and rapport. However, you secretly believe that your precious freedom is too large a price to pay. Nevertheless, you sacrifice it in the end, though it may be later than most. Once committed, you have strong affections and can love constantly. It's likely that you will remain the passionate lover of your partner well into old age. Your mate is likely to be artistic and from a good family. Your marriage will endure and be extremely happy. Your family will be small and sometimes include twins. You will experience problems through them. The firstborn will need extra protection and could be a little sickly. You are sure to do a lot of travelling on behalf of your family.

### Career

Although you may be attracted to the arts, you may also find a lucrative income in any of the money professions, such as banking, finance, insurance, stocks and shares, etc. You are a keen collector with a good eye, so antiques or book collecting may appeal to you. You may be attracted to research, secret methods of experimental science, military or government work or detection. What you achieve in life will be due to your own personal talents, though financial success is invariably of an uncertain nature, and prone to great complications. Whatever you decide to do, it will necessitate much travelling.

## Health

Prolonged tension will set your entire physical wellbeing up for a breakdown. It begins insidiously when you are least aware of it. You also need to be on your guard against circulation problems, eczema, spasmodic actions of the muscles, stomach complaints, and neuralgia. However, you respond quickly to sunshine and exercise, so do your best to get these consciously everyday.